马克思主义基本原理

张应杭　主编

浙江大學出版社

图书在版编目(CIP)数据

马克思主义基本原理 / 张应杭主编 . —杭州:浙江大学出版社,2002.8(2018.8 重印)
ISBN 978-7-308-03075-5

Ⅰ.马... Ⅱ.张... Ⅲ.①马克思主义哲学②马克思主义政治经济学 Ⅳ.B0—0 F0—0

中国版本图书馆 CIP 数据核字(2002)第 051035 号

马克思主义基本原理

张应杭 主编

责任编辑 曾 熙
出版发行 浙江大学出版社
(杭州市天目山路 148 号 邮政编码 310007)
(网址:http://www.zjupress.com)
排 版 浙江时代出版服务有限公司
印 刷 杭州杭新印务有限公司
开 本 787mm×960mm 1/16
印 张 14.5
字 数 284 千
版 印 次 2002 年 8 月第 1 版 2018 年 8 月第 20 次印刷
书 号 ISBN 978-7-308-03075-5
定 价 20.00 元

浙江大学出版社市场运营中心联系方式 (0571)88925591;http://zjdxcbs.tmall.com

序言

中共中央、国务院发出《关于进一步加强和改进大学生思想政治教育的意见》(即中央16号文件,简称《意见》)。《意见》要求以马克思列宁主义、毛泽东思想、邓小平理论和“三个代表”重要思想为指导,认清当前加强和改进大学生思想政治教育的重要性与紧迫性,明确加强和改进大学生思想政治教育的指导思想、基本原则和主要任务,积极探索加强和改进大学生思想政治教育的方法与途径,为我们开展新世纪新阶段大学生思想政治教育工作提供了纲领性的指导。

思想政治工作是我党的优良传统和政治优势。党历来重视思想政治工作,特别是青少年的思想政治教育。加强和改进大学生思想政治教育是当前一项重大的战略任务。大学生是十分宝贵的人才资源,是民族的希望,是祖国的未来。当今世界,综合国力的竞争,越来越围绕人才和知识的竞争展开。赢得青年,才能赢得未来。高等教育的根本任务是培养社会主义事业的建设者和接班人,大学生的思想道德状况如何,直接关系到中华民族的整体素质,关系到国家前途和民族命运。加强和改进大学生思想政治教育,提高他们的思想政治素质,把他们培养成为中国特色社会主义事业的建设者和接班人,确保我国在激烈的国际竞争中始终立于不败之地,确保中国特色社会主义事业兴旺发达、后继有人,具有重大而深远的战略意义。

成人高等教育是我国高等教育的重要组成部分,而且量大面广。在成人高等教育中贯彻与落实《意见》,加强思想政治教育,一个重要的方面就是提高思想政治理论教材的水平,既要有理论的系统性,又要简洁明了;既要反映理论的不断创新,又要密切联系实际。由段治文、张应杭、王东莉、钟学敏等一批青年教授、副教授组织编写的这套成人高等教育思想政治理论课教材,不仅适应了当前思想政治教育课程改革的实际,适应了成人高等教育的实际,符合中央16号文件精神,而且有其引人瞩目的特点:

第一,坚持马克思主义在意识形态的指导地位,以理想、信念教育为核心,对大学生深入进行正确的世界观、人生观和价值观教育。马克思列宁主义是我们立党立国的指导思想,是社会主义意识形态的旗帜与灵魂。坚持和巩固马克思主义在我国意识形态领域的指导地位，是党和人民团结一致、始终沿着正确方向前进的根本思想保证。邓小平理论、“三个代表”和科学发展观是马克思主义在中国发展的最新成果，是新世纪新阶段全党全国人民继往开来、与时俱进、全面建设小康社会的根本指针。当前，我们坚持马克思主义的指导地位，最根本的就是要坚持不懈地用马克思列宁主义、毛泽东思想、邓小平理论和“三个代表”重要思想武装广大党员、干部、师生的头脑，坚持以理想信念教育为核心，帮助大学生树立正确的世界观、人生观和价值观。

第二，坚持以爱国主义教育为重点，深入进行弘扬和培育民族精神教育。爱国主义是动员和鼓舞全国人民团结奋斗的一面旗帜，是推动社会历史前进的巨大力量，是各族人民共同的精神支柱。爱国主义是思想道德建设的核心，也是中华民族精神的集中表现，是民族意识最本质、最深刻的体现。在我国全面建设小康社会的进程中，大力加强青年大学生的思想道德建设，就是要把广大青年紧紧集聚在爱国主义的旗帜下，形成一种强大的民族凝聚力、向心力，为实现中华民族的伟大复兴而努力奋斗。

第三，坚持以基本道德规范为基础，深入进行公民道德教育。《公民道德建设实施纲要》明确把“爱国守法、明礼诚信、团结友善、勤俭自强、敬业奉献”作为公民基本道德规范。公民基本道德规范，是我们每一个公民都应该遵循的基本准则。《意见》强调要在青年大学生中广泛开展以基本道德规范为基础的公民道德教育，具有现实的特殊的意义。大学生是公民道德教育的重要人群。他们的思想道德状况如何，直接关系到建设有中国特色社会主义事业的成败得失，关系到国家的前途和民族的命运。只有基本道德规范建设搞好了，社会主义道德大厦才能建立起来。教育承载着传播、发展、创造先进文化的重要使命，具有重要的文化功能和德育功能。各级各类学校特别是高等学校要充分发挥公民道德建设的主力军作用，充分发挥示范、带动、辐射作用，追求更高层次的道德目标，为建设社会主义的道德大厦，做出积极贡献。

第四，坚持以人为本的教育理念，以大学生全面发展为目标，深入进行素质教育。按照马克思主义经典作家的学说，所谓人的自由而全面的发展，就是人的社会关系的自由而全面的发展，是人的社会交往的普遍性和人对社会关系的控制程度的高度发展。改革开放以来特别是近年来，我们坚持不懈地对大学生素质教育进行了认真研究、实践和探索，取得了一定成绩；但也存在一定的困惑与亟需解决的问题。现在，中央明确提出要以大学生全面发展为目标，进行素质教育，为我们加强大学生素质教育指明了方向，是我国教育思想上的一次历史性突破，是以人为本思想的重要体现。

全套教材简洁明了，深入浅出，通俗易懂，是一套适合成人高等教育思想政治理论课学习的好教材。

马克思主义理论与思想政治教育博士生导师

许征帆

前言

置身于全球化进程日益加快的现时代,面对国内外形势的深刻变化及其对于马克思主义理论提出的各种新课题,当代中国的马克思主义者必须以求实的精神,对马克思主义原理进行理论上的再认识,以达到与时俱进。本教材的基本指导思想,正是力求把马克思主义作为一个完整的理论体系,置于时代和社会实践发展的历史过程中加以反思,从而科学地描绘和合理建构一个具有新时代气息的马克思主义理论教学的逻辑体系。

马克思主义的产生是人类认识史上的伟大变革。马克思主义既同以往的理论思维和文化成果有着极为密切的关系,但又不是历史上各种思想简单的汇合和相加,也不是从理论观念、理性原则出发进行纯逻辑推演的结果,而是以对包括资本主义在内的人类社会的全面历史事实和发展趋势的科学分析为依据,是在社会化大生产实践基础上孕育成熟起来的、完全崭新的科学理论体系。但是,马克思恩格斯所创立的这个学说,仍然是人类社会运动和认识运动在特定历史阶段的理论抽象和概括。人们对于自然、社会及自我的认识并不会因为马克思主义的创立而停止,恰恰相反,这种认识必然在一个更高的实践基础上发展和深化。这正是由马克思主义与时俱进的理论品格决定了的。

因此,探索、改革和撰写马克思主义原理的新教材,其意义已超出一般的学科建设和教材建设的范畴,而是构成中国社会主义现代文化建设的重要内容和组成部分。而且,特别重要的还在于,要真正撰写出一本具有时代精神的马克思主义原理教材,就不能拘泥于原有模式和框架,局限于个别章节的调整和个别原理、范畴的增或删,而必须彻底地面对全新的社会实践,使马克思主义理论与发展着的世界与中国社会历史进程息息相关。我们必须在坚持马克思主义基本原理的前提下,发掘马克思主义学说内蕴的革命的批判的理论本性,认真反思,勇于求索,积极慎重地突破传统马克思主义理论教学的框架和模式,才有可能撰写出充分凸显新的时代精神的马克思主义原理新教材。

这一新的马克思主义原理教材，正如我们在本书中所展示的那样，必须以社会进步和人的全面发展为最高价值尺度，重新审视社会和人类思维演进的历史进程，全面把握当代自然、社会和人类思维发展中出现的新性状、新特性、新问题、新需要和新成果。只有这样，才能实现现时代的时代精神与马克思主义理论内容更新的内在统一。

正因如此，我们在教材的第一章中把马克思主义理解为人类认识世界的伟大工具和具有严密逻辑结构的认识论体系，它揭示出人类认识发生、发展的总体过程和关于这个世界的一般认识结论以及向真理不断推进的永恒发展过程。这首先是把马克思主义理解为科学的世界观和方法论的过程。马克思主义哲学的基本原理作为对客观世界，尤其是对人类社会的一般规律的揭示，它所描述的社会认识论图景为我们认识世界、思考人生，从而自由全面地发展自己提供了最科学的理论指南。这样，我们不仅可以突破传统马克思主义哲学教材关于本体论、认识论、方法论或辩证唯物主义、历史唯物主义的机械划分，而且还可以把马克思主义关于资本主义和社会主义的相关内容作为社会认识论的具体内容作一自然的逻辑延伸。

在教材的第二章中我们以社会认识论为主线展开马克思主义的一般认识论原理。如果说马克思的辩证唯物主义是关于整个世界的一般认识论原理的话，那么历史唯物主义则可以被理解为对社会历史的一般认识论原理。而且，正如恩格斯当年在马克思墓前的讲话中阐述的那样，它作为马克思一生的两大发现之一具有原创性的革命意义。因此，历史唯物主义作为社会认识论的原理在马克思主义的学说体系中占有更为重要的地位。

遵循马克思的研究逻辑，在教材的第三章中我们把马克思关于资本主义社会的学说，作为社会认识论进一步展开的具体内容和组成部分有机地纳入马克思主义的整体体系之中。我们除了阐述马克思当年在《资本论》中所阐发的政治经济学的基本原理外，还试图对当代资本主义正在探索的对经济和社会的更有效管理办法进行一些理论总结。显然，真正的马克思主义者不能原封不动地拘泥于原有的理论和结论，而应该承认、尊重新的实际，以科学态度和求实精神，实现对当代资本主义的再认识。

在马克思看来，社会主义是继资本主义之后的更高的一种社会形态。因此，在教材的第四章中我们对科学社会主义的原理进行了阐述。这是社会认识论的又一具体领域。我们在阐述科学社会主义的一般原理之后，同样试图以与时俱进的发展眼光对社会主义进行再认识。事实上，与当代资本主义一样，基于世界现代化运动的内在驱使，当代社会主义也开始从挫折中奋起，在坚持自身根本制度和承认重大历史成就的同时，郑重地直面自身发展中存在的诸种问题，力求克服由于各种具体体制不完善和种种失误造成的低效率和不合理、不公平现象，并以此为契机，积极慎重地进行经济和政治体制的改革。当今中国特色社会主义的全面实践，正是这种对社会主义再认识的必然产物。

可以肯定地说,当代社会主义的发展以人的自由全面发展作为其实践的指归。所以,我们的教材在第五章中以人的自由及其实现作为整个逻辑体系的终点。人的自由和全面发展理论既是马克思恩格斯当初批判资本主义并没有给予无产阶级自由的理论参照系,更是马克思主义所有理论学说的最终目的指向。马克思主义扬弃了以往理论诸如“人就是自由”、“人是目的”之类命题的抽象性,而赋予了人的自由问题以真、善、美的具体内涵和理想主义的情怀。这是这个学说的理论魅力经久不衰的奥秘之一。它同时也是我们今天构建和谐社会主义社会的一个根本目标之所在。

这就是我们理解的马克思主义原理新教材的基本内容。作为教材的编写者,我们认为以这样的逻辑框架来阐述马克思主义的学说是精当的。而且,我们还把这个理论探索理解为既是马克思主义原理自身与时俱进的理论品格所必然要求的,也是中国特色社会主义现代化建设的实践对马克思主义所提出的时代要求。

目　录

导论 马克思主义的诞生和发展

马克思主义的诞生是人类思想发展史上的一场伟大革命。马克思主义作为对历史和时代发展最精辟的概括和反映,150 多年来,深刻地改变了并继续改变着整个世界历史的面貌。在当今世界上,没有任何一种学说像马克思主义那样,展现着如此巨大的理论魅力和革命力量。在人类认识世界、改造世界的活动中,马克思主义以其博大而精深的理论学说指导着千百万人民群众的实践,又在这一实践中与时俱进,修正、丰富和发展着自身。因此,尽管形形色色的非马克思主义和反马克思主义者一再宣称“马克思主义已经过时了”,可马克思主义在现时代依然显示了其最强盛的生命力。

第一节　马克思主义是时代发展的必然产物

一、历史背景与时代提出的问题

马克思主义是马克思和恩格斯创立包括各国马克思主义在尔后社会实践中丰富和发展的观点和学说的理论体系。马克思主义产生于 19 世纪 40 年代。1848 年 2 月《共产党宣言》的发表,标志着马克思主义的公开问世。

马克思主义的诞生,绝不是它的创始人——马克思恩格斯天才思想的凭空构想,而是马克思恩格斯为了回答和解决当时的历史和时代发展提出的社会问题而提出来的一种科学理论。因而,马克思主义是历史和时代发展的必然产物。

人类社会发展到了 19 世纪,资本主义作为一种新型的社会历史形态在欧洲开始确立,许多国家相继建立了机器大工业,大大提高了生产社会化的程度,“资产阶级在它的不到一百年的阶级统治中所创造的生产力,比过去一切时代创造的全部生产力还要多,还要大"①。资本主义经济得到了高度发展,自由资本主义开始进入了它发展的鼎盛时期。但是随着资本主义经济的高度发展,资本主义所固有的基本矛盾即生产社会化和生产资料的资本家私人占有之间的矛盾日益加深了,为这个基本矛盾所规定的个别企业生产的高度计划性和整个社会生产的无政府状态的矛盾也日益尖锐起来。1825 年英国爆发了资本主义社会的第一次经济危机,表明了资本主义制度已经开始不能适应社会生产力进一步发展的要求。资本主义开始由生产力发展的动力变成为阻碍生产力发展的桎梏。马克思恩格斯认为,这一基本事实正预示着社会革命的时机已经到来。而承担这一历史使命的物质力量是无产阶级。这就正如马克思所说的那样:"资产阶级即资本愈发展,无产阶级即现代工人阶级也在同一程度上跟着发展。"②到 19 世纪 30 年代,在欧洲,无产阶级已壮大成为一支独立的政治力量,开展了反对资本主义剥削制度的斗争。这其中最著名的是 1831 年和 1834 年法国里昂工人的两次武装起义;1844 年 6 月德国西里西亚纺织工人的武装起义和 1836 年英国工人延续十多年之久的"宪章运动"。

这样,先进的巨大的生产力,由曾是资产阶级用来推翻封建制度最强大的武器,变成了资产阶级及其社会制度的对立物。代表生产力发展要求的工业无产阶级开始了社会革命的历程。欧洲爆发的三次著名的工人运动充分表明:无产阶级反对资产阶级的阶级斗争已经发展到历史上从未有过的水平,工业无产阶级已成为现代社会历史发展的伟大动力。

然而,历史的事实是这三次工人运动最后都失败了。究其根由,其中很重要的一个原因是这些工人运动都没有完整的科学理论作为革命实践的指导。这说明工人运动要想取得胜利,必须创立新的科学的社会革命理论,以指导工业无产阶级的革命,从而最终解决资本主义存在和发展所暴露出来的愈来愈严重的社会问题。

因而,马克思主义产生的必然性是由 19 世纪历史发展的要求和无产阶级反对资产阶级的斗争需要而提供的。

与此同时,历史的发展和阶级斗争也给马克思主义的产生提供了可能。这是因为,其一,资本主义经济的高度发展,使社会历史发展的本质和规律显露了出来。资本主义社会同以往的奴隶社会和封建社会相比较,阶级的对立更加简单和明朗化,社会发展的经济根源决定阶级斗争及其在历史发展中的作用,也都较明显地呈现出来。同时,由于机器大工业生产的发展,交通、贸易事业的发达,世界统一市场的形成,从而打破了封建割据局面和民族的封闭状态,大大拓宽了人们的眼界。这样,人类的认识就有可能把不同地区、不同民族、不同国家的情况联系起来加以比较和研究,发现其共同

---

① 《马克思恩格斯选集》,第 1 卷. 北京:人民出版社,1974 年版,第 256 页

② 《马克思恩格斯选集》,第 1 卷. 北京:人民出版社,1974 年版,第 257 页

性和重复性，从而揭示社会历史发展的本质和规律。其二，无产阶级壮大成为独立的政治力量以后，经过较长时期有目的、有组织的反对资本主义的经济斗争和政治斗争，积累了越来越丰富的经验，这就有可能用科学的方法对这些经验进行概括、总结和提高，从中建立无产阶级自己的革命理论。同时，资本主义社会基本矛盾的激化，又使统治阶级中一些先进分子转到革命的无产阶级方面来，特别是其中那部分能够从理论上认识整个历史运动的进步思想家，加入无产阶级队伍。这样就有可能出现用科学方法总结无产阶级革命斗争经验，从而创立无产阶级革命理论的思想家。马克思和恩格斯就是在这样的时期，即 19 世纪 40 年代，完成从资产阶级革命民主主义者向共产主义者的转变，并由此开始创立自己的理论和学说的。

因此，如果说 17 世纪和 18 世纪是自由资本主义确立并获得蓬勃发展的时代，置身于这个时代的启蒙学者和尔后资产阶级思想家对封建制度的批判和对自由平等精神的讴歌，体现了时代精神，那么，19 世纪由于资本主义社会固有矛盾已充分暴露，对资本主义社会进行批判，并探讨尔后人类社会发展的可能形态，就成为历史和时代所提出的基本问题而摆在了人类认识的面前。马克思和恩格斯正是回应了这一时代需要，为解决历史发展而提出的基本问题，从而建立了马克思主义的理论和学说的。

二、人类思想史上的伟大革命

马克思主义理论也是在对人类思想史上优秀理论遗产进行批判和继承的过程中创立的。关于这一点列宁曾这样说过："马克思的全部天才正在于他回答了人类先进思想已经提出的种种问题。他的学说的产生正是哲学、政治经济学和社会主义的最伟大代表的学说的直接继续。"①

欧洲的思想文化发源于古希腊罗马。这一时期创造的哲学、科学、艺术等古代文化，直接为欧洲文明奠定了基础。经过中世纪神学统治的曲折之后，新兴的资产阶级思想家在古希腊罗马"文艺复兴"旗帜指引下，推动了近代科学文化的迅速发展，这一发展到 19 世纪中叶已积累了相当丰硕的思想文化成果。这为马克思主义的创立提供了大量的思想资料，而德国的古典哲学、英国的古典政治经济学、英法两国的空想社会主义学说，则构成了马克思主义的直接理论来源。

德国古典哲学是指 18 世纪末到 19 世纪初，从康德到黑格尔和费尔巴哈的德国资产阶级的哲学思想的总称。当时的德国处在资产阶级革命的准备时期，而德国的哲学革命，便是德国资产阶级政治革命的前导。黑格尔是德国古典唯心主义的集大成者。他认为在自然界和人类出现以前，就存在着所谓"绝对观念"，世界上的一切现象都是

① 《列宁选集》，第 2 卷. 北京：人民出版社，1972 年版，第 441 页

由“绝对观念”的辩证发展而派生出来的。这样，黑格尔一方面创立庞大的客观唯心主义体系，另一方面又以唯心主义的形式阐发了辩证法思想。当然，黑格尔是在精神和概念的思辨之中猜测到了客观事物的辩证法。事实上，他的辩证法也是唯心主义的辩证法：一方面是头足倒置的，他所理解的发展的主体不是客观世界，而是“绝对观念”；另一方面又是不彻底的，按照辩证法，发展应是无限的，而他却把自己的哲学看作是“绝对观念”发展的顶点，力图建立一个永恒不变、最终完成了的绝对真理体系。在黑格尔的哲学中，合理的辩证法思想就这样被唯心主义体系窒息了。“但是这一切并没有妨碍黑格尔的体系包括了以前的任何体系所不可比拟的巨大领域，而且没有妨碍它在这一领域中发展了现在还令人惊奇的丰富思想。”①黑格尔哲学的“真实意义和革命性质，正是在于它永远结束了以为人的思维和行动的一切结果具有最终性质的看法”。② 也就是说，黑格尔的辩证法的“合理内核”就是运动、变化和发展的思想。

19 世纪 40 年代，随着德国资产阶级革命形势日趋成熟，在哲学上相应地表现为德国古典唯心主义的终结和唯物主义的兴起。这就使得费尔巴哈的唯物主义走上了德国的思想史舞台。

费尔巴哈是德国激进的资产阶级民主派的思想代表。他的最大功绩是在康德、黑格尔的唯心主义长期统治德国的思想界后，重新恢复了唯物主义的应有权威。费尔巴哈提出了“人本主义”的唯物主义，批判了宗教神学和黑格尔的唯心主义哲学，论证了唯物主义的自然观和唯物主义的认识论。在他看来，“我们自己所属的物质的、可以感知的世界，是唯一现实的；而我们的意识和思维，不论它看起来是多么超感觉的，总是物质的、肉体的器官即人脑的产物。物质不是精神的产物，而精神却只是物质的最高产物。”③因此，他坚持物质第一性精神第二性的原理，否认物质世界之外存在着独立的精神实体。这是费尔巴哈哲学的“基本内核”。但是，费尔巴哈的唯物主义哲学，却是不彻底的，而且在社会历史观上也未能摆脱唯心主义的羁绊。正因为费尔巴哈自己的哲学存在着这样的严重缺陷，所以它在批判黑格尔哲学时没有采取辩证分析的态度，它在摒弃黑格尔唯心主义的同时，也将其辩证法简单地抛弃了。

马克思恩格斯完成了对德国古典哲学的真正超越。马克思主义的创始人在创立自己学说的理论基础——辩证唯物主义和历史唯物主义的理论时，首先是受费尔巴哈的影响，返回到唯物主义观点，同时批判和剔除其不彻底性。其次才是对黑格尔哲学进行分析批判和革命改造，抛弃了黑格尔唯心主义体系，又批判地吸收了其辩证法的“合理内核”。所以，马克思主义的哲学是人类认识发展史上唯物主义和辩证法思想

---

① 《马克思恩格斯选集》，第 4 卷. 北京：人民出版社，1974 年版，第 215 页

② 《马克思恩格斯选集》，第 4 卷. 北京：人民出版社，1974 年版，第 212 页

③ 转引自《马克思恩格斯选集》，第 4 卷. 北京：人民出版社，1974 年版，第 223 页

的最完满而科学的结合。而这样一种唯物主义和辩证法相统一的哲学，无疑是为马克思主义的整个理论学说奠定了最根本的世界观和方法论基础。

英国古典的政治经济学是指18世纪末到19世纪初期代表着当时反对封建制度的英国资产阶级利益的一种经济学理论，其创始人是威廉·配第，亚当·斯密和大卫·李嘉图是它的集大成者和完成者。

英国古典政治经济学在人类认识史上最主要的贡献是它的劳动价值理论。亚当·斯密第一次把经济学理论的研究从流通领域转向生产领域。在他看来，劳动是财富的源泉和价值的尺度。商品价值是由商品中包含的劳动决定的，因为商品交换归根到底无非是体现在这些商品中的劳动量的交换。大卫·李嘉图进一步发展了亚当·斯密的劳动价值论，他正确地认定工人的工资数额的大小是由工人及其家属所需的生活资料的价值决定的，因而，工资和利润是必然对立的。在这里，大卫·李嘉图事实上已涉及工业无产阶级和资本家阶级之间对立的经济根源。但他却仍然没能触及资本主义生产方式的剥削本质，而是错误地认为，提高工资会刺激人口增加，引起劳动力供过于求，从而使工资降低；降低工资的结果造成人口减少，这样又会引起劳动力供不应求，从而又使工资提高。这是一条自动调节的自然规律。而且，他还认为资本主义生产方式是自然的、永恒不变的。因此，李嘉图的理论无法揭示剥削的本质，更不可能正确地揭示资本主义社会的矛盾运动规律。

马克思和恩格斯批判地吸取了英国古典政治经济学关于劳动是价值的唯一源泉的积极成果，坚决地抛弃其理论上的不彻底性，科学地论述了商品的二重性和劳动的二重性，创立了科学的劳动价值论，即以剩余价值论为主要内容的政治经济学理论。

剩余价值学说是马克思政治经济学理论的基石。作为马克思最伟大的发现之一，它当然是马克思独创的。但剩余价值学说的创立，又显然是古典政治经济学中劳动价值论的合乎逻辑的发展。在马克思主义以前的经济学家那里，由于阶级的局限，不可能提出剩余价值的概念。但他们通过地租、利润、利息等剩余价值的具体形态的研究，提供了一些合理的思想材料，特别是当他们提出了劳动是价值的源泉的原理之后，必然逻辑地提出：既然商品的价值决定于劳动时间，那么资本家的利润是从哪里来的？对此，他们没有也不可能作出科学的回答，只有马克思恩格斯才作了科学的解释，创造了马克思主义的剩余价值理论，揭露了资本主义剥削的本质，阐明了资本主义生产方式发展的规律，从而完成了政治经济学中的伟大变革。所以列宁指出，马克思和恩格斯是从资产阶级社会发展的经济规律中作出资本主义社会必然转变为社会主义社会的结论的。

空想社会主义的理论作为一种批判资本主义、向往未来美好社会制度的思想原则，如果从早期空想社会主义者英国的莫尔、意大利的康帕内拉算起，它的历史和资本主义的历史同样长久。早期的空想社会主义者们采取文学游记的形式控诉了资本主义原始积累的罪恶，表述了对理想社会的美好憧憬。到了 18 世纪末 19 世纪初，欧洲出现了三个伟大的空想社会主义理论家和实践者，他们分别是法国的圣西门、傅立叶和英国的欧文。

空想社会主义者继承了前人思想的积极成果，汲取了法国启蒙学派的思想，以理性原则和社会平等、正义的思想，无情地抨击了资本主义制度，提出了关于社会改造和未来社会的设想。但是，无论是英国的，还是法国的空想社会主义者都没有真正认识社会发展的客观规律，他们虽然揭露和批判了资本主义的现实社会制度，但他们既没有发现实现理想社会的阶级力量，也没有找到实现理想社会的途径和道路。这是因为他们面对的是尚未成熟的无产阶级，因而他们不能从现实出发，而只能从头脑里的理性原则出发，从而不可避免地陷入了空想的泥潭之中。而且“它愈是制定得详尽周密，就愈是要陷入纯粹的幻想”。[①]

马克思恩格斯充分肯定了空想社会主义者在人类思想认识史上的历史功绩，这正如恩格斯指出的那样：“德国的理论上的社会主义永远不会忘记，它是依靠圣西门、傅立叶和欧文这三位思想家而确立起来的。”[②]但马克思恩格斯又是在批判和摈弃了他们的唯心史观和对未来社会的种种幻想之后，依据唯物辩证的历史观和剩余价值学说，创立了自己科学社会主义理论的。也正是从这个意义上讲，马克思主义的产生是人类思想史上的一场伟大革命。

三、马克思主义理论创立的历程

19 世纪历史和时代发展提出的社会问题，为马克思主义的诞生提供了外在的客观必然性；而这个历史时代所达到的人类思想认识的优秀成果，为马克思主义理论的诞生提供了可能性的条件。但要使这种必然性和可能性成为现实，显然还必须经过马克思主义理论的创始人马克思恩格斯的艰苦努力。在马克思主义诞生和发展的历史中，我们看到的是马克思恩格斯个人的才智及其艰辛曲折的奋斗历程。

卡尔·马克思于 1818 年 5 月 5 日诞生于德国莱茵省的特里尔城。他的父亲是位律师。按照列宁的说法，这是一个文明富有但不是革命的家庭。在青少年时代，马克思受到了良好的教育，他深受希腊传统中的普鲁米修斯精神的影响，在中学毕业时写的《青年在选择职业时的思考》一文中，曾表达了为人类利益谋幸福的崇高理想。1835 年 10 月，马克思考入波恩大学，一年之后转入柏林大学学习法律。在这期间，他参加了柏林的“博士俱乐部”，成为青年黑格尔派的成员。作为青年黑格尔派成员，他

① 《马克思恩格斯选集》，第 3 卷. 北京：人民出版社，1974 年版，第 299 页

② 《马克思恩格斯选集》，第 2 卷. 北京：人民出版社，1974 年版，第 300 ~ 301 页

的世界观还是唯心主义的，因而他强调观念的作用，认为精神是世界的主宰。在政治上，他和所有青年黑格尔分子一样，都反对普鲁士专制主义，要求有言论、出版自由。

1842 年 10 月，博士毕业后的马克思离开了柏林大学，担任了《莱茵报》主编。在《莱茵报》期间，成为他转向唯物主义、共产主义的开端。因为办报需要不断深入社会调查了解情况，在实践中，马克思发现了现实生活与黑格尔唯心主义原则的矛盾。在解决这些矛盾中，一些唯物主义思想因素产生了。譬如，在林木盗窃法问题上，他发现国家根本不像黑格尔所说的那样，是理性和道德的化身。他从反动当局用法律严惩到树林里抢干柴农民的行径中，认识到国家是维护有权人利益的工具。这表明马克思已开始转向以唯物主义的方式思考问题。由于《莱茵报》具有民主主义的思想倾向，1843 年初被普鲁士当局查封。

1843 年秋天，马克思迁居到巴黎。在巴黎，他经常参加工人举行的各种集会，和一些优秀工人建立了联系。在深入法国工人运动的过程中，他发现了无产阶级具有伟大的历史作用，认识到只有这个阶级才能肩负起解放全人类的历史重任。1844 年初，他在《〈黑格尔法哲学批判〉导言》中，第一次表述了无产阶级历史使命的思想。他说，要想实现人类解放，“就在于形成一个被彻底的锁链束缚的阶级”，这个阶级“就是无产阶级”。[①] 无产阶级要想完成这个伟大的历史任务，就要诉诸革命的暴力，进行“武器的批判”，即推翻资产阶级的统治。发现无产阶级的伟大历史作用，找到实现共产主义社会的正确道路，这表明马克思已经完成了由唯心主义向唯物主义、由民主主义者向共产主义者的转变。

费里德里希·恩格斯于 1820 年 11 月 28 日诞生于德国莱茵省巴门市的一个工厂主的家庭。1838 年，中学尚未毕业的恩格斯在父亲的强迫下，到不来梅学习经商。在这里，他参加了反专制主义的文学团体——“青年德意志”。当时的德国，政治非常黑暗；国王既是宗教的首领，又是一切进步力量的死敌。恩格斯在《德意志电讯》上，发表了《乌培河谷的来信》等文章，愤怒地控诉了工厂主对工人的残酷剥削，尖锐地抨击了社会的反动势力。他满怀热情地号召人们进行一场摧毁一切反动势力的革命。后来恩格斯为了掌握哲学批判的武器，在青年黑格尔分子大卫·施特劳斯的影响下，离开了“青年德意志”，转向了青年黑格尔阵营。

1842 年 11 月，恩格斯踏上了英国的国土。产业革命时代的英国给他留下了深刻的印象，并成为他立场、世界观转变的起点。初到英国时，他是以一个民主主义者身份参加社会活动的。可是，在实践中一些唯物主义因素逐渐萌发了。譬如他通过“谷物法”的斗争，看到了物质利益的冲突是阶级、政党之间斗争的根源。此外，他在考察英国经济生活时，又发现了物质生产在国家生活中起着决定性作用。这些认识，表明恩

① 《马克思恩格斯全集》，第 1 卷. 北京：人民出版社，1956 年版，第 466 页

格斯在转向唯物主义的道路上已经迈出了重要的一步。

1843年夏天，在深入了解英国宪章运动的过程中，他发现了无产阶级的伟大历史作用，看到了这个阶级是一个追求真理、勇于为人类进步事业而献身的阶级。“这个阶级已经成了英国最强大的阶级，当他们意识到这一点的时候，英国富翁们就该倒霉了。”①1843年末，恩格斯在批判英国的卡莱尔的英雄史观时，阐述了劳动群众在历史上的伟大作用，再一次表述了无产阶级的伟大历史使命。他在批判古典经济学、考察英国资本主义经济的基础上，用劳动与资本的对立，初步论证了资本主义灭亡、共产主义胜利的历史必然性。这无疑表明恩格斯也已经完成了向唯物主义者、共产主义者的转变。

1844年8月，马克思和恩格斯在巴黎进行了历史性会晤。他们交换了自己的看法，发现彼此的观点十分一致。从此，两人开始建立起终生不渝的伟大友谊和合作。

马克思和恩格斯在实现从唯心主义到唯物主义、从革命民主主义到共产主义的转变的同时，也就开始了创立无产阶级的崭新的思想理论体系的工作。1844年，为了批判青年黑格尔派的自我意识哲学，为新世界观的创立扫清道路，马克思恩格斯合写了《神圣家庭》一书。在这部著作中，马克思恩格斯指出，世界是物质的，客观世界是不依赖意识而存在的；物质生产在社会生活中起着决定性作用；在生产过程中形成的人与人的社会关系是社会生活的本质。这一认识，为他们走向唯物主义奠定了理论基础。翌年春天，马克思开始了批判费尔巴哈及一切旧唯物主义哲学的工作，写下了“包含着新世界观天才萌芽的第一个文件”（列宁语）——《关于费尔巴哈的提纲》。在这篇《提纲》中，马克思阐明了辩证唯物主义、历史唯物主义的最基本观点，着重强调了实践在社会生活中和认识过程中的决定性作用，强调了新哲学的阶级性、实践性。这样就从根本上克服了费尔巴哈唯心史观的影响。

1845年，为了彻底清除费尔巴哈人本主义影响，批判资产阶级的各种唯心史观，马克思恩格斯合著了《德意志意识形态》。在这部巨著里，他们系统地阐述了历史唯物主义的基本原理，提出了社会存在决定社会意识的基本原则，第一次阐述了生产力与生产关系、经济基础与上层建筑的矛盾运动原理，从而揭示了社会发展的一般规律。《德意志意识形态》的问世标志着马克思主义唯物史观的创立。

唯物史观的形成，对科学社会主义的创立具有重要的意义。它不仅完成了对科学社会主义的哲学论证，用生产力、生产关系辩证运动原理阐明了无产阶级和无产阶级革命的伟大历史作用，以及共产主义代替资本主义的历史必然性，而且也推动了科学社会主义理论的发展。在《德意志意识形态》中，马克思恩格斯在揭示资本主义社会内在矛盾的基础上，科学预测了共产主义社会的特征；在揭示经济基础与上层建筑辩

① 《马克思恩格斯全集》，第1卷. 北京：人民出版社，1956年版，第549页

证关系，认识资产阶级国家本质的基础上，首次表述了无产阶级专政的思想。

唯物史观的伟大发现，也推动了马克思主义政治经济学的创立。有了新的世界观和方法论，也就有了剖析资本主义社会经济关系、批判资产阶级政治经济学的理论武器。1847年初，马克思在批判蒲鲁东庸俗价值学说的基础上，着手创立马克思主义政治经济学。他在《哲学的贫困》中开始揭示出：剩余价值起源于工人的剩余劳动，它以利润形式被资本家占有了。在《雇佣劳动与资本》中，他指出，资本是一种社会关系，剩余价值是劳动所创造的价值与劳动（劳动力）本身的价值之间的差额。

与此同时，由于唯物史观的形成和剩余价值理论的提出，使科学社会主义的理论有了坚实的基础。马克思恩格斯1848年写作的《共产党宣言》把马克思主义哲学、政治经济学、科学社会主义理论学说有机地结合为一体，形成了一个严密的思想体系。在《共产党宣言》中，马克思恩格斯用历史唯物主义考察了人类社会，特别是资本主义社会的产生、发展，剖析了资本主义社会的经济关系、阶级关系及上层建筑，揭示了资本主义必然灭亡、共产主义必然胜利的历史规律。《共产党宣言》还系统地阐述了无产阶级解放的理论，指出要用暴力推翻资产阶级统治，剥夺剥夺者；建立无产阶级统治，使无产阶级上升为统治阶级；同时，无产阶级要争得民主，发展生产力，同旧的意识形态彻底决裂，创造国家消亡的条件。因此，《共产党宣言》是马克思主义理论的高度概括，是马克思主义思想体系形成的标志。它的问世，从完整意义上标志着马克思主义的诞生。

对马克思主义发展史的考察，还使我们知道，马克思恩格斯在创立自己的理论的历程中，其外部生活条件是异常艰难甚至是相当险恶的。马克思的理论著述及其革命实践，尤其备受艰辛。青年时代的马克思为了追求真理，就开始了自己一生的流亡生涯。因为在《莱茵报》上揭露了反动的普鲁士政府，他主编的报纸被查封，他被迫流亡巴黎。巴黎的基佐政府在普鲁士政府的要求下，又将他驱赶出巴黎，他又被迫流亡到布鲁塞尔。在1848年革命中，他绕道巴黎回科伦参加德国革命。革命失败后，他典当家产又流亡伦敦。直到逝世，他仍是一个无国籍者。在一生的流亡中，马克思政治上受反动政府的迫害，经济上则贫困交加。这种贫困程度有时简直令人心碎：他常因无钱买一枚寄信的邮票或一张刚出版的报纸而陷于困顿。他的小女儿病死之后，遗体还是在一批正直的流亡者资助下才安葬的。但即便如此，马克思依然著述不止，以自己博大精深的科学理论，实践着他如下一个坚定的信念："在科学上没有平坦的大道，只有不畏劳苦沿着陡峭山路攀登的人，才有希望达到光辉的顶点。"①

① 马克思：《资本论》，第1卷. 北京：人民出版社，1975年版，法文版序言

第二节　马克思主义的科学理论体系

一、马克思主义理论的三个组成部分

马克思恩格斯在创立自己理论学说时，并不试图建构一个最终穷尽一切真理的理论体系。马克思恩格斯作为一个思想家致力于理论研究，首先是为了满足无产阶级革命实践的需要，因此，他们无意像职业理论家所崇尚的那样去刻意建构自己的理论体系。但这并不意味着马克思主义没有一个相对完整的理论体系。事实上，马克思恩格斯在不同领域不同时期研究的理论，贯穿着统一的世界观和方法论，从而使马克思主义理论形成了自己完整的科学理论体系。

马克思主义是一个博大精深的科学体系。它既包括马克思主义哲学、政治经济学、科学社会主义，也包括马克思主义的政治学、法学、社会学、历史学、伦理学、美学、军事学等各方面的内容。而其中马克思主义哲学、政治经济学和科学社会主义是构成马克思主义理论的三个主要组成部分。

马克思主义哲学是关于自然、社会和思维发展最一般规律的科学。其理论内容是辩证唯物主义和历史唯物主义。在马克思主义的创始人那里，这种哲学又被称为实践的唯物主义。这是因为这种哲学在人的实践中把唯物主义和辩证法相统一，并使之贯穿于哲学认识论的关于自然社会历史和人的自我实现理论之中。因此，马克思主义哲学在实践的基础上，必然地把哲学的最基本功能归结为认识世界和改造世界的统一。

马克思主义的政治经济学是关于社会生产关系发展规律的科学。其主要理论内容是资本主义生产关系产生、发展和灭亡的规律，以及社会主义生产关系的建立、发展和向共产主义高级阶段转化的规律。在马克思主义的创始人那里，科学的劳动价值论和剩余价值理论是马克思主义政治经济学的主体部分。马克思以极其丰富的经济事实和缜密的逻辑分析，揭示了资本主义经济发生、发展和必然灭亡的客观历史规律，为科学社会主义的理论和实践奠定了坚实的基础。也因此，马克思主义的政治经济学理论对于我们今天理解社会主义市场经济也必然地具有理论和方法方面的启迪。

科学社会主义理论是马克思主义关于无产阶级解放运动的性质、条件、目的和发展规律的科学。其主要理论内容是无产阶级革命的历史必然性与主客观条件，以及实现这种革命的途径、策略和对社会主义、共产主义社会的科学构想等。这一理论是我们中国特色社会主义理论的直接理论渊源。

作为马克思主义理论体系的三个主要组成部分，马克思主义哲学、政治经济学和科学社会主义三者之间存在着逻辑联系。马克思主义哲学的辩证唯物主义和历史唯物主义为整个马克思主义学说提供了统一的世界观和方法论。它所揭示的是贯穿在各个科学领域中的最根本的立场、观点和方法,因此,马克思主义政治经济学和科学社会主义如果离开了马克思主义哲学不仅无法理解,甚至根本就不可能建立。马克思主义政治经济学既是马克思主义哲学理论和方法的具体运用,从而揭示了资本主义生产关系的产生、发展和灭亡的规律;同时,又是对马克思主义哲学世界观和方法论的深刻的令人信服的论证。因此,马克思主义政治经济学“是马克思理论最深刻、最全面、最详细的证明和运用”①,是“马克思主义的主要内容”。②

科学社会主义是马克思主义哲学和政治经济学理论,特别是历史唯物主义和剩余价值学说的必然结论。这正如恩格斯所指出的那样:“这两个伟大的发现——唯物主义历史观和通过剩余价值揭破资本主义生产的秘密,都应当归功于马克思。由于这些发现,社会主义已经变成了科学”。③

马克思主义理论体系中这三个主要组成部分及其内在联系,也可以从马克思主义理论的形成和发展过程中获得肯定的结论。马克思最初致力于哲学研究,批判地吸取了黑格尔和费尔巴哈哲学的“合理内核”,并结合现实生活对各种社会思潮进行批判性研究,形成了实践唯物主义的科学世界观。尔后,马克思又以唯物主义世界观为指导,运用唯物辩证法专门研究资本主义社会的经济关系,从中发现了资本主义社会的发展规律,同时也对自己的哲学作了科学的论证。正如列宁说的那样,自从《资本论》问世以来,唯物史观已经从科学的假设变成了科学的理论。马克思逝世以后,恩格斯在整理其《资本论》二、三两卷的同时,还运用唯物史观研究了古代社会,从而进一步论证了唯物史观的理论观点不仅符合资本主义社会发展的历史事实,同样也符合整个人类社会的历史发展。而马克思恩格斯的所有理论研究,从实践目的上理解都是为了使社会主义理论从空想变成科学。

列宁认为,“马克思主义就是马克思的观点和学说的体系”④。但如果从构成马克思主义理论体系的三个主要组成部分及其内在联系的角度出发,我们又可以进一步把马克思主义理解为是关于世界发展一般规律的科学,是关于社会历史发展一般规律的科学,其中特别是关于资本主义发展、灭亡和转变为社会主义、共产主义发展一般规律的科学。

① 《列宁选集》,第2卷.北京:人民出版社,1972年版,第588页
② 《列宁选集》,第2卷.北京:人民出版社,1972年版,第580页
③ 《马克思恩格斯选集》,第3卷.北京:人民出版社,1972年版,第67页
④ 《列宁选集》,第2卷.北京:人民出版社,1972年版,第580页

二、马克思主义理论的本质特征和基本特征

马克思主义作为社会意识形态，同所有的理论和学说一样，既是社会存在的反映，也具有历史的继承性和自身发展的相对独立性。但马克思主义又不是一般的意识形态，而是有着区别于其他各种理论学说的显著特征，否则，马克思主义就丧失了自己存在的意义。

马克思主义的本质特征是科学性和革命性的统一。马克思主义作为一种科学理论，其科学性就在于，其一，它把辩证唯物主义和历史唯物主义这一科学世界观作为自己的理论基础。而这一世界观的基石和立足点就是一切从实际出发，实事求是的科学精神。其二，它正确反映了自然、社会和思维发展的一般规律，如实揭示了资本主义被社会主义代替的历史必然性。已有和正在有的实践证明着马克思主义的普遍原理的真理性。其三，它是建立在坚实的具体科学基础之上的，它的产生直接源于欧洲 18 世纪和 19 世纪哲学、社会科学和自然科学达到的最高成就，它的发展仍根植于今天和未来哲学和科学的新进步、新发展之中。

马克思主义又是无产阶级的革命理论。它的革命性就在于：首先，它认为任何现存事物都是一个过程，都有其产生、发展和灭亡的历史，不是永恒的、神圣不可侵犯的；其次，它认为人类认识世界的目的是为了改造世界。因而它公开声明自己的理论是为无产阶级服务的，它要把自己的理论彻底地付诸于无产阶级和人民群众改造世界的革命实践中。

在马克思主义理论中，科学性和革命性是统一的，这是因为无产阶级的阶级利益同社会历史发展规律是根本一致的。马克思主义愈是体现无产阶级和人民群众变革现实，创造未来，推动人类社会向前发展的革命性，就愈要正确地反映现实事物的本质及其发展规律，就愈具有严格的科学性；同样，只有具备严格的科学性，马克思主义才能充当无产阶级和人民群众进行革命实践的理论武器。这就正如列宁指出的，马克思主义的“理论对世界各国的社会主义者之所以具有不可遏止的吸引力，就在于它把严格的和高度的科学性（它是社会科学的最高成就）和革命性结合起来，并且不是偶然地结合起来（即不仅因为学说的创始人本人兼有学者和革命家的品质），而是把两者内在地和不可分割地结合在这个理论本身中”。①

马克思主义这一科学性和革命性的统一，就决定了它必然地具有如下一些基本的特征：

其一，理论与实践的统一。这个特征包含两个有机而不可分割的方面。一方面，

① 《列宁选集》，第 1 卷. 北京：人民出版社，1972 年版，第 81 页

实践是理论的基础,不和实践相统一的理论是空洞的理论;另一方面,实践又必须接受理论的指导,没有理论指导的实践是盲目的实践。

马克思主义非常强调自己的理论对实践的依赖性,它的基本原理无一例外都是从实践中来的,是对无产阶级和人民群众变革社会的实践经验的高度概括和总结。而且这种通过概括和总结实践经验得到的理论是否具有真理性,还要接受实践的检验。实践发展了,理论也必须随之发展。脱离了实践,马克思主义就会变成抽象的、僵死的教条而丧失其科学性。马克思主义在强调理论对实践的依赖性的同时,还强调理论对实践的指导作用,即理论要为实践服务。马克思主义不是书斋里的学问,它适应无产阶级革命和变革的实践需要而产生,就是为了指导无产阶级的革命和变革的实践。如果忽视理论对实践的指导作用,那就会把马克思主义理论变成空谈,从而丧失其革命性。

其二,统一性和多样性的统一。世界是多样性的统一,人类社会历史的发展也有其自身的特点。而且,社会历史内容的丰富多样性,必然随社会生产力的不断发展和思想文化的不断提高呈现其复杂性。马克思主义的理论和学说当然要把握和体现这种多样性和复杂性。但是,人类社会的多样性发展,又遵循着物质世界统一的客观规律。这些规律以最普遍一般的形式沉淀在马克思主义的哲学,即辩证唯物主义和历史唯物主义的一般原理中。而马克思主义的政治经济学、科学社会主义以及伦理学、美学、军事学等,则作为这一统一的普遍一般原理的多样化展开。因而,马克思主义的理论和学说没有也不可能对外部的客观世界和人类自身的运动发展制定统一的模式,而仅仅只是揭示了这其中最普遍一般的客观规律。这样,一方面这种规律作为普遍和统一的存在是不能违背的,因而马克思主义作为对这一普遍规律揭示的统一性是不能违背的;但另一方面,这些普遍统一的客观规律又是以多样化和特殊性的形式表现出来的,因而马克思主义的理论和学说必然承认和反映这种多样性和特殊性,并赋予自己理论以多样化的特性。

其三,批判继承和创造发展的统一。马克思主义既是对人类优秀思想文化遗产的直接继承,又是对无产阶级变革社会实践的理论总结,因此它就必然内含着批判继承和创造发展的统一。一方面,它要批判地继承人类文化遗产中的一切积极的有价值的思想资料;另一方面,又要根据社会的发展、科学发展的新成果以及无产阶级运动的实践经验进行新的创造。这两方面是相互依存的,没有批判继承,创造就缺少思想资料作基础;没有创造,批判继承就没有根基和意义。马克思主义正是把这两方面有机统一起来了,才成为崭新的开放的科学理论。

从马克思主义创立的历史来看,正是由于马克思和恩格斯在总结工人运动的丰富经验和自然科学的最新成果的基础上,批判地继承了人类文化的优秀成果,特别是德国古典哲学、英国古典政治经济学和英法空想社会主义的有价值的思想资料,并溶入自己的新创造、新发现,从而实现了人类思想史上的一场伟大革命。从马克思主义发展来看,马克思主义创立以后,并没有结束真理,而是在实践中不断地开辟认识真理的道路。它必然随着时代的前进科学的进步,必然在对其他各种学说的借鉴和批判中,不断丰富自己的内容,改变自己的形式,从而呈现其无限的生命力。

由此可见,马克思主义的本质特征和基本特征决定了它优于和高于以往和当代的一切其他的思想理论体系。从马克思主义产生至今的历史已证明,只有马克思主义才能正确地解决时代提出的课题,指引无产阶级和广大的人民群众推动社会历史的发展。也因此,马克思主义才由人类思想发展史中的一个学派,发展成为全世界的工人运动和各个社会主义国家的指导思想,成为当今世界最有影响的理论体系。

第三节　马克思主义理论的丰富和发展

一、马克思主义理论在实践中的丰富和发展

马克思三义在实践中产生,也是在实践中不断发展的。这正如马克思主义的创始人指出的那样:“我们的理论是发展的理论,而不是必须背得烂熟并机械地加以重复的教条。”①

马克思恩格斯在创立了自己的科学理论之后,随即迎来了欧洲1848年革命。马克思主义在这场革命中接受检验,并丰富和发展了自身。欧洲1848年革命从实质上讲是一场资产阶级民主革命。于是,在这场革命中,形形色色的社会主义流派遭到了致命打击。这场革命的实践证明了这些社会主义流派在理论上不仅是错误的,而且在实践中也是有害的。只有马克思主义在这次革命中经受了严峻的考验。因为实践证明,《共产党宣言》所阐述的理论是正确的。这次革命不仅检验了马克思主义,而且也成为马克思主义继续发展的推动力。马克思恩格斯后来关于在民主革命中,保持无产阶级独立性,建立人民主权的思想和不断革命、建立工农联盟、打碎旧的国家机器的结论,就是在总结法国、德国革命经验的基础上提出来的。这些理论无疑丰富和发展了科学社会主义理论中关于无产阶级革命的理论。

1871年3月18日,在法国爆发了巴黎公社革命。这是人类历史上第一次实现无产阶级专政的英勇尝试。马克思恩格斯不仅积极参加并及时指导了这场革命活动,而且作了理论上的总结,写下了《1848年至1850年的法兰西阶级斗争》、《路易·波拿巴的雾月十八日》、《德国的革命和反革命》、《法兰西内战》等重要著作。在这些著作中,把马克思主义关于无产阶级革命、无产阶级专政、民族解放运动等方面的理论推进到

① 《马克思恩格斯选集》,第4卷.北京:人民出版社,1972年版,第460页

一个新的阶段，提出了必须打碎资产阶级国家机器，必须坚持不断革命，无产阶级领导的工农联盟是夺取革命胜利的基本阶级力量等极其重要的理论观点。

在参加革命实践的同时，马克思恩格斯继续进行了巨大的理论研究工作。其中最重要的成果是科学巨著《资本论》。其第一卷于 1867 年出版，第二、三卷马克思写成了初稿，在他逝世后由恩格斯整理出版，先后于 1885 年、1894 年问世。在《资本论》中，马克思从分析商品入手，全面深刻地剖析了资本主义经济制度，揭露了资本主义社会的一切矛盾，特别是揭示了资本主义生产关系发生、发展和灭亡的规律性，揭穿了资本主义剥削的秘密和资本主义必然被产业无产阶级推翻的历史必然性。不仅如此，《资本论》同时也是极其重要的马克思主义哲学著作。在《资本论》中马克思主义的唯物辩证法被深刻地运用于资本主义社会的历史分析中，使辩证法进一步摆脱了德国哲学中的晦涩和抽象的特征，真正成为了无产阶级认识世界改造世界的伟大武器。马克思恩格斯于 19 世纪 50 年代以后直到他们的晚年，还先后发表了《政治经济学批判》及其《导言》、《序言》、《路德维希·费尔巴哈和德国古典哲学的终结》、《家庭、私有制和国家的起源》等重要理论著作。恩格斯还根据自然科学的新成就，阐发了马克思主义的辩证唯物主义自然观，在《自然辩证法》等著作中丰富和发展了辩证唯物主义的基本理论。

在这个时期，马克思主义也在同各种机会主义思潮作斗争中得到发展。巴黎公社失败后，无产阶级革命运动进入了暂时的低潮，资本主义处于和平发展的阶段。因此，在马克思主义广泛传播的同时，机会主义也在泛滥。在这个过程中，马克思主义同样经受住了严峻的考验。马克思恩格斯在实践发展的基础上研究资本主义发展出现的新特点，总结工人运动的新经验，在批判巴枯宁主义、拉萨尔主义、蒲鲁东主义、杜林的唯心主义和形而上学观点中，使马克思主义得到全面系统的发展。这集中体现在马克思的《哥达纲领批判》和恩格斯的《反杜林论》中。《哥达纲领批判》是继《共产党宣言》之后的又一个纲领性文献。在这部著作中，马克思全面地清算了以拉萨尔为代表的机会主义路线，并且第一次提出整个过渡时期必须坚持无产阶级专政的重要思想。而在《反杜林论》这部巨著中，恩格斯集中批判了杜林唯心主义和形而上学的世界观，系统论证马克思主义哲学；批判杜林的庸俗经济学观点，论证和发展了马克思主义政治经济学；批判杜林的假社会主义，系统地论述了科学社会主义的历史和理论。而且《反杜林论》还第一次全面系统地阐发了马克思主义哲学、政治经济学、科学社会主义的各个组成部分及其内在的相互关系，使马克思主义成为一个不可分割的完整学说。

在恩格斯一生的最后几年，正是 19 世纪末资本主义向垄断阶段过渡的重要时期。他不顾年事已高，病魔缠身，坚持研究世界历史发展的新情况，反击各种教条主义、机会主义对马克思主义的挑战，把马克思主义继续向前推进。

二、马克思主义发展的列宁主义阶段

19 世纪末 20 世纪初，资本主义完成了向垄断资本主义的过渡。世界历史进入了帝国主义和无产阶级革命的时代。马克思主义的发展也随之进入了一个新的阶段——列宁主义阶段。

20 世纪初，资本主义在政治、经济和文化方面都发生了许多变化。马克思主义创始人提出的某些结论已经不适用了。因此，正确地认识新时代的本质、基本特征及其规律，制定出适合新的历史时期无产阶级革命的理论和策略，就成为摆在马克思主义者面前的新的重大任务。第二国际机会主义者，借口时代的变化，开始进行了所谓“修正”马克思主义的运动。在这样一个历史时期，以列宁为代表的马克思主义者，肩负起时代的重任，在和第二国际机会主义的斗争中，不仅捍卫了马克思主义，而且从帝国主义时代的历史条件出发，在总结俄国革命经验的基础上，创造性地发展了马克思主义。

在俄国建党时期，列宁从俄国特点出发，发展了马克思主义的政党学说，制定了新型无产阶级政党理论，发展了民主革命的策略理论，指明了帝国主义是资本主义发展的特殊阶段，是无产阶级社会革命的前夜。列宁的这一帝国主义理论不仅把马克思主义政治经济学推向一个新高度，而且为新时代的科学社会主义提供了充分的理论依据。列宁正是在这个基础上，发现了帝国主义经济、政治发展不平衡的规律，从而明确地提出社会主义可以在一国或数国首先胜利的著名论断。

列宁提出的一国或数国首先胜利的理论，是对马克思主义关于无产阶级革命理论的创造性发展。列宁从帝国主义时代出发，指出无产阶级革命不一定先在那些发达的资本主义国家里取得胜利。他认为在俄国这样一个资本主义落后的国家，只要具备必需的革命形势和主观力量，革命也是可以取得胜利的。因为帝国主义经济发展不平衡规律必将导致帝国主义战争，而战争会削弱帝国主义力量，使帝国主义链条出现一个薄弱环节。因而在这样的国家中，无产阶级就可以首先取得革命的胜利。

“一国胜利”学说，鼓舞了各国无产阶级不失时机地向帝国主义发动进攻。俄国十月社会主义革命就在这个学说指导下取得了胜利。十月革命无疑是列宁这一理论的光辉验证。俄国十月社会主义革命是人类历史上最伟大最深刻的社会革命，它在世界上建立了第一个社会主义国家，震惊了整个世界。

于是，无产阶级夺取政权以后，在一个农民占优势的经济落后的国家里，如何向社会主义过渡？如何建成社会主义？便成为马克思主义者所面临的而且必须作出回答的一个重大问题。马克思恩格斯提出和论述的过渡时期的理论，主要是立足于发达资本主义国家。而对经济落后的国家如何向社会主义过渡的问题，由于缺乏实践经验，基本没有涉及。十月革命后，苏维埃俄国，在列宁领导下，曾于 1920 年开始了向社会主义的"直接过渡"，但失败了。列宁在总结"战时共产主义"直接过渡的经验教训的基础上，明确指出不发达国家向社会主义过渡必须采取适合本国特点的特殊形式，必须通过迂回、曲折的道路过渡到社会主义。列宁这一关于不发达国家过渡时期的长期性以及向社会主义过渡的特殊形式的阐述，极大地发展了马克思主义关于过渡时期的理论。

在列宁生命的最后几年时间里，为了把俄国建成一个强大的社会主义国家，他又根据苏维埃俄国的建设经验，制定出一个庞大的建设社会主义的理论和计划。列宁指出，只有实行社会主义工业化，建筑强大的社会主义物质基础，发展文化教育事业，提高人民的科学文化水平，加强执政党的建设，改革国家机关，克服官僚主义，才能把落后的俄国变成强大的俄国。这些思想无疑极大地发展了马克思主义。

三、马克思主义的运用和发展——毛泽东思想、邓小平理论

列宁领导的俄国十月社会主义革命的胜利，改变了世界历史的方向，大大地促进了殖民地、半殖民地人民解放事业的发展。第二次世界大战后，民族解放运动蓬勃兴起，世界上出现了一系列的社会主义国家。特别是 1949 年中国新民主主义革命的胜利和社会主义制度的确立，不仅震撼了东方世界，而且影响了全世界。在这一历史的进程中，马克思主义学说在理论和实践上均获得了前所未有的发展。

以毛泽东为主要代表的中国共产党人，根据马克思列宁主义的基本原理，把中国长期革命实践中的一系列独创性经验作了精辟的理论概括，形成了适合中国国情的科学的指导思想。这就是马克思列宁主义普遍原理同中国革命具体实践相结合的产物——毛泽东思想。因而，毛泽东思想是马克思列宁主义在中国的运用和发展，是被实践证明了的关于中国革命的正确的理论原则和理论学说，是中国共产党集体智慧的结晶。

毛泽东思想是马克思列宁主义在中国的运用和发展。这就是说，毛泽东思想是中国共产党人把马克思列宁主义的普遍真理，运用于中国革命和建设的具体实践的产物。因此，它必然坚持马克思列宁主义的一般原理。但是，毛泽东思想又是在中国革命的具体实践中产生和发展的，因而它又必然发展了马克思主义。也因此，毛泽东思想作为完整的科学体系，就表现为马克思列宁主义一般原理这个共性与具有中国特色这一个性的有机统一。

毛泽东思想是在中国长期的革命实践中逐步发展进来的。它经历了一个萌芽、形成、成熟和发展过程。中国共产党的创立和国共合作的北伐战争时期，是毛泽东思想的萌芽时期。在 20 世纪 20 年代后期和 30 年代前期，毛泽东思想是在同当时盛行的

把马克思主义教条化和把共产国际决议及苏联经验神圣化的错误倾向作斗争，并深刻总结这方面的历史经验的过程中逐渐形成和发展起来的。在土地革命战争后期和抗日战争时期，毛泽东思想得到多方面发展而达到成熟。经过延安整风运动以后，在党的七大上，毛泽东思想被确立为我党的指导思想。在解放战争时期和中华人民共和国成立以后，毛泽东思想继续得到了发展。特别是在党的十一届三中全会以来，在建设有中国特色的社会主义的进程中，中国共产党进一步丰富和发展了毛泽东思想，为马克思主义新发展作出了积极的贡献。

毛泽东思想具有多方面的内容，它以独创性的理论丰富和发展了马克思列宁主义。这其中尤其是关于新民主主义革命；关于社会主义革命和社会主义建设；关于革命军队的建设和军事战略；关于政策和策略；关于思想政治工作和文化工作；关于党的建设等理论，都极大地丰富了马克思列宁主义的理论宝库。

毛泽东思想的活的灵魂，是贯穿于上述各个组成部分中的立场、观点和方法，它有实事求是、群众路线和独立自主三个基本方面。这是最富有中国特色的创造，因而也是对发展马克思主义所作出的最重大贡献。

以毛泽东为代表的中国共产党人，在革命取得胜利后，进行了社会主义的三大改造，确立了社会主义基本制度，开始了社会主义的伟大实践。但由于种种原因，对社会主义的认识教条化，扭曲了对社会主义的认识，使社会主义没有得到应有的发展，没有显示出社会主义的优越性。这一点正如邓小平指出的那样："马克思去世以后一百多年，究竟发生了什么变化，在变化了的条件下，如何认识和发展马克思主义，没有搞清楚。……真正的马克思主义者必须根据现在的情况，认识、继承和发展马克思列宁主义。"①

因此，以邓小平为代表的中国共产党人坚持科学社会主义理论和实践的基本成果，抓住了"什么是社会主义，怎样建设社会主义"这个根本问题，深刻地揭示了社会主义的本质，把对社会主义的认识提高到新的科学水平，并形成了一套新的建设有中国特色社会主义的科学理论体系。邓小平明确指出："我们建立的社会主义制度是个好制度，必须坚持。……但问题是什么是社会主义，如何建设社会主义。我们的经验教训有许多条，最重要的一条，总是要搞清楚这个问题。"②邓小平抓住这个问题，解放思想，总结历史经验，拨乱反正，正本清源，从各个方面弄清了什么是社会主义，什么不是社会主义，什么是体现社会主义本质的东西，什么东西并不体现社会主义本质，排除了一系列错误观点。譬如，他多次指出，"社会主义原则，第一是发展生产，第二是共

---

① 《邓小平文选》，第3卷. 北京：人民出版社，1994年版，第291页

② 《邓小平文选》，第3卷. 北京：人民出版社，1994年版，第116页

同致富”。[①] “贫穷不是社会主义”，“两极分化不是社会主义”，“社会主义的目的就是全国人民共同富裕，不是两极分化”。[②] “没有民主就不是社会主义”，“没有法制也不是社会主义”，“不重视物质文明建设不是社会主义，不重视精神文明建设也不是社会主义”，“计划经济不等于社会主义”等，这些都科学地概括了社会主义本质是“解放和发展生产力，消灭剥削、消除两极分化，最终达到共同富裕”。[③] 他精辟地论证了计划和市场并不体现社会主义本质，重新确立了社会主义社会经济制度；准确地界定了社会主义的发展阶段；深刻地分析了社会主义社会的发展动力；明确地规范了社会主义社会的所有制结构和分配形式；高度评价了科学技术对社会主义发展的强大推动作用；强调了“两手都要抓，两手都要硬”的方针。所有这些，都体现了邓小平和中国共产党对社会主义认识的提高，是马克思主义在当代中国的新发展，并将为经济文化不发达国家进行社会主义建设提供科学的理论指导。

第四节　用科学的态度对待马克思主义

一、用科学的态度对待马克思主义

社会和时代的迅速发展，也使马克思主义在作为无产阶级的科学世界观和方法论的实践中，由于主客观方面的诸多复杂原因而发生着这样和那样的偏差和失误。在现时代，一些人借口新的时代条件而否认马克思主义，另一些人则固守马克思主义的所有观点，而无视时代的变化发展。这些偏差和失误在各国社会主义的革命和实践中屡有发生。因而，如何以科学的态度对待马克思主义的问题，依然是一个具有十分重要理论意义和实践价值的问题。我们认为，以科学的态度对待马克思主义就必须坚持以下两个最基本的原则：

其一，完整准确地理解马克思主义的科学理论体系。马克思主义是一个完整的理论体系，它的每一个组成部分和每一个组成部分里的每一原理、结论都是相互贯通的，体现着一种整体精神。列宁曾精辟地指出过这一点：“马克思主义的全部精神，它的整个体系要求人们对每一个原理只是(α)历史地，(β)只是同其他原理联系起来，(γ)只是同具体的历史经验联系起来加以考察。”[④]

① 《邓小平文选》，第3卷.北京：人民出版社，1994年版，第172页
② 《邓小平文选》，第3卷.北京：人民出版社，1994年版，第110~111页
③ 《邓小平文选》，第3卷.北京：人民出版社，1994年版，第373页
④ 《列宁全集》，第35卷.北京：人民出版社，1959年版，第238页

因此,我们对马克思主义的每个原理,要同它产生的历史条件联系起来加以考察,从而确定每个原理特定的适用范围。马克思主义理论中的普遍原理,是研究自然、社会和思维发展的普遍规律,研究资本主义和社会主义发展的普遍规律后抽象概括出来的,具有普遍真理性。但是,对这一类普遍原理要历史地考察,要了解它借以产生的科学成果和社会实践基础。在运用马克思主义的普遍原理时,还要把它同科学的新发展、社会生活的新发展结合起来,从而在发挥它的指导作用的同时,修正、丰富和发展它。而马克思主义理论中的特殊原理、个别原理,都是以马克思主义的普遍原理为指导,观察和解决某一历史时期的某一类问题或某一个问题而产生的,显然,其适用范围是有限的。因此,在应用这一类原理时,必须同具体的历史条件和具体的历史经验,当前面临的认识对象的状况联系起来考察。一般而论,当前的历史条件,如果与产生某一类原理的历史条件相同,这一原理便是适用的;如果历史条件不同,则可能是不适用的。历史条件决定了每一个原理的适用范围。马克思主义是条件论者,条件变了,事物自身也必然产生变化,或者是原来的认识对象消失了,新的认识对象产生了;或者是原来的认识对象产生了新的特点。在这种情况下,就不再适用或不完全适用,需要重新认识新的对象或新的特点,从而发展马克思列宁主义的基本原理。如果不顾历史条件和认识对象是否发生了变化,抓住马克思主义理论的某一特殊、个别原理到处生搬硬套,那只会歪曲和损害马克思主义。

我们要完整准确地理解马克思主义的理论,还必须用联系的观点对待马克思主义。因为马克思主义各个原理之间存在着密切联系,各个原理之间不是孤立和绝对的,它们都是马克思主义理论体系中的一个部分、一个环节。这无论对马克思主义的普遍原理,还是对它的特殊原理、个别原理,都是如此。因此,我们在理解和运用马克思主义的某个原理时,应当从这一原理同和它相关的原理的辩证联系中去理解。不能把这一原理孤立地抽象出来,割断它同其他原理的联系。在实践中,如果不考察某一原理同整个马克思主义理论体系的联系,那就会导致在理解和运用这一原理时产生片面性和绝对化,从而歪曲甚至背离马克思主义。

所以,我们要完整准确地理解马克思主义的科学体系。在这个问题上,必须反对两种错误态度。一种是教条主义态度。这种态度是把马克思主义的原理奉为终极真理,不顾历史条件和认识对象是否变化而生搬硬套。这种态度必然歪曲马克思主义,窒息其生命力。另一种是实用主义态度。这种态度是根据自己的某种需要,抓住马克思主义的个别原理和个别词句,断章取义地歪曲,随心所欲地解释。把个别原理和个别词句从整个体系中割裂出来,或把某一时期针对某一个具体问题的论述生硬地套在另一时期另一具体问题上为我所用,其结果是完全肢解了马克思主义,最终背离了马克思主义。

其二,坚持马克思主义不是教条,而是行动指南的原则。马克思主义的创始人之一恩格斯曾这样说过:“马克思的整个世界观不是教义,而是方法。它提供的不是现成的教条,而是进一步研究的出发点和供这种研究使用的方法。”①

马克思主义不是教条,而是行动的指南,其基本的含义就是指马克思主义作为科学的世界观和方法论,它并不提供现成的结论,因而不能把马克思主义视为包医百病的灵丹妙药,和对任何问题都能提供现成答案的百科辞典,更不能把它当作必须无条件恪守的教条。列宁曾深刻地指出过这一点,从“一般真理的单纯逻辑发展中寻找问题的答案,这是把马克思主义庸俗化,并且完全是对辩证唯物主义的嘲弄”。② 教条主义把马克思主义当成教条,固守马克思主义经典著作上的一字一句,毫不研究这些词句是否合乎实际情况。这种态度,抛弃了马克思主义的实质,同马克思主义是背道而驰的。我们学习马克思主义必须到马克思主义的理论和学说中去寻找观察问题、处理问题的正确立场、观点和方法,从而指导我们改造客观世界和主观世界的实践活动。而这也就必然要把马克思主义的普遍真理同具体实际相结合,即用马克思主义的立场、观点、方法,去研究新情况,探索新问题,开拓新视野,获得新结论。这个运用的过程,既是用马克思主义指导实践的过程,也是用实践检验和发展马克思主义的过程。

不仅如此,既然马克思主义不是教条,而是行动的指南,我们就不能把它视为包容万象的知识总论。时下有一种较为流行的观点认为,马克思和恩格斯在创立马克思主义理论时,由于没有概括某些学科,或当时某些学科尚未建立,或由于资本主义出现了新变化,或社会主义出现了新情况,因而认定马克思主义在内容上有“空场”,于是要用别的什么主义来填补这些“空场”,更有甚者,据此竟宣称马克思主义“已经过时”。这种观点,显然没有把握住马克思主义的实质。诚然,马克思主义是马克思和恩格斯依据欧洲文明发展到19世纪达到的哲学、社会科学和自然科学的成果所创立的。但它所揭示的是自然、社会和思维发展的一般规律,不是“科学的科学”;它所揭示的是资本主义发生和发展的一般规律,不是描述某一个资本主义社会的具体的特殊过程;它所揭示的是社会主义、共产主义发生和发展的一般规律,不是告诉人们哪个国家的社会主义在何时发生以及怎样具体发生。的确,马克思和恩格斯去世以后,科学技术得到了迅速发展,出现了许多新兴学科,资本主义世界发生了许多新变化,正因为如此,当代的马克思主义者恰恰应该走出教条主义的羁圈,运用马克思主义所提供的科学世界观和方法论,去研究新的科学成就,研究社会发展的新变化、新情况,从而进一步丰富和发展马克思主义。

① 《马克思恩格斯全集》,第39卷.北京:人民出版社,1974年版,第406页

② 《列宁全集》,第3卷.北京:人民出版社,1959年版,第12页

二、当代马克思主义者的历史使命

马克思主义必须与时俱进。这是现时代的大趋势所赋予当代马克思主义者的伟大而神圣的历史使命。我们可以把这个历史使命概括为最基本的一点,这就是坚持和发展马克思主义。

马克思主义作为无产阶级的科学世界观和全人类精神文明发展的伟大成果,它所阐明的立场、观点、方法,是指导无产阶级从事革命和建设事业的理论基础,所以,我们必须坚持马克思主义。但马克思主义又是开放的不断发展的科学,它并没有结束真理,而是在实践中不断地开辟认识真理的道路。因为客观现实世界是发展的,无产阶级改造世界的实践活动是不断变化的,人类的精神文明、科学技术也是不断进步的。因而马克思主义也必然随之而不断充实、更新和发展。所以,我们又要发展马克思主义。

无论是坚持马克思主义还是发展马克思主义,都必须以社会实践作为基础。坚持马克思主义,就是要坚持经过实践反复检验被证明为真理的马克思主义基本原理,就是要运用这些基本原理去指导实践,分析新情况,解决新问题。而社会实践的发展,又不断向马克思主义提出新的研究课题,从而推动了它的发展。从马克思主义的理论内容和研究对象来看,现代的实践向马克思主义提出的新课题,集中表现在如下三个方面:一是当今实践中的社会主义的本质特征、基本模式、发展阶段、自我完善和未来发展;二是现代资本主义发展出现的新情况、新特点以及它的本质、形式、阶级结构、剥削方式和历史命运;三是进入21世纪以来,哲学、自然科学、社会科学、军事科学、人体科学、思维科学、行为科学、系统科学等的巨大进展以及新的科技革命的发展趋势。深入研究当代社会实践发展中的这些新问题,概括自然科学和人文社会科学发展的新成果,无疑将推动马克思主义的重大发展。

坚持马克思主义和发展马克思主义是辩证统一的。坚持是发展的前提和基础,发展是坚持的保障和结果。因为坚持马克思主义的基本观点、立场和方法,并运用它去研究实践发展中的新问题,概括科学发展的新成果,这就必然要发展马克思主义。这表明,坚持马克思主义才能发展马克思主义。离开坚持马克思主义谈发展马克思主义,就必然要迷失方向,甚至陷入非马克思主义和反马克思主义的泥潭之中。另一方面,这也表明,发展马克思主义才能坚持马克思主义。离开发展马克思主义谈坚持马克思主义必然要把马克思主义当成亘古不变的教条,而无视时代和社会的发展,使马克思主义最终故步自封,丧失其生命力。这种所谓的坚持马克思主义恰恰是违背马克思主义的基本立场、观点和方法的。

所以,坚持马克思主义不能理解为要把马克思主义经典作家的每字每句都当成不变的教条，而是指要坚持马克思恩格斯列宁毛泽东等人思想中那些至今仍然经受住实践考验的理论观点，坚持他们提出问题、分析问题和解决问题时所采取的正确的立场、观点和方法。马克思主义从根本上讲是为人类社会从资本主义进步到共产主义的历史进程提供科学的必然性根据。只要这个历史任务没有完成，马克思主义就不会过时，更不会被超越，因而我们就始终要坚持马克思主义。而发展马克思主义，并不意味着要抛弃马克思主义的基本立场、观点和方法，而是指要及时地依据人类在实践领域和认识领域取得的最新成果，扬弃马克思主义创始人那里若干带有空想成分的观点，尤其是要扬弃后人强加给马克思主义的不正确观点，在具体运用马克思主义基本原理的同时，对它加以更新、丰富和发展。因此，马克思主义的不可超越性是指它不可能从外部被超越，即不可能被一种非马克思主义甚至反马克思主义的学说所超越；而这种不可超越性的存在，恰恰是因为马克思主义本身内部要不断地发生自我超越。我们正是从这个意义上认为，发展马克思主义和坚持马克思主义是内在统一的。

历史和现实的经验启迪我们，要完成坚持和发展马克思主义这一伟大而神圣的历史使命，当代马克思主义者首先必须认真学习马克思主义。马克思主义者并不是天生的，也不是自封的，而是在认真学习马克思主义，积极投身社会革命和建设的实践中造就的。因而，一方面，对马克思主义的理论学习和研究是必要的，马克思主义并不是“不立文字”的禅机，也不是三两句话就能概括的实用技术。作为人类最优秀思想的伟大成果，马克思主义的理论和学说需要我们进行系统的理论学习和研究才能掌握和运用。另一方面，由于马克思主义主义不是教条，而是行动的指南，因此我们又必须基于时代和社会实践的发展，在运用马克思主义的基本立场、观点和方法去改造客观世界和改造主观世界的实践中，逐步形成马克思主义的科学世界观和人生观。只有这样，我们才能在现时代完成坚持和发展马克思主义这一伟大而神圣的历史使命，从而把有中国特色的社会主义现代化的建设事业全面推向前进。

第一章 哲学认识论的一般原理

在马克思主义的科学理论体系中,马克思主义的哲学既作为这一学说体系的重要组成部分,又作为整个马克思主义理论的世界观和方法论依据,具有最基础的意义。马克思主义哲学批判地继承了哲学史上的一切优秀成果,并在哲学的研究对象、理论内容和性质功能等重要问题上,实现了革命性的变革,从而使哲学真正成为人类认识世界和改造世界的伟大认识工具,成为无产阶级最为科学的世界观、认识论和方法论。

而且,更为重要的是,马克思主义哲学揭示的一般原理迄今为止构成人类描述客观世界的最为深刻的认识论图景。

第一节 哲学基本问题的转换和马克思主义哲学的产生

一、哲学的产生和哲学基本问题

西方文明的源头是古代希腊。希腊人最优秀的成就之一就是形成了一门曾耗尽许多大思想家毕生精力和智慧的学问——哲学。哲学在希腊是智慧的象征,“哲学”在希腊文中的语义学含义就是“爱智慧”。哲学的诞生是人类认识史的开始。在古代,哲学是一门包罗所有认识的学问,哲人们所追求的就是把哲学的智慧之光烛照一切领域。

古希腊以研究自然哲学名闻后世。古希腊哲人的兴趣之一就是寻找宇宙的本原,寻找万物统一的基础。当哲人们把几种物质形态作为万物始基时,真正的哲学意识就开始了。因为他们已把眼光从个别存在转向普遍,从具体转向抽象。但在最早的希腊自然哲学家那里,哲学还未达到真正的抽象。因为他们还只是用一些具体物来概括一切,用这些具体物来表示普遍,如水、火、土、气、原子,等等。这种从直观出发的对世界

本质的认识,既是自然知识,又是哲学知识,它是以知识的总体形式来表现的人类“智慧”。当然,哲学就其刚刚诞生时,只能采取这样一种包罗万象的形态。古希腊、罗马哲学正是这一形态下的经典哲学。

欧洲社会进入中世纪之后,在宗教神学的独断统治下,自然科学的发展停滞了,而哲学则被强行地包含在“神学”之中,成了“神学的婢女”(恩格斯语)。只是到了文艺复兴之后,欧洲的资产阶级革命,不仅使欧洲资本主义生产得到了巨大发展,也使得“科学以意想不到的力量一下子重新兴起,并且以神奇的速度发展起来”。① 以实验为基础的近代自然科学开始产生。天文学、力学、物理学、化学、地质学、矿物学、动物学、植物学等开始形成了自己较为完备的理论体系。心理学和逻辑学也开始从哲学的包罗万象中分化出来。这一状况迫使哲学不得不接受一个挑战:对各种自然现象领域的研究,可以由各门具体的自然科学来承担;而且,以实验为基础的近代自然科学也开始摆脱了现象的描述,而试图把握现象背后的本质。这一挑战使哲学家们开始思考这样一个问题:哲学研究的对象及基本问题究竟是什么?

近代哲学家没有充分意识到这一挑战的历史必然性和重大的进步意义,因而没能自觉调整哲学的研究对象和转换哲学研究的基本思路。近代许多资产阶级哲学家依然停留在古代哲学家把哲学看成是包容一切知识的知识这一认识水平上,坚持认为科学只能描述现象的、局部的、片面的、分门别类的世界,而唯有哲学才是凌驾于一切科学之上,并且包括一切具体科学在内的“科学之科学”。这些哲学家总是试图建立一种解释所有现象、穷尽一切真理的哲学体系。德国哲学家黑格尔所建立的包括逻辑学、自然哲学和精神现象学在内的“哲学全书”,就是一种典型的表现。其实,正如马克思后来所批判的那样,黑格尔要凌驾于一切科学之上去建造一个包罗万象的最高和终极真理的体系,尽管不乏一些天才的猜测,但终究要陷于唯心主义的幻觉之中。黑格尔的“哲学全书”式的悲剧,是所有把哲学理解为“科学之科学”的哲学家都无法避免的悲剧。

与这些依然把哲学凌驾于科学之上的哲学家们相反,近代一些哲学家和科学家们却开始怀疑和否认哲学存在的意义。他们不仅拒斥哲学对具体科学仍有的指导作用和意义,而且声称:“哲学已被具体的科学所取代了。”因为既然哲学所包容的对象已由具体科学来解释了,那么哲学理所当然也就寿终正寝了。

马克思主义哲学以自己对哲学研究对象的新理解表明了,近代科学分化的潮流既是对旧哲学提出的挑战,又是新哲学诞生的契机。从人类认识发展的历史来看,人类对世界的认识从笼统直观走向科学,必然要经历知识分化的阶段。因此,科学从哲学中的分化所否定的只是哲学对科学的包容和取代关系,而不是否认哲学本身。人类的

① 《马克思恩格斯选集》,第3卷.北京:人民出版社,1972年版,第523页

认识在自然、社会和思维诸领域里均有了具体实证的科学形态之后，关于自然、社会和思维运动的普遍规律的研究仍然是必要的。甚至，只有在这种情况下，这个研究才可能真正进行。因为只有在这个条件下，哲学才能依靠各门具体自然科学研究的成果，使自身对普遍、一般的规律研究成为科学，而不只是猜测。新型的、扬弃了“科学之科学”的哲学正是在这个条件下孕育和诞生的。

马克思主义哲学把哲学界定为关于自然、社会和人类思维运动的普遍规律的科学。也正是从这个意义上讲，哲学又可被理解为关于世界观的理论和学说。对哲学的这一理解就意味着开始了哲学研究对象的转换。哲学不再是古代的“自然哲学”，也不是近代的“科学之科学”。因为它不直接去寻找构成世界本原的“原初物质”，也不再去说明自然、社会和人类思维的一切现象，而是以具体科学的知识成果作为基础，以人类的思维和认识去揭示客观世界存在背后的普通本质和一般规律。

所以，哲学所要研究和把握的就是人们所处的整个世界的最普遍、一般的本质规律。现实世界的无限多样性归结起来无非是两大类：一类是物质现象，一类是精神现象。这是对存在的世界最普遍和一般的概括。因此，马克思主义哲学认为，构成“全部哲学特别是近代哲学的重大的基本问题”是“思维和存在的关系问题”。①

恩格斯认为，思维和存在或意识和物质、精神和自然界的关系问题，包括着相互关联的两个方面，一是思维和存在或精神和自然界“什么是本原的，是精神，还是自然界”②，即思维和存在何为第一性、何为第二性的问题。思维和存在的关系问题还有另一方面：“我们关于我们周围世界的思想对这个世界本身的关系是怎样的？我们的思维能不能认识现实世界？我们能不能在我们关于现实世界的表象和概念中正确地反映现实？”③即思维能否正确认识存在的问题。

世界的本原是什么？是精神还是物质，它们何者为第一性、何者为第二性的问题，归根到底也是谁先谁后、谁依赖谁、谁决定谁的问题。表现在历史观上就是社会意识和社会存在何者为第一性、何者为第二性的问题，两者谁决定谁的问题。这个问题是思维和存在关系中最为根本的方面，也是全部哲学中最重要的问题。这个问题之所以最为重要，是因为它贯穿于包括历史观在内的全部哲学问题之中，并且规定着解决全部哲学问题的基本方向。任何哲学家在表明他对世界的看法时，都不能不对这一问题作出回答。而且实质上只能作出唯物或唯心的截然不同的回答。凡是主张物质第一性、精神第二性，物质是世界的本原、本质，而精神则不过是高度发展的物质——人脑的机能的，都属于唯物主义的观点。凡是认为精神第一性、物质第二性，精神是世界的

---

① 《马克思恩格斯选集》，第4卷. 北京：人民出版社，1972年版，第219页

② 《马克思恩格斯选集》，第4卷. 北京：人民出版社，1972年版，第220页

③ 《马克思恩格斯选集》，第4卷. 北京：人民出版社，1972年版，第221页

本原、本质，而物质只不过是精神的产物或体现的，都属于唯心主义观点。历史上的一切哲学都按照这两种不同的观点而分别属于唯物主义和唯心主义两个基本的哲学派别。除此而外，并没有什么真正独立的第三种派别。哲学史上也曾出现过主张世界有两个彼此独立、互不相属的本原的二元论者，但是他们只是摇摆于唯物主义和唯心主义之间，并不是真正独立的第三种派别。

此外，哲学家们在围绕着物质和精神的关系问题，特别是物质和精神何者为世界本原的问题进行争论的同时，还要对这个世界究竟处于怎样一种状态的问题，作出自己的回答。对于这类问题的不同回答，就是辩证法和形而上学的区别所在。坚持用全面的、联系的、发展的观点看世界的，属于辩证法；采取片面的、孤立的、静止的观点看世界的，属于形而上学。所以，在哲学中既有唯物主义和唯心主义的对立，又有辩证法和形而上学的对立。

二、唯物论辩证法的发展和辩证唯物主义的产生

哲学是在一定历史时代人们的社会实践中产生的，因而，哲学的发展状况也必然要受到社会实践和科学发展水平的制约。哲学史上唯物主义和唯心主义，辩证法和形而上学的产生、发展都是和一定社会历史时代的特点相适应，有其深刻的社会历史根源、阶级根源和认识论根源的。

人类在长期的社会实践中，逐渐认识到自身的存在，思考着自身与周围世界的关系，认识到自己所接触到的周围事物及其运动变化是不依赖于人的主观意志而客观存在的。不承认这一点，人们的实践活动就不能进行，从而人们就无法维持自身的生存。这种自发的唯物主义和辩证法思想的萌芽，经过思想家们的总结、提炼，形成了唯物主义哲学和辩证法思想。另一方面又由于社会生产力低下，科学知识贫乏，人们不了解自身的生理结构，梦幻、疾病的原因，以及风雨雷电等自然现象的变化，产生了灵魂不死、万物有灵的观点，这又是唯心主义的萌芽。

哲学作为一种理论学说诞生于阶级社会。在人类认识史上它是作为特定阶级的世界观理论而出现的。因此，唯物主义和唯心主义之间的对立和斗争，一般说来，是革命的阶级或阶层与反动的阶级或阶层之间的对立和斗争在世界观上的反映。历史上新兴的进步的阶级或阶层，由于他们的利益和历史发展的潮流、时代的要求相一致，因此能够面对现实，揭露事实真相，关心生产发展和科学进步，在哲学上倾向于唯物主义和辩证法。唯物主义和辩证法也就成为这些阶级或阶层的理论武器，直接或间接地为这些阶级或阶层服务。相反，那些落后的、腐朽的、反动的阶级或阶层，由于其阶级利益和历史发展的方向相违背，从其阶级利益出发，总要掩盖和歪曲客观世界的本来面目，把希望寄托于某种幻想的精神力量，企图论证其阶级统治的合理性和永恒性，在哲

学上往往表现为唯心主义和形而上学。因而唯心主义和形而上学往往是保守的反动的阶级或阶层的思想武器，并为其服务的。

就认识论根源而言，人们的认识本来都是在实践中产生的，是主观和客观、认识和实践的对立统一。人的认识是一个充满矛盾的曲折复杂的发展过程。人们如果坚持认识和实践的统一，遵循认识发展的规律来观察、认识事物，其结论必然符合唯物主义和辩证法。相反，如果把主观同客观、认识和实践相分离，片面地夸大主观的作用，或者把认识过程的某一个片断或某一方面片面地加以夸大或绝对化，使之脱离物质根源，离开事物的本来面目，那么，就会陷于唯心主义和形而上学。

在哲学史上，唯物主义、辩证法和唯心主义、形而上学哲学其表现形式多种多样。随着社会历史条件的变化，它们各有自己的具体内容、表述方式和论证方式。但总的来说，唯物主义和辩证法是正确的，但有时也包含着某些缺陷和错误。唯心主义和形而上学从本质上讲是错误的，但有的唯心主义哲学也可能包含着某些合理因素，而形而上学在历史上的产生又有其合理性。所以我们又必须意识到，哲学史上的派别之间的对立和斗争往往存在着错综复杂的状况。

哲学的产生和发展固然有自身发展的规律，但主要是由特定历史条件下生产发展水平、阶级斗争和科学发展状况所决定和制约的。随着社会历史时代的更替，社会实践和科学技术的发展，唯物主义和辩证法不断改变着自己的形式。唯物主义和辩证法思想在其历史发展中分别经历了三个基本的理论形态，即古代的朴素唯物主义和朴素辩证法，近代形而上学唯物主义和唯心主义辩证法，马克思主义的辩证唯物主义和唯物辩证法。

古代的朴素唯物主义和朴素辩证法，最初产生于古代中国、印度、希腊、罗马和埃及等奴隶社会。一般地说两者是结合在一起的，古代朴素唯物主义者往往用几种具体的物质形态，譬如金、木、水、火、土、地、气、风以及原子、分子等来解释世界本原，并认为世界是运动、变化和发展的，提出了一切皆变、皆动、皆生、皆灭的思想，并试图说明事物产生、发展的客观必然性。古代朴素的唯物主义和朴素的辩证法，从总体上说，是基本正确的世界观。他们承认世界是物质的，否认世界是神创造的；承认物质世界是普遍联系和发展的，并猜测到事物发展的根本原因在于事物的内部矛盾。但是，朴素唯物主义和朴素辩证法思想带有自发的直观的性质，缺乏科学的系统论证。随着科学技术的进步，社会实践的发展，通过同唯心主义和形而上学的斗争，这种唯物主义和辩证法思想自然就为更高的理论形态所代替。

唯物主义和辩证法思想发展的第二个理论形态是形而上学唯物主义和唯心主义辩证法。在西方它产生于近代资产阶级革命时期，并作为资产阶级革命的理论武器出现于人类思想史的进程中。这个时期包括 17 世纪西欧各国的唯物主义、18 世纪法国唯物主义和 19 世纪德国古典哲学。在经过中世纪神学黑暗统治之后，近代科学和哲学获得了迅速的发展。近代形而上学唯物主义冲破了神学的禁锢，论证了世界的物质统一性，并在总结当时自然科学成就的基础上丰富和发展了唯物主义。这种唯物主义反映了新兴资产阶级变革社会、推动社会历史前进的积极要求，在历史上起过进步的作用。

但是，形而上学唯物主义并没有超越时代发展的局限。由于生产和科学发展水平的限制和阶级的偏见，它具有明显的历史局限性。其一是它的机械性，它企图用力学的原理解释一切现象，甚至把人也归结为机器；其二是形而上学性，它否认事物的联系和发展，否认矛盾是事物发展的动力；其三是不彻底性，它在自然观上是唯物主义的，在社会历史观上却是唯心主义的，把精神、思想、意志等看作是社会发展的决定力量。这种形而上学的局限性，极大地限制了唯物主义的发展。近代唯心主义辩证法是辩证法思想发展的第二个历史形态，这种唯心主义辩证法集中反映在德国古典哲学之中，又以黑格尔哲学为主要代表。正如恩格斯所指出的那样，黑格尔哲学在哲学史上的重要贡献就在于他第一次把整个自然的、历史的、精神的世界描述成一种不断发展和灭亡的过程，并企图揭示这种运动发展的内在联系。这就不仅恢复了古代朴素辩证法思想，而且把辩证法推进到一个新的高度。但是，黑格尔的辩证法存在着两个根本性的缺陷。首先，黑格尔的辩证法是唯心主义的辩证法。他把世界上的一切事物和现象都解释成是一种神秘的“绝对观念”的产物和体现，因而这是一种“头脚颠倒”的辩证法；其次，黑格尔的辩证法具有不彻底性。他把自己的哲学看成是“绝对观念”发展的顶点，是凌驾于一切科学之上、穷尽了一切真理的封闭体系。因此，黑格尔丰富的辩证法的合理思想，被他的唯心主义体系所窒息。

马克思主义哲学的辩证唯物主义是唯物主义和辩证法发展的第三个理论形态。马克思主义哲学依据科学和实践发展的最新成就，把唯物主义和辩证法有机地统一起来了。客观世界按照其本来面目，既是物质的，又是有联系和发展的，因而唯物主义和辩证法思想从本来意义上讲就是有机结合在一起的。在古代的哲学中，唯物主义和辩证法思想曾有过一定的结合，但那不是建立在科学基础上的有机结合。在近代，由于社会历史情况的复杂性，在哲学体系中，往往出现唯物主义和形而上学同在，辩证法与唯心主义结合的奇特现象。18 世纪法国唯物主义是形而上学唯物主义，德国古典哲学中的辩证法是唯心主义辩证法。不仅如此，以往一切哲学，包括唯物主义哲学在内，在解释社会历史现象时，都没能摆脱唯心主义的羁绊。只有马克思主义哲学把唯物主义和辩证法、自然观和社会历史观高度统一起来，结束了以往哲学中唯物主义和辩证法，自然观和历史观相分离的状态，成为唯物辩证地解释自然界、人类社会和思维现象的完整严密的一元论的唯物主义科学体系。

三、马克思主义哲学的理论内容

马克思主义哲学,亦即辩证唯物主义和历史唯物主义,其主要包含如下两方面的理论内容:

其一,马克思主义哲学是唯物主义和辩证法的统一。马克思主义的唯物主义是辩证的唯物主义;马克思主义的辩证法是唯物的辩证法。这种既唯物又辩证的科学世界观,不仅正确地回答了世界的本质“是什么”的问题,而且正确地回答了世界的状况是“怎么样”的问题。由于客观世界本来就是普遍联系、永恒发展的物质发展,因而,当马克思主义哲学唯物地解决了世界的本原问题,认为世界是物质的,意识是物质的产物和反映时,已经内在地包含着辩证法的基本内涵。由于联系和发展本来就是客观世界所固有的辩证本性,思维辩证法只是客观辩证法在人们头脑中的反映。所以,当马克思主义哲学在辩证地揭示世界状况“怎么样”的时候,必然把唯物主义作为自己的基础和前提。也因此,在马克思主义哲学中,辩证法和唯物主义内在地有机地融为一体。

唯物主义和辩证法的统一,贯穿于马克思主义哲学的整个体系之中,体现在对思维和存在及两者的相互关系的本质规定的理解和把握之中。在马克思主义哲学看来,现实的物质世界,同时又处在相互联系和发展之中;人的思想、认识是人脑的机能和客观存在的反映,又是一个矛盾的发展过程;客观决定着主观,主观又具有能动的反作用。对所有这些哲学基本问题和重大问题的理解,马克思主义哲学既是唯物的又是辩证的。在马克思主义哲学中,这种唯物主义和辩证法的统一,还表现在唯物主义和辩证法本身的相互渗透、彼此贯通。马克思主义的唯物主义在解决世界本质的问题时,内在地包含着辩证法。它把物质世界的统一看作是相互联系和无限发展的多样性统一;意识是物质世界长期发展的产物,意识对存在的反映是一个在实践基础上主体和客体之间矛盾不断产生又不断克服的、多次反复、无限发展的过程。马克思主义的辩证法也始终贯穿着唯物主义的基本原则,它把辩证法的规律看作是客观世界固有的规律;把主观辩证法看作是客观辩证法在人的思维中的反映;把观察的客观性,看作是辩证法的首要的要素。唯物主义和辩证法的统一,也还具体体现在马克思主义哲学的每一个原理上。马克思主义哲学的任何一个前提,任何一个部分,任何一个原理,任何一个论断,任何一个概念或范畴,都体现了辩证法和唯物主义内在的有机的统一,而绝不仅仅只体现唯物主义或者只体现辩证法的原则。

其二,马克思主义哲学是唯物辩证的自然观和社会历史观的统一。马克思主义产生以前,在社会历史领域中,历史唯心主义曾长期占据统治地位,没有也不可能有一种在唯物论基础上把自然观和社会历史统一起来的哲学。

诚然,在马克思主义哲学产生以前,曾有不少思想家和哲学家,对社会历史问题进行过有意义的探讨,提出过某些有价值的论点和猜测,具有一定程度的辩证法观点和唯物主义因素。但他们提出的论点和猜测还只是一些历史唯物主义思想的萌芽,就整体说来,他们的社会历史观还都是唯心主义的。因此,在马克思主义以前,始终没有出现过基于唯物主义基础之上把自然观和历史观统一起来的哲学,从而形成唯物主义的科学历史观。

当然,旧的社会历史观在总体上都是唯心主义的,这同社会现象和自然现象具有不同的特点密切相关。由于社会活动和社会历史的发展是人的活动的结果,离开了人和人的活动,就无所谓社会和社会历史的发展。而人又是有思想的,人的活动明显地是受思想支配的。这种现象长期掩盖着历史的本质,使得人们难以揭示人类社会的真相。因而这也就使得要在社会历史领域里坚持唯物主义比在自然领域里更加困难。加上一定的社会历史的局限和阶级的偏见,终于造成了在社会历史领域里,在马克思主义诞生以前,唯心主义占据统治地位的局面。

作为物质世界的一部分,人类社会及其发展是一个客观的、合乎规律的辩证发展过程,只有把唯物主义和辩证法彻底地贯彻于社会历史领域,才能把自然观和历史观科学地统一起来。马克思主义哲学发现了物质资料的生产方式及其矛盾运动是社会历史存在和发展的基础这一事实,找出了在人们思想动机背后的客观的物质动因。这就克服了用精神的原因来解释社会历史现象的历史唯心主义观点,同时也排除了用社会以外的原因来解释社会历史的形而上学的主张,结束了自然观和社会历史观严重分离的局面,使哲学基本问题得到了科学的彻底的贯彻。正因为马克思主义哲学在自然、社会和思维各个领域都毫无例外地坚持了唯物主义的原则,使辩证法建立在彻底的唯物主义基础上,才使自己成为反映自然、社会和思维的最普遍规律的科学。

四、作为认识论的马克思主义哲学

马克思主义哲学的辩证唯物主义和历史唯物主义理论,既然是关于自然、社会和人类思维发展最一般规律的科学,当然也就表现为一种认识论。诚然,哲学作为一种关于世界观的理论学说和精神活动,哲学史上的任何哲学都可以合理地理解为认识论。但马克思主义哲学却是人类所建构的迄今为止最为科学的认识论,这种认识论的最根本的特征是通过人的社会实践活动,在主客体统一的进程中,实现了本体论、认识论(狭义认识论)和价值论的统一。

正如前已所述,恩格斯曾深刻地把全部哲学的基本问题归结为思维与存在的关系问题。从对哲学史的发展中考察可以看到,在马克思主义哲学产生以前,人类认识对哲学基本问题的把握和解决大致经历了以下两个阶段:第一是本体论阶段。从古希腊、罗马哲学直到近代哲学产生之前,人们对哲学基本问题的认识和探讨带有浓厚的本体论色彩。这其中无论是最初的朴素唯物主义哲学,还是原始的宗教唯心主义哲学,抑或中世纪神学统治下的经院哲学,都力图从本原意义上回答世界的本质问题。因此恩格斯认为这一时期哲学基本问题表现为“什么是本原的,是精神,还是自然界”①。这也就是说,在本体论阶段哲学家们关注的是“世界是什么”这一最基本的问题。第二是认识论阶段。随着近代科学的发展和人类认识能力的提高,哲学基本问题的认识和探讨进入了认识论阶段。尤其是以康德、黑格尔和费尔巴哈为主要代表的德国古典哲学,在自觉把握和解决思维和存在关系问题的过程中,使哲学基本问题摆脱了本体论的局限。在这一阶段,哲学基本问题的探讨主要地被归结为“人能否认识世界”的问题。也因此,康德建立了庞杂而不乏深刻之处的先验论和不可知论哲学,黑格尔则在“实体即主体”的绝对精神中演绎了客观唯心主义认识论的博大体系。在德国古典哲学为最高成就的近代哲学,自觉地把哲学研究从本体论转入了认识论,表明着哲学家们开始把研究兴趣从纯对象而转入了与人相关的领域,这无疑是人类认识发展史上的一大进步。但是,仅仅以“人能否认识世界”这一角度把握哲学基本问题,依然有其极大的缺陷。这集中表现在这一时期的哲学家们只满足于认识和解释世界,而根本忘记了认识和解释世界的最终目的是为改变世界的实践服务的。所以马克思说:“哲学家们只是用不同的方式解释世界,而问题在于改变世界。”②

因此,在马克思主义哲学产生以前,尽管对哲学基本问题的探讨从本体论转向认识论是一次伟大的进步。这个进步表明人类认识已不满足于简单地询问世界的本原是什么,而是要进一步探讨我们人类对外部世界的思维能否同这个世界达到统一。但是,这种探讨却没能得到科学的结论,无论是黑格尔的“思维与存在同一性”的证明,还是费尔巴哈思维与存在统一性的论述,都只是抽象地进行了论证而没有找到其同一性的具体的现实的基础和途径。马克思主义哲学认识论认为,这个具体的现实的途径就是人的社会实践。实践观点的提出,使人类认识对哲学基本问题的探讨进入了一个全新的阶段,并使哲学基本问题第一次得到了科学的解答。

马克思主义哲学把实践范畴理解为人能动地改造和探索现实世界的一切感性的客观的物质活动。实践的基本特征表现为客观性、能动性和社会历史性。这样,人的实践活动就不仅揭示了思维和存在同一性的基础,而且也揭示了思维和存在如何达到统一的真实途径。因为正如列宁指出的那样,在人类的活动中,思维和存在、主观和客观、主体和客体的“交错点═人和人类历史的实践”③。也因此,实践观点的提出,就使

① 《马克思恩格斯选集》,第 4 卷. 北京:人民出版社,1972 年版,第 220 页
② 《马克思恩格斯选集》,第 1 卷. 北京:人民出版社,1972 年版,第 19 页
③ 《列宁全集》,第 38 卷. 北京:人民出版社,1959 年版,第 310 页

得人类认识对哲学基本问题的探讨进入了一个崭新的阶段,即本体论、认识论和价值论相统一的阶段。就本体论含义而言,实践既表明了物质世界的本体意义,又表明了意识能动性的可能;就认识论含义而言,实践既是认识的来源,又是认识发展的动力和检验认识是否正确的标准,实践使思维和存在真正地相统一;就价值论含义而言,实践本身就是人自觉的有目的性的活动,实践蕴含着主体的价值需要。可见哲学基本问题的探讨在实践范畴中获得了本体论、认识论和价值论的有机统一。因而,思维和存在的关系这一哲学基本问题也就必然在实践的基础上转换为主体和客体的关系问题。这一问题的实质是,作为主体的人在作为客体的外部世界中的地位是怎样的,或者说,作为客体的外部客观世界的存在对人有何意义。

以主体和客体的关系问题,作为马克思主义哲学对哲学基本问题解决的现代形式,有着重要的理论根据。这是因为,其一,主客体关系问题的探讨体现了马克思主义哲学在哲学基本问题上的辩证唯物主义立场。在马克思主义哲学看来,一方面主体要受客体的制约和限制,主体首先表现为受动性,这是坚持唯物论的必然要求;另一方面,主体又要通过实践活动改造或创造客体,主体在这其中又表现为能动性,这是坚持辩证法的必然结论。因此,尽管主体不等于“思维”,也不等同于“精神”,而客体范畴也与“存在”、“物质”范畴不完全同一;但在主体和客体的关系问题上依然存在着唯物主义和唯心主义、辩证法和形而上学的区分。马克思主义哲学的辩证唯物主义和历史唯物主义理论,在主客体的关系问题上必然要坚持唯物主义和辩证法的基本立场、观点和方法。其二,主客体关系问题的解决也揭示了马克思主义哲学实践性的根本特征。作为客体的世界无论是自然界还是人类社会,它不可能自动满足人类的需要。因而,作为主体的人必然要以其能动性来满足自己的需要。这个能动性的最具体最本质的表现就是人类社会的实践活动。这正如列宁指出的那样,“世界不会满足人,人决心以自己的行动改变世界”①。其三,主客体的关系问题也是人类在现时代所面临的最基本问题。在马克思主义实践唯物主义理论创立150多年后的今天,随着新技术革命的发展,一方面人类在与外部世界的关系中获得了愈来愈多的自由,但另一方面,随着自由的获得人类又不得不面临一系列新的限制和问题。这些问题正是哲学的主客体关系问题的具体表现和展开。因此,体现时代精神精华的马克思主义哲学,必然地要把时代所面临的这一基本问题作为自己研究和审视的基本问题。

以主体和客体的关系问题作为哲学基本问题的现代表现形式,从马克思主义哲学的创始人在自己的理论中引进实践观点的时候起,便已蕴含了这一基本思想。但是,由于马克思和恩格斯当时所面临的迫切的现实任务,是要阐述社会历史发展的客观规律,以指导无产阶级解放自己的实践运动,因此他们没有对主客体的关系问题作进一

① 列宁.《哲学笔记》.北京:人民出版社,1979年版,第229页

步的阐发和展开。也因为这样一个原因，我们在对马克思主义哲学的理解问题上，往往自觉或不自觉地导致对主体原则的忽视，并且习惯于仅仅从客体对主体的限制方面来把握人和外部世界的关系。这无疑是对马克思主义哲学的片面理解。因此，把马克思主义哲学作为一种本体论、认识论和价值论相统一的认识论理论，真正把握这一理论基于实践基础上的主客体互动关系方面的基本观点，尤其显示了重要的理论价值和实践意义。

第二节　认识的实现和主客体一致的追求

一、认识是主体对客体的能动反映

以主客体的关系而论，人类在对客观世界的认识过程中，有三个必要的因素：其一是谁在认识？其二是认识什么？其三是怎样认识？概括地讲，这就是认识主体、认识客体和认识活动本身。因此，要揭示人类认识的本质及其发展规律，不能只局限于认识本身，而必须探讨认识的主体和客体以及它们的相互关系。

在认识的主客体问题上，既存在着唯物主义和唯心主义的区别，也有着辩证法和形而上学的区别。唯心主义哲学歪曲地解释主体和客体及其相互关系。唯心主义认为，“自我”、“人的意识”是思维和行动的主体，譬如德国古典哲学代表人物之一的费希特就把纯粹的“自我”看作行为过程中的人类意识，“自我”既是自身（主体），又是自己的对立面即“非我”（客体）。唯物主义反对唯心主义把主体归结为意识或某种神秘的精神，指出人是认识和实际活动的主体。费尔巴哈就认为真正的主体是“实在的和完整的人”，意识、精神只是主体的特性。但费尔巴哈对人的理解又是狭隘的，他只看到人是有血有内、有感情的生物，因而把人的本质归结为人的生物学的本质，而忽视了人的社会性这一最重要的本性。马克思主义哲学批判了唯心主义观点，克服了旧唯物主义的局限，唯物辩证地解决了主体和客体及其相互关系问题。

马克思主义哲学把认识的主体理解为处在一定社会条件下的具有社会性的并从事改造世界活动的实践的人。认识的主体当然有其自然的属性，但主体的最本质的特性是它的社会性和实践性。因此，辩证唯物主义不是把对象看作直观的客体，而是首先看作人（主体）的感性物质活动、实践活动的客体。马克思在批判旧唯物主义对客体理解的局限性时指出：“从前的一切唯物主义——包括费尔巴哈的唯物主义——的主要缺点是：对事物、现实、感性，只是从客体的或者直观的形式去理解，而不是把它们当作人的感性活动，当作实践去理解，不是从主观方面去理解。所以，结果竟是这样，和唯物主义相反，唯心主义却发展了能动的方向，但只是抽象地发展了，因为唯心主义当然是不知道真正现实的、感性的活动本身的。”①

因而,形而上学唯心主义虽然正确地看到,在主体和客体之间存在着反映和被反映的关系,但它对这种关系的理解,却是直观、消极和被动的。这就是以直观为基础的消极被动的反映论。这种反映论离开社会实践来考察问题,因而对主体和客体的理解都存在着片面性:它不仅看不到主体对客体的能动作用,看不到主体改变客体、主体客体化的辩证过程;而且,也不懂得认识的对象总是人的实践活动的对象,不懂得客体向主体转化、自在之物向为我之物转化的辩证过程。

马克思主义的辩证唯物主义认识论是能动革命反映论,它同形而上学唯物主义的消极被动的反映论有着原则的区别:一方面,与形而上学唯物主义离开社会实践来考察人及其认识不同,辩证唯物主义把科学的实践观引入认识论,从而正确地、全面地解决了主体和客体之间的相互关系。辩证唯物主义认为,认识是主体对客体的能动反映,这种能动的反映是在实践基础上的主体与客体相互作用的结果。一方面,主体以客体为前提,并受制于客体;另一方面,主体又改变着客体,使之服从于主体的需要。在这里,主体和客体之间存在着双重关系:一是改造和被改造的关系,二是由此而产生出的反映和被反映的关系。正是在这种双重关系中,人们既改造着客观世界,也改变着自己的认识能力,不断实现主体和客体相互之间的辩证转化。由此可见,只有实践才是正确理解、把握主体和客体辩证关系的基础,因而也是揭示认识的产生、形成和发展的关键。所以列宁说:“生活、实践的观点,应该是认识论的首先的和基本的观点。”②

另一方面,与形而上学唯物主义脱离辩证法不同,辩证唯物主义把辩证法贯彻于反映论,指出人的认识是充满矛盾运动的辩证过程。旧唯物主义的形而上学特征既表现为对主客体及其关系的直观理解,也表现为把认识过程简单化、凝固化和片面化。所以列宁说:“形而上学的唯物主义的根本缺陷就是不能把辩证法应用于反映论,应用于认识的过程和发展。”③只有同辩证法相结合的唯物主义认识论,才正确地解决了主体和客体,以及与此相关的认识和实践、感性认识和理性认识、绝对真理和相对真理等一系列辩证关系问题,科学地揭示了认识是一个由不知到知、由浅入深的充满矛盾运动的辩证过程。

二、认识的辩证运动

认识的辩证运动,作为主体对客体能动反映的过程,它包含两个方面的内容:其一

① 《马克思恩格斯选集》,第1卷.北京:人民出版社,1972年版,第16页

② 《列宁选集》,第2卷.北京:人民出版社,1972年版,第142页

③ 《列宁全集》,第38卷.北京:人民出版社,1959年版,第411页

是在实践基础之上的由感性认识到理性认识的辩证发展过程；其二是作为理性认识成果的知识指导实践的辩证发展过程。

其一，实践到认识的过程。在这个过程中，认识采取了感性认识和理性认识这两种形式，并实现了由前者到后者能动的飞跃。所谓的感性认识是认识的初级阶段，是人们在实践的基础上，由感觉器官直接感受到的关于事物的现象、事物的外部联系、事物的各个片面的认识。直接性是感性认识的特点，它所反映的内容是事物的现象。理性认识是认识的高级阶段，是人们对感性认识材料的抽象和概括而形成的关于事物的本质、事物的全体、事物的内部联系的认识。理性认识以抽象性或间接性为特征，以反映事物的本质为内容，因而它与感性认识具有质的区别。

感性认识和理性认识，是认识过程中的两个不同阶段。但它们又是辩证统一的：

一是，理性认识来源于感性认识。理性认识对于感性认识的依赖关系，是认识对实践的依赖关系在认识发展过程中的体现。理性认识对感性认识的依赖，还可以从认识的内容和顺序上去理解。感性认识所反映的内容是事物的现象，理性认识所反映的内容是事物的本质。现象是个别、特殊，本质是一般、普遍。但一般寓于个别之中，共性寓于个性之中。人们的认识总是经历着由现象到本质、由个别到一般的过程。

二是，感性认识有待于发展深化为理性认识。这是由认识的任务决定的。认识的真正任务在于经过感觉而达到思维，达到对事物本质、规律性的认识。只有这种规律性的认识，才能有效地指导人们的实践活动。感性认识上升到理性认识，是认识过程的质变，是认识达到了高一级程度的标志。从感性认识而来的理性认识，表面看来离开了具体的客观事物，而实际上却由于反映了事物的本质，因而更接近于客观真理。

列宁说："物质的抽象，自然规律的抽象，价值的抽象及其他等等，一句话，那一切科学的（正确的、郑重的、不是荒唐的）抽象，都更深刻、更正确、更完全地反映着自然。"①也因此，由感性认识而来的理性认识，反过来又促进感性认识的发展。所以，"我们的实践证明：感觉到了的东西，我们不能立刻理解它，只有理解了的东西才更深刻地感觉它"。②

在主体对客体反映的感性认识和理性认识过程中，认识论中的唯理论否定了感性认识的重要性，片面夸大理性认识的作用。其中唯心主义的唯理论不但不承认理性认识依赖于感性认识，而且完全颠倒了主观和客观的关系，否认理性认识是客观事物的反映，认为人们的观念是生来就有的"天赋观念"。这是一种典型的先验论。唯物主义的唯理论虽然承认人们的知识来源于客观世界。然而，它否认感性认识的作用，认为感性认识是混沌不清和不可靠的，理性认识不需依靠感性认识，单凭所谓"直觉"就

① 《列宁全集》，第 38 卷. 北京：人民出版社，1979 年版，第 181 页

② 《毛泽东选集》，第 1 卷. 北京：人民出版社，1991 年版，第 286 页

可以把握客观事物。这当然也是错误的。

割裂感性认识和理性认识关系的另一种观点是经验论。它否认理性认识的重要性，片面夸大感性认识的作用。其中唯心主义经验论甚至把世界上的一切事物都归结为自我的感觉和经验，从而导致唯我论的荒谬结论。唯物主义经验论虽然正确地揭示了感觉是客观事物的反映，但它却认为，只有感觉经验才是唯一可靠的认识，而理性认识则是空洞抽象和不可靠的认识。这显然又是错误的。

在现代西方哲学中，不少哲学流派仍在重复经验论和唯理论的错误，有的甚至兼有两者。逻辑实证主义者一方面对经验科学作了唯心主义经验论的解释，认为一切经验科学的概念和命题的真假在于能否由经验来证实；另一方面，他们又对理论科学，特别是对数学和逻辑学作了唯心主义唯理论的解释，以为它们的概念和命题不是来源于感觉经验，而是来源于人的理性的自由创造。这种经验论和唯理论无论采取怎样的现代形态，从本质上讲都是荒谬的。

其二，认识到实践的过程。从感性认识达到理性认识，并形成理性认识的成果：知识。但认识的过程还没有完成。要实现一个完整的认识过程，还必须由知识再回到实践中去，实现认识的又一次意义更为重大的飞跃。

由认识到实践的转化之所以必要，就在于通过这次转化使认识物化或对象化，使精神力量转化为物质力量。具体地说，这种必要性体现在如下两个方面：一方面，就是理性认识本身的要求。人的全部活动无非是认识世界和改造世界，亦即是在实践中形成认识，又在实践中实现认识，这是相互联系的两次转化。第一次转化是第二次转化的前提和准备，第二次转化是第一次转化的目的和归宿，因为认识世界的目的是为了改造世界。另一方面，由认识到实践的转化，也是实践本身的要求。没有正确理论知识指导的实践是盲目的实践，只有在正确的理论指导下，才能自觉地实现改造世界的目的。

此外，在实践中获得的知识还需要在实践中加以检验，加以修正、补充和发展。这进一步说明了由知识到实践转化的必要性和重要性。

知识要真正行之有效地转化为实践活动以实现自己，必须具备如下两个最根本的条件：一是必须为群众所掌握。实践的主体不是单独的个人，而是作为整体的群众。理论只有为群众所掌握，才能转化为改造客观世界的物质力量。二是理论要能够具体化。因为理论知识只反映了客观实际中一般的规律性的东西，而实践面临的客观世界却是具体而复杂的，要把理论知识付诸实践，并使实践获得成功，就必须应用其他一系列有关的中介，把理论知识具体化，使之更接近复杂具体的实际情况。

这样，认识在实践中实现了自己以后，就产生了对实践结果的评价，这种评价无非是两种，一是成功的，二是失败的。成功的实践称为合目的的实践结果，也就是说，在实践中得到的现实结果，同实践之初主体原有目的是一致的。这表明主体在实践过程中对目的的规定和所运用的那些知识都是正确的。失败的实践也称不合目的的实践结果。这就是说,实践的结果与主体原有的目的不一致。这种情况表明,贯穿于实践过程各个环节的知识没有得到实现。这也就意味着这些知识中存在谬误或实践的物质手段还不充分。

因此,在实践基础上产生的主体对客观的认识活动是感性与理性的动态统一,在实践中产生的知识又要回到实践中去,成为贯穿实践过程各个环节的要素,并尽可能使之实现于实践结果之中。也就是说,实践——认识——实践,构成了一个相对完整的认识辩证运动。

三、主体对客体反映的形式

对人类认识发展过程中感性认识和理性认识,以及相应的知识成果的分析表明,在实践基础上的主体对客体的认识,主要采取感性直观和理性思维这两种反映形式。

其一,感性直观的反映形式。感性直观的反映形式主要可区分为感觉、知觉和表象这三种形式。认识起源于感觉器官和外界的接触。所谓的感觉就是指人的感觉器官对客体的表面的个别属性和特性的直接反映。感觉在形式上是主观的。这种主观性一方面表现为,它是由主体内部的各种感官的协调作用形成的;另一方面,感觉还受到其他主体因素,如心理因素(情绪、情感、意志等)的影响,始终带有个别的特点和痕迹。可感觉在内容上又是客观的,这种客观性表现在感觉所接受的信息,并非是由感觉自身产生的,而是由客体作用引起的。所以,列宁强调:“感觉是我们知识的唯一源泉。”①这正是以承认感觉的客观性为前提的。

可以说,人的感觉一开始就是具体的、丰富的。人的实践活动不仅为感觉提供了丰富多彩的对象,同时也丰富和完善了人的感觉器官。对美的感觉,对爱的感觉把人提升到了一切生物之上。所以,感觉不仅是认知的基础,同时也是社会的人一切精神活动的基础。

当认识主体把多种感觉综合为整体时,认识就进入了知觉阶段。客体作为一个信息源,它所发出的信息是多方面的,并通过各种渠道作用于人的各种感官,从而在各种感官中产生了关于客体不同方面的感觉(形、色、味等)。主体把这些不同的感觉综合起来,在意识中构造出一个客体观念。这个过程是通过知觉来完成的。因而,所谓知觉就是指感觉的集合。

和感觉一样,知觉的内容是客观的,但知觉的形式则是主观的。知觉的主观性典型地表现在它的“知觉定势”特性上。知觉定势是指主体在反映过程中心理上的准备

---

① 《列宁全集》,第 2 卷. 北京:人民出版社,1972 年版,第 125 页

状态，它包括人们早先形成的知识、经验、兴趣、倾向、价值观念等因素。它使主体的知觉产生了一种选择性。一定的实践需要，特定的价值观念，决定了人们对知觉对象的选择，甚至决定了人们的认识方向。

知觉反映形式已经达到了对单一客体的整体性的认识，但是它和感觉的反映形式一样，都是对客体的一种直接的反映。只有在表象这种反映形式中，才形成对客体间接性的、一定程度上的概括性的认识。

客体所提供的各种信息通过知觉的整合，形成关于客体的观念映象。当客体刺激消失后，而客体的观念映象却依然保留着，过了片刻或长时间的间隙后，它仍然可以在意识中再现出来，这就是表象的作用。因而，所谓表象就是指对感觉和知觉的回忆和再现。表象可对原先的感觉信息加以重新组合，形成无客体原型直接对应的、间接的观念形象。表象的这种作用一方面依赖于感觉信息和知觉形象，另一方面又依赖于主体的记忆能力。记忆起着储存信息的作用，并在一定时间又让它们再现出来。但是记忆不纯粹是一个储存器，它要受主体价值观念的影响，它只储存根据一定的价值观念处理过和选择过的信息。因此，表象带有某种抽象和概括的性质。

其二，理性思维的反映形式。理性思维又称抽象思维，因为理性思维的一个本质特点就是抽象性，即舍弃了感性思维的直观性，在客体的现象和过程中抽取了本质和规律的认识。理性思维主要有三种形式：概念、判断和推理。概念是抽象思维最基本的要素。所谓的概念是指对于同类事物的共同的一般特性的反映。它具有两个最为显著的特点，一是抽象性，概念舍弃了事物的感性具体性、形象性，抓住了事物的内在本质；二是普遍性，它不反映个别事物，而是反映一类事物的共性。因此，它是普遍适用的，它摆脱了各种具体性和个别性，把共性、一般性放到一个比较纯粹的主体认识形式中加以研究。

但是，概念不是主体自由创造的产物。马克思曾指出："最一般的抽象总只是产生在最丰富的具体的发展的地方，在那里，一种东西为许多东西所共有，为一切所共有。"①与感性形式相比，概念仿佛是远离现实的。但其实它比感性更接近于现实，因为它不仅反映客体的表面现象，而且反映客体的内在本质，因此也就更接近具体。概念有两种对立而又统一的性质，一是确定性，二是灵活性。确定性表明概念具有确定的意义，也就是说，概念具有客观的内容，具有关于客体本质和规律的准确信息。客体的结构具有一定的稳定性，这就是概念确定性的基础。不过客体的稳定性是相对的，从而概念的确定性也不是恒定不变的，它还有变动性即灵活性的一面，否则概念就不能把握具体的、活生生的现实世界。现实的思维活动强调概念的确定性和灵活性的统一。这是因为，一方面，只有强调概念的确定性，才能拒斥诡辩论；另一方面，只有强调

① 《马克思恩格斯选集》，第 2 卷. 北京：人民出版社，1972 年版，第 107 页

概念的灵活性，才能防止独断论和思想僵化。

概念是思维的基本要素，思维是通过概念来进行的。但思维不能赤裸裸地存在，它的存在依赖于一定的感性外壳，这就是语言。思维的基本单位是概念，而语言的基本单位是词。因此，词就是概念的物质外壳。词使得概念这种思维形式固定下来，成为认识的观念客体，从而使内在的思维成果社会化。词本身没有价值，它的价值在于表达了某一概念，它是创造、传递和储存信息的手段。概念通过词而客观化，也就获得了相对的独立性，并能派生出新的与现实客体无关的概念，使得科学思维的创造成为可能。譬如狭义相对论的基本概念“四维空间”，就不可能从现实的空间中抽象出来，它是在原有概念的基础上，通过想像和推论得出的观念客体。

概念是个别与一般的对立统一。但这种对立统一的关系尚未展开。概念的展开是通过判断实现的。判断是思维理解对象的过程。一切知识往往都是通过判断形式存在，甚至连简单的感性直观的结果也要用判断形式表现。判断是反映客观世界诸事物现象之间联系的相对完整的思维形式。因而，所谓的判断是指对事物之间联系或关系的反映。判断既能正确地反映现实，也能歪曲现实，所以判断必定会有真假之分。

任何客体都有矛盾着的两个方面。判断的确定性首先要求我们对每一方面都有一个明确的判断，是就是，不能含糊。但另一方面，判断又要断定事物的矛盾特性，既是又不是，包含着矛盾性。我们不能把逻辑上的矛盾和现实事物、现实认识过程中的矛盾混同起来。形式逻辑和辩证逻辑在这里具有本质的区分。前者旨在排除逻辑矛盾，后者旨在揭示现实矛盾，两者并非是对立的，而是互为前提的。

人类认识是发展的。判断的发展也表现为一个不断深化的过程。这一深化的过程依次经历了三个阶段：或然判断、实然判断和必然判断。或然判断是反映客观事物发展的可能性的判断。它反映了人们认识中的不确定性。实然判断是在或然判断基础上的进一步断定，它是对客观现实中实际状况的断定。必然判断是反映客观事物发展的必然性，它断定某一事件必将发生。这三种判断处在对现象联系的不同的认识水平和阶段上。而且，判断在认识过程中的发展不仅是一个内涵上深化的过程，也是一个外延上不断扩张的过程。这个扩张遵循着从个别、特殊到一般的途径。人们对客观事物的反映一开始总是认识个别，形成单称判断，进而认识特殊，作出特称判断。认识进一步的发展是对客观事物的本质规定作出一般的判断，涉及一类事物的全部对象，即全称判断。判断是思维反映客体的基本形式，科学的认识通过判断来进行，而知识的成果也体现在判断中。

判断之间的一定联系进一步表现为推理。所谓的推理是人们从已知的判断求出新的判断，从已知求得新知的反映形式。推理是一个判断的体系，它是以判断为中介并推出新的判断的过程。推理体系由三类要素构成：一是作为基本知识的前提，二是推出的结论，三是推理过程的论证。推理的前提和结论可以是真的，也可以是假的。

推理的论证过程即推理的形式有其相对独立性。推理形式的正确性和前提或结论的真实性无关。也就是说,前提或结论的错误,并不表明推理形式也是错误的。可见,推理形式具有独立性,它有自己的形式,即逻辑的格,可以独立地加以研究,这种研究主要地体现在形式逻辑的理论中。但是逻辑的格并非是先验的,它是实践活动的结果。人的实践活动总是有中介性的,即主体总是通过工具作用于客体,这样一种实际的操作过程多次重复,就在人的思维中内化为逻辑的格,并在思维中固定下来。所以列宁指出:"人的实践活动必须亿万次地使人的意识去重复各种不同的逻辑的格,以便这些格能够获得公理的意义。"①

推理充分体现了人类思维和主体认识的能动性。对于人的活动而言,思维的推理活动可以成为实践活动的先导,从而避免行动中的盲目性。

感性的反映形式和理性的反映形式是两种不同的认识形式,它们基于不同的主体功能,有着不同层次的反映内容。认识从关于个别属性、外部联系,即感性的具体,到关于一般属性、内部本质和联系,即理性的具体,这是人类认识反映形式中两个不同的层次。但是,两种反映形式和层次又是统一的,互相联系和互相渗透的。一方面,感性形式离不开理性形式,另一方面,理性形式也离不开感性形式。如果看不到感性直观和理性思维的这种辩证统一关系,那么,我们就难免重蹈哲学史上唯理论和经验论者的覆辙。

四、主客体一致的追求:真理

主体对客体认识的辩证运动以及作为这一辩证运动形式的感性直观和理性思维,其任务是获得正确的知识结果:真理。

真理就其古典哲学中的含义,源于古希腊哲学家亚里士多德的观点。他认为真理是符合现实的知识。这一真理定义的缺陷在于它是不确定的。因为,"符合"和"现实"这两个概念可以作不同的解释,不同的哲学流派都可以从自己的哲学基本前提出发赋予其不同的内容,并根据自己来理解所谓的真理。在马克思主义哲学看来,真理是标志主观和客观相符合的哲学范畴,是人们对客观事物及其规律的正确反映。只有正确的反映,且经过实践证明是同客观事物及其规律相符合的才是真理,亦即符合于客体的主体认识才是真理性的认识。

如果对真理的形式作进一步的区分,那么我们可以发现,真理是分层次的。在人类认识发展史上,德国哲学家莱布尼兹曾自觉地意识到真理的层次问题。他在《人类理智新论》中把真理区分为"事实的真理"和"理性的真理"。这个区分是有意义的。

① 《列宁全集》,第38卷.北京:人民出版社,1959年版,第203页

我们认为相应于人类认识感性阶段和理性阶段的划分，真理也可区分为感性认识真理和理性认识真理。感性认识真理是指对客观事物现象及简单联系的正确反映，通常又可称为真知。而理性认识真理则是对事物的内在本质规律的正确反映。也因此，真知通常以个别现象的事实判断为表现形式，而真理则表现为以科学理论的形式反映事物及事物之间内在的本质的联系。真知和真理作为人类认识中主客体相符的两种表现形式，它们的关系是对立统一的。真知是真理性认识过程中的简单的初级形式，是人们取得真理的开始；而真理则是人类正确认识的深刻和高级形式。作为一种认识成果，真理的价值要高于真知。因而，真知有待于发展到真理。但是，真知作为直接来源于社会实践活动的正确经验，其本身又构成真理性认识的起点和必要环节，没有这个起点和环节，真理性的认识就是缺乏根据和不可靠的。所以没有真知，也就没有真理。

在马克思主义的认识论看来，无论是感性认识的真理（真知），还是理性认识的真理，它们都具有一个最基本的特征：客观性。也就是说，真理是客观的。真理的客观性或称客观真理，主要是指在真理的认识中包含着不以人的意志为转移的客观内容。因此，在真理或客观真理中，不应当包括同客观实际相违背的主观成分。在人类认识中，一切科学的定律、学说、理论之所以是真理，只是因为它们是同客观事物及其发展规律相符合的，也就是说，凡是真理都是客观真理，都具有客观性。真理的客观性或客观真理还有另一层含义，即是指检验真理性的标准——社会实践也是客观的。一种认识是否真理，检验它的标准只能是客观的社会实践，而不能以任何人和任何阶级的主观意志而定。否则，不同的人，不同的阶级都可以自以为是，各有各自不同的真理，这是一种主观唯心主义的多元真理观。

主观唯心主义者公开否认真理的客观性，认为真理是主观自生的东西，是纯主观的东西。俄国的马赫主义者波格丹诺夫认为，“真理是思想形式，是人类经验的组织形式”，是具有“普遍意义”的“社会组织起来的经验”。这种观点之所以是错误的，是因为所谓“社会”、“普遍”、“人类”等词句，并不能掩盖它主观真理的性质。因为，如果把真理只看作是“思想形式”、“经验的组织形式”，仍没有超出主观意识的范围。而且，如果只要具有“普遍意义”即得到多数人的承认就是真理，那么，许多谬论、谎言、迷信和妄想也都可称为真理了。因为这些“思想形式”有时也能欺骗多数人而具有“普遍意义”。实用主义所鼓吹的“有用就是真理”，是主观真理论的另一种形式。詹姆斯说：“满足我们双倍需要的，这便是最真的。”他把“有用”和“真的”完全等同起来，这就从根本上否认了客观真理的存在。固然，真理能够指导实践，给人们带来利益，因而它当然是有用的。但是，并不是任何有用的都是真理。实用主义的主观真理论也就是“人造”真理论。

真理作为主体对客体的正确反映，作为主观和客观的统一，必然要涉及一个标准问题。亦即检验真理的标准问题。这是哲学史上争议纷纭的一个问题。

唯心主义哲学否认客观真理,也就必然否认真理的客观标准。主观唯心主义从主观认识中寻找检验认识是否具有真理性的标准。黑格尔在客观唯心主义的基础上讲"善"高于"真"的观念,因而他主张只有通过实践这一"善"的形式,才能走向绝对观念即绝对真理。然而,他所说的实践不是客观的社会实践而是精神的活动。所以,他还是从精神范围内寻找认识真理性的标准。旧唯物主义哲学坚持反映论,也就承认真理的客观性和真理标准的客观性。在什么是检验真理的标准的问题上,他们也曾作过有益的探讨。英国的唯物主义者培根认为,"真理之被发现和确立是由于实践的证明,而不是由于逻辑甚至于观察的证明"。法国的唯物主义者狄德罗也曾指出:"除了实践以外,没有别的办法可以识别错误。"但由于旧唯物主义反映论忽视实践在认识中的地位和作用,而且对实践的理解又是片面的,所以也没能科学解决检验真理的标准问题。

马克思主义在总结以往哲学探索真理标准的历史经验的基础上,明确指出,只有实践才能检验主观和客观的一致和证明人的思维的真理性。实践才是检验真理的唯一标准。

实践是检验真理的唯一标准,这是由真理的本性和实践的特点决定的。一方面,从真理的本性来看,检验认识的真理性,就是要求检验主观认识是否同客观实际相符合。从主观范围内看,人们考察一种新的认识是否正确,通常只是运用已有的正确认识来衡量。但既然是一种新的认识,总是包含着原有认识所不能包含的内容,这是原有知识所不能衡量的。因而,只停留在主观领域找不到检验真理的标准。从客观范围来看,客观事物本身也不能充当检验真理的标准。因为客观事物若离开主体的活动,是无法"自动"把主观认识同客观现实相对照的。唯有实践是"主观见之于客观的东西"。它兼具主观性和客观性的特性,所以能起到把主观和客观联系和沟通起来的"桥梁"和"纽带"作用,从而能够为主观和客观的对照提供可能。因此,只有实践才是检验真理的标准。另一方面,从实践本身的特点来看,"实践高于(理论的)认识。因为实践不仅有普遍性的优点,并且有直接的现实性的优点"。① 这个特点决定了社会实践能够充当检验认识是否具有真理性的标准。理论也具有现实性,因为理论是现实的反映并能转化为现实,但它没有直接现实性。实践具有直接现实性,它既是直接存在的可以感知的物质性活动,又能使正确的理论变为现实,即按照一定的理论目的去实践,能够导致现实的结果。这样,就能够把原来的理论同客观现实结果相对照,从而检验出主观和客观是否一致。

人类社会的实践是一个历史发展过程。因而,以实践作为检验真理的标准,既是确定的,又是不确定的,实践标准是确定性和不确定性的统一。实践标准的确定性,是

① 《列宁全集》,第38卷.北京:人民出版社,1959年版,第230页

指一切认识的正确与否,最终都必须由实践作出检验。实践标准的不确定性,是指实践检验认识的真理性表现为一个过程。在一定历史阶段中,实践由于受到社会历史条件的限制,并不能够完全证实或驳倒人类的所有认识。只有对社会实践作具体的、历史的考察,才能真正理解人的认识是主观和客观对立统一的辩证发展过程。

由于检验真理的标准——实践本身是确定性和不确定性的辩证统一,因而,真理作为主观和客观的统一,其自身就有一个发展的过程。这正如列宁所强调的那样:“思想和客体的一致是一个过程。思维(=人)不应当认为真理是僵化的静止。”①

真理发展的这个过程表现为不断地由真理的相对性走向真理的绝对性的过程。真理的绝对性是指真理在其自身的发展过程中的稳定性和不变性。真理的绝对性包含了如下两方面的含义:一方面,任何真理都是人们对客观事物及其规律的正确反映,都包含有不依赖于主体的客观内容,这是无条件的、绝对的。另一方面,真理的发展越来越全面、越来越深刻地反映着无限发展的物质世界,每一真理的获得都标志着人类认识向无限发展的物质世界的接近,这也是无条件的、绝对的。真理的相对性是指人们在一定条件下对客观事物及其规律的正确认识总是有限的和不完全的。真理的相对性也包含两方面含义:一方面,从整个物质世界来说,任何真理性的认识都只是对整个物质世界的某些方面或过程的正确反映,而不能穷尽其一切方面或过程,认识有待于扩展。另一方面,从特定的事物来说,任何真理性的认识都只是对它的正确反映,总是具有近似的、不完全的性质。

任何真理都是绝对性和相对性的辩证统一。而真理作为一个过程,它永远处在由相对向绝对的转化和发展之中。

第三节 客观世界的真理性结论

一、世界的物质统一性

作为人类认识的科学结晶,马克思主义哲学认识论对客观世界的认识图景作了唯物辩证的理解,而其中一个最基本的结论是世界的物质统一性。

世界的物质统一性原理直接和科学地理解物质范畴联系着。只有掌握科学的物质范畴,才能深刻理解这一原理。早在19世纪70年代,恩格斯就指出:“实物、物质无非是各种实物的总和,而这个概念就是从这一总和抽象出来的。”因而哲学上的物质范围是从具体实物、物质中抽象出来的共性。19世纪末、20世纪初物理学得到了惊人

① 《列宁全集》,第38卷.北京:人民出版社,1972年版,第208页

的发展,物理学的一些重大发现,揭示了原子不是构成物质的最小单位,它可以分成更小的粒子。面对这些事实,一些科学家由于缺乏辩证思维,以为"物质消失了","原子非物质化了"。有的唯心主义哲学家借此向唯物主义发难,企图否定唯物主义的物质客观性原理。为了捍卫唯物主义特别是辩证唯物主义的真理性,列宁对物理学上的一些发现进行了科学的分析和概括,在《唯物主义和经验批判主义》这部著作中对哲学的物质范畴作了明确的规定和阐述:"物质是标志客观实在的哲学范畴,这种客观实在是人通过感觉感知的,它不依赖于我们的感觉而存在,为我们的感觉所复写、摄影、反映。"①列宁的这一物质定义,包含了极其丰富的内容:

其一是这一物质定义彻底坚持了唯物主义的基本原则,贯彻了唯物主义一元论。它从物质和意识的对立统一关系中去把握物质和规定物质,指明了物质对意识的根源性、独立性,意识对物质的依赖性、派生性。这就坚持了物质第一性,意识第二性的唯物主义根本原则,批判了认为意识第一性、物质第二性的形形色色唯心主义,揭露了把物质和意识都看成世界本原的二元论错误,从而同唯心主义和二元论划清了界限。

其二是这一物质定义坚持了唯物主义的反映论和可知论原则。既然物质可以"为我们的感觉所复写、摄影、反映",这就说明了物质这一客观实在是可以认识的,而不是不可捉摸、不可认识的"自在之物"。世界上有许多东西如原子及微观粒子等,虽然用我们的感官不能直接感知它,但可以通过现代化的技能手段去感知它,用理性思维去反映和把握它。世界上只存在未被认识之物,根本不存在不可认识之物。即使是目前还有许多难以认识的事物,但并不是不可认识的,随着实践和科学的发展,迟早会被人们所认识。这就和不可知论划清了界线。

其三是这一物质定义克服了形而上学唯物主义物质观的局限性。旧唯物主义把物质的具体结构、具体形态或个别属性当作"物质"本身。这种物质观既经不起科学发展的检验,也不适用于社会历史领域,不能把唯物主义原则贯彻到底。列宁的物质定义指明了物质的唯一特性是客观实在,它概括了世界上一切物质现象包括自然界和人类社会共同的本质特性,舍弃了各种物质形态的具体属性,从个别中找到了共性,从相对中找到了绝对。从自然界到社会历史领域的客观物质世界,不管它的形态多么复杂特殊,物质的具体结构和属性怎样变化,但它们都是不依人的意志为转移的客观实在。这样,不论在任何时候、任何领域中,辩证唯物主义物质观都能适用并能贯彻到底,从而克服了形而上学唯物主义的局限性。

马克思主义哲学对物质范畴作了科学的规定,于是为真正解决世界的物质统一性问题奠定了基础。

世界上多种多样的事物和现象的统一性在于它们都有客观实在性,即它们都不依

① 《列宁选集》,第2卷.北京:人民出版社,1972年版,第128页

赖于人们的意识而存在又为人们的意识所反映。世界上多种多样的事物和现象，都是物质的不同形态的表现和派生物。永恒存在着的物质世界是相互联系、相互转化的无数物质形态的统一体。世界的统一性，就在于它的物质性。因此，世界统一于物质，但并不意味着统一于几种特殊的具体物质结构、物质形态和属性。在统一的物质世界中包含着无限多样的物质形态，每种物质形态都有其特殊的结构和属性，与其他物质形态相区别。所以世界的统一是无限多样的统一。恩格斯曾指出过："世界的真正的统一性是在于它的物质性，而这种特性不是魔术师和三两句话所能证明的，而是由哲学和自然科学的长期的和持续的发展证明的。"①的确，自然科学的发展，揭示了自然界无论从微观到宏观，从无机界到有机界，还是从简单的生物到人，都具有统一的共同属性——物质性。人类社会作为自然界长期发展的产物，也是物质世界发展的高级阶段。人类社会是以物质生产为基础的复杂的物质体系，生产力和生产关系以及其他社会关系，归根到底是物质的关系或由物质派生的关系，社会的精神生活是社会物质生活的反映。

世界的物质统一性这一普遍的哲学命题，不仅得到了自然科学和社会科学的证明，也得到了哲学的逻辑证明。古代朴素的唯物主义哲学提出了世界物质统一性的见解，由于出于直观和猜测，缺乏科学的结论。形而上学唯物主义哲学尽管利用了当时自然科学发展的成果，但由于缺乏辩证法，把世界物质统一性归纳为某种特定的物质形态，不仅抵挡不住唯心主义的进攻，而且在自然科学新成果面前也不能作出科学的解释。

马克思主义哲学吸取了历史上各种哲学的积极成果，总结了自然科学、社会科学的成就，为论证世界物质统一性提供了可靠的哲学观点、论据和思维的辩证方法：其一，马克思主义哲学从客观事实出发，坚持唯物主义一元论的原则，明确地提出世界统一于物质、统一于客观实在，还是统一于上帝、统一于意识这样一个哲学上最基本的问题。要求每一个哲学流派都必须回答这个问题。并且，马克思主义哲学对这个问题作了科学的回答，世界的统一是物质多样性的统一，这既批判了形形色色的唯心主义和二元论，又与形而上学唯物主义划清了界限。其二，马克思主义哲学运用辩证思维方法，以自然科学为依据，但又不局限于具体的科学成果和事实，对科学成果进行了概括和总结，从局部看到全体，从特殊看到一般，从有限推出无限。马克思主义哲学利用理论思维的力量把各门具体科学成果连贯起来进行思考，对物质世界的统一性进行了全面论述，使之建立在真正科学的基础上。其三，马克思主义哲学还认为，世界是无限的。世界的变化、发展也是无限的，人类的认识同样也是无限的。无限和有限是辩证地联系着的：无限包含着有限；有限是无限的具体表现形式，无限和有限是两个只有在

① 《马克思恩格斯选集》，第3卷. 北京：人民出版社，1972年版，第83页

联系中才存在的、相互渗透的对立面。人类对世界的认识只能从有限开始来把握无限,但绝不能停留在某一个阶段或某一个过程。物质世界的统一性的哲学证明就是遵循着这样一种辩证思维提出的,并且随着历史的前进、人类认识的不断发展,这种证明将是一个长期的、持续的过程。那种企图对物质世界统一性的"一次证明"或"最终证明"实质上是形而上学的思维方式,都违反了辩证法。

世界的物质统一性原理,是全部马克思主义哲学的基石。坚持世界的物质统一性原理,对自然科学和社会科学研究都具有重要意义。更重要的还在于,世界的物质统一性,是我们从事实践活动和一切实际工作的出发点。因而,实事求是,一切从实际出发,也是坚持世界物质统一性的必然要求和根本结论。

二、客观世界的联系、运动和发展

在论及世界的联系时,恩格斯曾这样写道:"当我们深思熟虑地考察自然界或人类历史或我们自己的精神活动的时候,首先呈现在我们眼前的,是一幅由种种联系和相互作用无穷无尽地交织起来的画面。"①在认识上再现这幅画面的唯物辩证法自然要把事物的普遍联系作为逻辑的起点。

作为普遍的哲学范畴,联系是指一切事物、现象之间的互相影响、互相制约和互相作用。联系是普遍存在的。联系的普遍性含义是指:其一,世界上的一切事物都不能孤立地存在,都同周围的其他事物有某种联系或关系;其二,整个世界是一个相互联系的统一整体,而每一个事物或现象都是这个统一整体中的一个部分、一个环节。世界上的任何事物都处于普遍联系之中,没有联系就没有事物,没有联系就没有世界。而这种联系是事物本身的联系,是事物固有的特性,它既不是主观联想的产物,也不是某种神秘意志的体现。这就是联系的客观性的基本含义。

世界既然是普遍联系的,联系又是客观存在的,那么就要求我们用联系的观点,用整体性的观点去观察事物。从普遍的联系中分析研究个别事物,在弄清个别事物的基础上进行辩证综合,从而达到对事物整体性的认识。

联系是普遍的、客观的,同时又是复杂多样的:有直接联系和间接联系,本质联系和非本质联系,内部联系和外部联系,必然联系和偶然联系,等等。直接联系是指事物之间以及事物内部各要素之间,不通过中间环节而发生的相互联系。间接联系是指事物之间及事物内部各要素之间,通过中间环节而发生的联系。本质联系和非本质联系,揭示的是客观事物的内在规律与外部现象之间的相互联系。本质联系是指决定事物根本性质的基本要素的内在联系,是事物中比较深刻的、稳定的联系。非本质联系

① 《马克思恩格斯选集》,第3卷.北京:人民出版社,1972年版,第60页

是指事物外在的表面特征之间的联系,是本质联系的外部表现形式。非本质联系是丰富的、多变的联系。内部联系和外部联系,所揭示的是事物内部要素之间以及与周围其他事物之间相互的关系。内部联系是指构成事物内部诸要素之间的联系,它决定事物自身的性质与发展趋势,是事物存在和发展的内因。外部联系是指一事物与周围其他事物的联系,是事物存在和发展的外部条件和环境,通常称为外因。毛泽东说:“外因是变化的条件,内因是变化的根据,外因通过内因而起作用。”①这一论断科学地揭示了内因和外因的作用及辩证关系。

联系的多样性是与条件的复杂性密切相关的。所谓条件是指同某种事物相联系的、对它的存在和发展发生作用的诸要素的总和。任何事物都处在普遍联系之中,而它的产生、存在、发展和灭亡都是有条件的。当条件发生改变,事物之间以及事物内部各要素之间的联系也就会发生变化。如果离开了一定的条件,也就离开了事物的具体联系,事物便成了无法存在和无法理解的东西。事物联系是多样的,条件也是多样的,有内部条件和外部条件,基本条件和非基本条件,主要条件和非主要条件,一般条件和特殊条件,有利条件和不利条件,主观条件和客观条件,等等。马克思主义的条件论,一方面承认不同的条件对于事物的存在和发展所起的作用各不相同,因而全面地、具体地分析各种不同条件,是观察问题和解决问题的必要前提,对做好一切工作具有重要意义。但另一方面,又认为条件是可以改变的。人们可以发挥主观能动作用,变不利条件为有利条件,当条件不具备的时候去创造条件,当然人们在改变条件和创造条件时,也要依赖一定的条件。否则,改变条件、创造条件的活动是不会实现的。因此,对待条件这个问题,要坚持“条件论”和发挥人的主观能动作用两者的统一。

唯物辩证法关于世界普遍联系的观点,是科学的世界观和方法论。系统论的创立是对这一科学世界观和方法论的一个典型例证。系统论从联系的观点出发,把所研究的事物或现象都归结为一个系统。所谓的系统就是由许多相互关联的要素所组成的,具有特定功能的、稳定的统一整体。自然界中大至宇宙小至微观粒子都表现为一个系统;在社会领域里大至国家小至个人,也都表现为一个系统。系统内部的一切联系都由要素、结构、功能、层次和环境五个方面构成。

系统论对事物考察有如下几个特点:一是整体性。这是系统最重要的特性。系统由各个要素组成,每个要素都有其特定的性质和功能。但作为整个系统的性质和功能,并不等于各要素性质、功能机械相加的和,而是大于各要素之和。即“整体大于部分之和”。二是有机关联性。构成任何一个系统的各个要素彼此之间并不是孤立存在、简单并列在一起的,而是存在着多种联系,如结构联系、功能联系、因果联系、起源联系、系统联系,等等。三是动态性。系统不是静止和封闭的,它随时间的变化而变

① 《毛泽东选集》,第1卷.北京:人民出版社,1991年版,第277页

化。任何一个系统,每时每刻都同周围环境进行物质、能量、信息的交换。四是有序性。这是指系统的组织化和层次化,是有机联系的反映。五是目的性,系统的有序性是由一定的目的性支配的。一个系统的发展方向,不但取决于实际状态,而且还取决于一切事物和现象的具体的普遍的联系:系统论的学说一方面是对唯物辩证法关于世界普遍联系思想的科学证明,另一方面又丰富发展了唯物辩证法。

事物之间的联系总是通过联系着的诸对象间的相互作用表现出来。相互作用必然引起对象的原有状态和性质发生或大或小的改变,即引起事物的运动。所以普遍联系总是同运动、变化、发展密不可分的。恩格斯说:"我们所面对着的整个自然界形成一个体系,即各种物体相互联系的总体","这些物体是互相联系的,这就是说,它们是相互作用着的,并且正是这种相互作用构成了运动。"①因而,一方面相互联系、相互作用构成了运动,另一方面,离开了运动、发展、变化也就无法理解事物之间的相互联系。物质世界的多样性和复杂性,正是物质运动、变化、发展所表现出来的结果。物质世界处于永恒地运动变化之中。

所谓的运动是标志宇宙间一切事物、现象和过程变化的哲学范畴。物质和运动是紧密结合不可分割的。物质总是运动的。物质是运动的承担者,是一切运动、变化、发展的实在基础;而运动则是物质本身固有的根本属性,运动是一切物质形态存在的方式。所以,就物质和运动的关系而言,一方面,物质是运动的物质,世界上不存在没有运动的物质。"一切存在物,一切生活在地上和水中的东西,只是由于某种运动才得以存在、生活。"②这是因为物质必须通过一定的运动形式而具有自己的存在方式。因此,从宏观世界到微观粒子,从无机界到有机界,从一般生物到人,从自然界到人类社会,都处于永恒的运动之中。另一方面,运动又总是物质的运动。世界上不存在脱离物质的运动。凡运动都有自己的物质承担者,即运动主体。机械运动的主体是客观物体,热运动的主体是分子,电运动的主体是电子,化学运动的主体是原子,生物运动的主体是活的机体,思维运动的主体是人脑,社会运动的主体是人。现代自然科学进一步证实了物质和运动的不可分割性。譬如光量子没有静止质量,始终以光速运动着,它没有静止状态,只有在运动的时候光才有质量。

否认物质是运动的物质,设想没有运动的物质,是形而上学的观点。形而上学由于否认运动是物质本身固有的属性,当探索物质运动的根源和动力时,就不得不到物质世界之外去寻找,用上帝或神来解释所谓的推动力,从而陷入唯心主义。否认运动是物质的运动,设想没有物质的运动是唯心主义观点。主观唯心主义者认为运动是主观意识或精神的运动。客观唯心主义者认为一切事物都是客观精神的运动及其产物。

① 《马克思恩格斯选集》,第3卷. 北京:人民出版社,1972年版,第492页

② 《马克思恩格斯选集》,第1卷. 北京:人民出版社,1972年版,第106页

主观唯心主义和客观唯心主义在运动观上一个共同的根本性错误，就在于否认世界的物质性，否认精神的运动对于物质的依赖性。

运动和物质不可分，运动是物质固有的根本属性，说明运动和物质一样是客观的，既不能被创造，也不会被消灭。因此，物质运动是普遍的、永恒的、无条件的，这是运动的绝对性。但是，辩证唯物主义在承认运动的绝对性时，并不否认物质也有某种静止状态和某种稳定形式，即相对静止。运动的绝对性和静止的相对性主要体现在如下三个方面：一是物质从总体上是运动的，静止只是物质总体的局部情况。只是在一定的条件下，某种运动形式可能暂时静止，其他运动形式可能仍在进行，所以静止是相对的。二是静止是根据一定参照系相对而言的，但就其他参照系而言，则静止就转化为运动了。三是静止还指物质保持自身的性质，没有发生质的变化。但是在这种情况下它们依然处于量变过程中。因而运动依然是绝对的，静止是相对的。可见，运动是绝对的和相对的统一，“动中有静，静中有动”的说法，正是对客观世界辩证本性的真实描述。

运动的绝对性和静止的相对性，在物质运动中具有不同的意义。绝对的运动展示了物质世界无限发展的趋势，它决定了人们认识世界和改造世界的永无止境性。同时，在承认和坚持运动绝对的前提下，承认相对静止也具非常重要的意义：其一，相对静止表现着绝对运动，它是规定、衡量运动的尺度，它是了解绝对运动的前提。“运动应当从它的反面即从静止找到它的量度”。① 不承认相对静止，就无法把握绝对运动。其二，相对静止是物质存在和发展的条件，也是理解物质多样性的前提。所以，恩格斯指出：“物体相对静止的可能性，暂时的平衡状态的可能性，是物质分化的根本条件，因而也是生命的根本条件。”②物质的多样性虽然产生于自身的永恒运动，但只有在物质的相对静止中才有确定的形态，从而为事物的存在和发展，为认识不同形态的事物提供了前提条件。其三，相对静止是我们认识事物和区别事物的基础。事物在相对静止中，才有其相对稳定状态，人们才能把握其确定的性质，把不同性质的事物区别开来，进行分析研究，从而得到对事物的科学的认识。否认事物的相对静止，就看不到物质的具体形态和运动形式，就无法把握事物的确定性质，使事物成为不可捉摸、无法认识的东西，从而导致相对主义和诡辩论。

辩证唯物主义在绝对运动和相对静止的关系上，既反对形而上学的不变论，又反对相对主义的诡辩论。形而上学的不变论仅仅抓住了事物相对静止的一面，使之绝对化，否认了运动的绝对性；相对主义的诡辩论则否认事物的相对静止，完全抹煞了事物的相对稳定性和它们之间的差别，得出“万物方生方死，方死方生”（庄子语）的错误结

---

① 《马克思恩格斯选集》，第3卷. 北京：人民出版社，1972年版，第101页

② 《马克思恩格斯选集》，第3卷. 北京：人民出版社，1972年版，第563页

论,从而陷入了不可知论。

三、唯物辩证法的一般规律

要获得对客观世界真理性的认识,很大程度上取决于我们对客观事物的本质和规律的把握。这个过程正如恩格斯指出的那样:"外部世界和人类思维……这两个系列的规律在本质上是同一的。"①马克思主义哲学把客观世界辩证运动的规律"归结为下面三个规律,量转化为质和质转化为量的规律,对立的相互渗透的规律,否定的否定的规律"。②

其一,质量互变规律。当人们研究事物的联系和发展的时候,首先遇到的是事物的质和量、质变和量变及其相互关系。辩证的联系是不同质的事物或同一事物不同质的方面和因素之间的联系;辩证发展是事物的量变和质变。质和量、质变和量变有着不可分割的联系。量变、质变的相互联系、相互转化,这就是事物的质量互变规律。

质是一事物成为它自身并区别于他事物的内部固有的规定性。特定的质就是特定的事物存在本身。因而质和事物的存在是直接同一的。某物之所以存在,并与他物相区别,就是由于它具有自身的规定性。由于各种事物都具有自身的特定的质,因而世界上的事物呈现出五彩缤纷、千差万别的生动景象。质和事物的直接同一,具有两个方面的含义:一方面是指事物总是具有一定质的事物,不具有一定质的事物是根本没有的;另一方面是指质又总是一定事物的质,脱离一定事物的质也是根本不可能存在的。

在认识中,我们依据不同的质去区别不同的事物,同时又依据不同的量去区别在质上相同的事的。量和质一样,也是事物所固有的一种规定性,它是事物的规模、程度、速度,以及它的构成成分在空间上的排列组合等可以用数量表示的规定性。量和质是事物两种不同的规定性。质和事物的存在是直接同一的,不同的质必然是不同的事物,但在一定范围内,数量的增减并不影响某物之为某物的内在根据。所以,量和事物不表现为直接的同一性。量的规定性也是客观的,是事物本身所固有的。人们头脑中的数量概念不过是客观事物数量关系的反映。量总是一定事物的量,离开具体事物的"纯粹"的量,在现实中是不存在的,它只存在于思维的抽象中。

认识事物的量对于人类主体的认识和实践活动具有重要的意义。区分事物的质和认识事物的量,两者在认识过程中是辩证的统一。在区别事物质的基础上,只有进一步考察事物的量,才能对事物以及它的质获得清晰准确的认识。在人们未对事物进

① 《马克思恩格斯选集》,第 3 卷. 北京:人民出版社,1972 年版,第 563 页
② 《马克思恩格斯选集》,第 3 卷. 北京:人民出版社,1972 年版,第 484 页

行量的研究，找出决定事物质的数量界限以前，对事物的认识只能是初步的和粗略的，因而这种认识难以对实践进行准确、具体的指导。

事物处在运动、变化和发展中，但这种运动、变化和发展是通过量变和质变具体表现出来的。量变和质变是事物变化的两种形式或两种状态。量变是事物量的变化，即数量的增减和场所的变动。量变表现为微小的、不显著的变化。客观现实世界中表现出来的统一、相持、平衡和静止等，都是事物处在量变过程时呈现的状态或面貌。质变是事物性质的变化，是由一种质态向另一种质态的转变。质变表现为根本性的显著的突变，是事物连续性的中断。质变通常表现为统一物的分解，平衡和静止的突破等。

量变和质变的关系是辩证的。首先，量变是质变的必要准备，质变是量变的必然结果。一方面，质变虽然带有突然性，但它却不是凭空发生的，而是以量变为基础，以逐渐的量变所积蓄的。但另一方面，单纯的量变不会永远地持续下去，量变达到一定程度必然引起质变。特定事物的量是事物的质的维系者，量的变化本身就意味着对质的某种离异的倾向，因而量变本身就潜在着破坏质的趋势和特性。其次，在量变基础上发生的质变，体现和巩固着量变的成果，并进一步引起新的量变。量变作为质变的必要准备，本身既表明量变的重要性，又表明着量变只有同质变联系起来才有意义。只有质变、飞跃才是事物根本性质的变化，才能使新事物代替旧事物。没有质变，量变本身最终必然会为旧质的羁圈所局限而陷于停滞。只有质变才能打破这种限制，使量变的成果体现和被巩固，并在新质的基础上得到进一步的发展。而且，量变在新质基础上的发展又必然引起新的质变，而新的质变又必然引起新的量变，为新的量变开辟道路。这表现为一个无限发展的进程。

其二，对立统一规律。事物由量变到质变再到新的量变的发展过程，同时又是事物内部两种相互对立的趋势、方面又统一又斗争的矛盾运动过程。如果说质量互变规律揭示了事物发展的形式和状态，那么，对立统一规律则进一步揭示了事物发展的源泉、动力和实质内容。

对立统一规律就是事物矛盾运动的规律。因此，要理解对立统一规律，首先要正确理解唯物辩证法的矛盾范畴。所谓的矛盾就是反映事物内部或事物之间的对立和同一及其关系的基本哲学范畴。对立和同一，这是事物矛盾所固有的两种相反而又相成的基本关系或基本属性。矛盾的对立属性又称为斗争性，矛盾的同一属性又称为同一性。同一性和斗争性，作为矛盾的两个基本属性是对立统一的辩证关系。

矛盾是外部世界和人类思维中的客观的普遍的现象，承认对立统一规律，首先就要承认矛盾的客观性和普遍性。矛盾的客观性是指矛盾是客观事物及现象所固有的特性，因而矛盾的存在不以人的主观意志为转移。矛盾的普遍性是指矛盾的共性，其含义是指矛盾着的事物所共有的普遍一般的特性。矛盾的普遍性或称共性通常表现为一类事物所共有的本质特性。

唯物辩证法在揭示矛盾的客观性和普遍性的同时，进一步指出不同事物的矛盾又是具体的、特殊的。矛盾又有其特殊性。矛盾的特殊性一般是指如下几种情形：

一是指矛盾的性质是特殊的。每一不同的事物、不同的物质运动形式都包含着自身特殊的矛盾。这种特殊的矛盾就构成一事物区别于他事物，一种运动形式区别于其他运动形式的特殊本质。世界上各种事物的运动之所以显示出千差万别的复杂情况，正是因为各种事物内部的矛盾运动各有其特殊的性质。而且，不仅不同的事物有其矛盾的特殊性，而且每一事物在其发展的不同过程或不同阶段，都包含着各自的特殊性。一个比较复杂的事物的发展一般要经历若干过程或阶段，区分这些不同的过程或阶段的基础，就是它们各自包含的特殊矛盾。因此，只有了解事物发展过程及其阶段的矛盾特殊性，才能把握这一过程的本质和各阶段的特点。为此，人类的认识有必要区分根本矛盾和非根本矛盾。所谓的根本矛盾，是指贯穿于事物发展过程的始终并规定事物及其过程本质的矛盾。非根本矛盾则是不规定事物及其过程的基本性质，也不一定贯穿于事物发展过程始终的矛盾。

二是指矛盾及其在事物发展中的作用是特殊的。这体现为矛盾发展的不平衡性。在事物由多种矛盾所构成的矛盾体系里，其中各种矛盾力量的发展是不平衡的，因而这些矛盾在事物发展中占有不同的地位和起着不同的作用。在复杂的矛盾体系中，往往有主要矛盾和非主要矛盾的区别，在每一矛盾双方中又有矛盾的主要方面和矛盾的非主要方面的区别。所谓的主要矛盾是处于支配地位的，对事物的发展过程起决定作用的矛盾。它的存在和发展，规定或影响着事物复杂矛盾体系中的其他矛盾的存在和发展。非主要矛盾则是处于从属地位的，对事物的发展过程不起决定作用的矛盾。矛盾发展的不平衡性还表现在，不论是主要矛盾或非主要矛盾，矛盾双方的力量也是不平衡的。其中一方处于支配地位，起着主导作用，而另一方则处于被支配的地位；前者就表现为矛盾的主要方面，后者则表现为矛盾的非主要方面。事物的性质，主要是由矛盾的主要方面决定的。

把握主要矛盾和非主要矛盾、矛盾的主要方面和非主要方面之间的辩证关系，特别要坚持唯物辩证法的两点论和重点论的统一。唯物辩证法所谓的两点论，就是在研究复杂事物的发展过程中，既要研究主要矛盾，又要研究非主要矛盾；在研究任何一种矛盾时，既要研究矛盾的主要方面，又要研究矛盾的非主要方面。在这两种情况下，如果只肯定其一，而忽略或否定其二，就从根本上否认了矛盾，从而陷入形而上学的一点论。而辩证法所谓的重点论，就是在研究复杂事物的发展过程时，要着重地把握它的根本矛盾、主要矛盾；在研究任何一种矛盾时，要着重地把握矛盾的主要方面。不去把握甚至否认这个重点，而把各种矛盾情况或矛盾的诸方面平衡看待，是形而上学的均衡论。两点论和重点论的内在统一，这是唯物辩证法必须始终坚持的一个基本的理论原则。

三是指矛盾解决的形式也是特殊的。不同质的矛盾,有不同质的解决方法。研究矛盾解决形式的多样性,是研究矛盾特殊性和差异性的一个重要方面,是认识矛盾特殊性的目的,它对于指导人类的实践活动有着直接的现实意义。

其三,否定之否定规律。事物内在的矛盾性,最根本的一个含义是任何事物的内部都包含着肯定和否定两个方面、两种因素。肯定方面是事物中维持其存在的方面,即肯定这一事物为它自身而不是别物的方面;否定的方面是事物中促使它灭亡的方面,即破坏现存事物使它转化为他物的方面。

肯定和否定是相互对立、相互排斥的。在它们的相互排斥、对立和斗争中,当肯定的方面处于优势时,事物保持其原有的性质和自身的存在;一旦否定的方面在发展中取得了支配地位,就使事物转化到自己的对立面,达到对事物自身的否定。事物的自我否定,也就是事物发展过程中的质的飞跃,矛盾的转化和解决。

肯定或否定两个方面,又是相互依赖、相互渗透的:一方面,在一定意义上可以认为,肯定就是否定。所以黑格尔说:"规定性是被视为肯定的否定。"人们对事物作出的任何一个规定都是一个肯定,同时也就是某种否定。因为任何规定都是确定一种界限,肯定某事物在一定的界限之内,同时就意味着对于这个界限之外的事物的排除和否定。另一方面,否定中又包含着肯定。在一定意义上,否定也就是肯定。否定意味着确定事物在某种界定之外,而否定事物在这个界定之外,亦即是对它在这个界定之内的肯定。

辩证的否定观,就是建立在对肯定和否定对立统一的辩证理解基础上的。辩证的否定观在辩证法中占有非常重要的地位。马克思说:"辩证法在对现存事物的肯定的理解中同时包含对现存事物的否定的理解,即对现存事物的必然灭亡的理解;辩证法对每一种既成的形式都是从不断的运动中,因而也是从它的暂时性方面去理解;辩证法不崇拜任何东西,按其本质来说,它是批判的和革命的。"①辩证否定是事物发展的契机和推动力量,是辩证法的批判和革命的实质之所在。

辩证的否定是通过自身的内在矛盾运动而进行的自我否定,并通过自我否定,实现"自己运动"、自我发展。用黑格尔的话说,辩证的否定就是"扬弃",即表现为既克服又保留。保留是发展的历史延续,是发展中的连续性;克服是发展中的连续性的中断,体现了非连续性。辩证的否定,就是连续性和非连续性的对立统一,是包括着肯定因素的否定。

而且,事物的辩证否定,不是一次完成的,而是事物自己发展自己和自己完善自己的一个有规律的过程,即"肯定——否定——否定之否定"的过程。恩格斯指出:辩证法"按本性说是对抗的、包含着矛盾的过程,每个极端向它的反面的转化,最后,作为

---

① 《马克思恩格斯选集》,第2卷.北京:人民出版社,1972年版,第218页

整个过程的核心的否定之否定”。[①] 这里，事物由一个极端“向它的反面转化”，即由肯定到否定，还未结束自己的发展进程，而它的更重要的阶段，乃是对否定再度进行否定，即作为“整个过程的核心的否定之否定”，或称新的肯定。相对于质量互变和对立统一规律，否定之否定规律带有发展的整体和总括的性质。否定之否定规律所揭示的是事物自我运动的全过程，这一过程是由事物内部矛盾经过两次解决，即经过两次质变而完成的。一般说来，仅有事物内部矛盾的一次解决、一次质变，即一次否定，还不能充分地展示出自我运动的蓬勃生动的丰富内容。只有通过再一次的否定，即否定之否定，才解决了前两阶段之间的矛盾，既保留了它们各自的积极因素，又克服了它们的各自片面性，达到了肯定方面和否定方面的对立统一，使事物在“自己运动”中得到充分的发展。客观辩证法正是从这样一个过程中揭示出某一特定事物发展的完整过程的。

事物由肯定、否定到否定之否定，从内容上看，是自己发展自己和自己完善自己的过程；从表现形态、发展态势上看，则是螺旋式上升和曲折前进的过程。

在马克思主义哲学认识论所揭示的这三个规律中，如果说，在认识客观物质世界联系和发展的过程中，质量互变规律使我们知其然，对立统一规律使我们知其所以然的话，那么，否定之否定规律的作用则在于使我们知其所以必然。而这便构成了人类认识自然、社会和人类思维发展一般规律的一个比较概括的总体认识论图景。

四、唯物辩证法的一般范畴

与唯物辩证法的规律一样，唯物辩证法的范畴作为人类认识过程中主体对客体的一种把握，是人类对自然、社会和人类思维发展规律性认识的一种知识结晶。所以列宁说：“范畴是区分过程中的一些小阶段，即认识世界过程中的一些小阶段，是帮助我们认识和掌握自然现象之网的网上纽结。”[②]唯物辩证法所理解的这些范畴主要包括原因和结果、必然性和偶然性、可能性和现实性、形式和内容、现象和本质等范畴。

其一，原因和结果。这是揭示事物发展过程中事物之间先后相继、彼此制约关系的一对范畴。客观世界中的事物，都是普遍联系和相互制约的，一些现象的产生和发展变化，必然是由另一些现象引起的，这种现象本身又必然会进一步引起另一些现象的产生和发展变化。这种引起一定现象的现象叫做原因，被某种现象引起的现象就是结果。人类认识把这种现象之间的联系称为因果联系。因果联系具有客观性和普遍性。其客观性是指任何因果联系都是客观事物自身所固有的一种内在联系，是不以人

① 《马克思恩格斯选集》，第 3 卷. 北京：人民出版社，1972 年版，第 180 页

② 《列宁全集》，第 38 卷. 北京：人民出版社，1959 年版，第 90 页

们的意志为转移的一种客观关系，人们头脑中的因果观念，只是客观事物本身因果联系的反映；其普遍性指的是世界上的一切现象，都受因果联系的支配。对任何一个事物或现象来说，都是被引起的结果，而它又是引起别的结果的原因。无因之果和无果之因是不存在的。因果范围具有重要的方法论意义。正确地把握事物的因果联系是认识事物本质的必经阶段。全面地把握事物的因果联系能增强行动的自觉性和预见性，促进事物的发展。

其二，必然性和偶然性。这是揭示客观事物发生、发展和灭亡的不同趋势的一对范畴，是对因果范畴的进一步深化。必然性指的是客观事物发展过程中一定要发生的、不可避免的、确定的趋势。偶然性指的是客观事物发展中可以出现，也可以不出现，可以这样出现，也可以那样出现的不确定的趋势。事物发展的必然性是事物内在的本质原因引起的，这种本质的原因也就是事物内部的基本矛盾。事物的基本矛盾决定了事物发展的趋向，决定事物向什么方向发展，以及如何发展。只要基本矛盾不变，该事物发展的趋势就是必然的，不能改变的。偶然性则不同，它是事物非本质原因或外部原因引起的，这些原因的变动性决定了偶然性是事物发展的一种不稳定的倾向。必然性和偶然性也是客观事物本身固有的一种发展趋势。人类认识和思维中关于必然性和偶然性的观念，无非是客观事物发展过程中所具有的必然和偶然趋势的反映。但是，唯心主义则认为必然性是人们先天固有的思维形式。这就颠倒了反映和被反映的关系。所以列宁指出："承认自然界的必然性，并从其中引出思维的必然性，这是唯物主义。从思维中引出必然性、因果性、规律性等等，这是唯心主义。"①唯物辩证法认为，必然性和偶然性在事物发展过程中是同时存在的，它们是既对立又统一的关系。与辩证法相反，形而上学则从两个极端割裂必然性和偶然性的关系：一是机械决定论。它把世界上的一切都看成是必然的，否认偶然性的存在及其作用，其错误在于把事物发展中的根据和条件、本质原因和非本质原因混为一谈，在强调必然性及其作用的同时，却把必然性神秘化而导致宿命论。二是非决定论。它把世界上的一切都看作是偶然的，否认必然性的存在及其作用。这种观点实质上必然把世界上的一切现象看作是具有自由意志的人或神所创造的，从而导致意志论。

其三，可能性和现实性。这是揭示客观事物由可能向现实转化发展的一对范畴。必然性通过偶然性为自己开辟道路而实现自己，这其中要经历一个由可能变为现实的过程。现实性是指现已存在的客观实在，是已经实现了的可能性。作为哲学认识论范畴，现实性不是孤立地、凝固地确认个别事物和现象的存在，而是对相互联系、彼此制约的客观事物和现象的综合。同时现实的存在又是发展变化的。今天的现实是过去现实发展的结果，又构成未来现实的原因。现实性和必然性有内在联系，合乎必然性

① 《列宁选集》，第2卷. 北京：人民出版社，1972年版，第167页

的事物和现象终将变为现实。反之,当现实的东西已经失去了继续存在的必然性根据,它就迟早会被新的现实所取代。可能性是包含在事物中的预示事物发展前途的种种趋势。从可能性同现实性的联系来看,可能性具有多种复杂的情况:一是可能性和不可能性。前者是现实中有必然性为根据的潜在因素,只要条件具备就能转化为现实;后者在现实中没有必然性根据,在任何条件下都不能转化为现实。二是现实的可能性和抽象的可能性。前者在目前就有条件转化为现实,后者在目前还缺乏现实的条件,只有随着条件的成熟,抽象的可能性才能转化为现实的可能性。三是好的可能性和坏的可能性。人类的实践活动的重要指向就是争取好的可能性尽快实现,防止坏的可能性变成现实。此外,从认识主体的角度把握,还要从量上区分可能性的大小问题。这种区分对于主体的实践活动有重要意义。可能性与现实性的相互转化,在自然界中是自发实现的,在人类社会中,则要在尊重客观规律的前提下,通过主体的自觉的实践活动和主观努力去实现。因此,必须充分认识到人的主观能动性对可能性向现实性转化的意义。

其四,内容和形式。客观现实世界中已经有现实存在的,或将由可能转为现实存在的事物都有其内容和形式两个方面,都是内容和形式的统一体。事物的内容是指构成事物内部各种要素的总和,是事物存在和发展的基础。事物的形式则是指把内容诸要素统一起来的结构或表现方式。内容和形式是对立统一的。这种对立统一的关系,主要表现为内容决定形式和形式反作用于内容的相互作用过程中。内容决定形式意味着,内容对形式起支配和导向作用。但形式又有相对的独立性,它对内容不是消极被动的,而是具有巨大的反作用。当形式适合内容时,它起保护和积极推动内容发展的作用。内容和形式辩证关系的原理要求我们在实践活动中既反对形式主义,又反对形式虚无主义。

其五,现象和本质。作为内容和形式相统一的事物,又必然有其现象和本质的两方面规定。本质是事物的根本性质,是事物的主要的、内在的、相对稳定的联系。它是由事物内部的特殊矛盾规定的。本质与质都是一事物区别于他事物的内在规定,但质的范围比本质要宽泛,本质比质显得更深刻。譬如,一个人既有生理学上的质,又有社会分工带来的质和政治身份带来的质等,但他的本质却只有一个,即社会关系的总和。本质和规律性、必然性是同等程度的范畴,但本质的范围显得更广泛。人的本质是社会关系的总和,但仅以社会关系中的某个规定来理解人的本质就是片面的。与本质相反,现象是事物的表面特征以及这些特征的外部联系。现象按它表现本质的不同方式,有真象和假象的区别。真象是指正面直接地表现本质的现象,假象则是从反面歪曲地表现本质的现象,或者说假象是一种能引起人们错觉的现象。所以,假象不是错觉,假象同本质一样是客观的。“假象的东西是本质的一个规定,本质的一个方面,本质的一个环节。本质具有某种假象。假象是本质自身中的自身的表现。”①错觉则属于主观范畴,它可能是由假象引起的,也可能是由于主观的原因引起的。现象和本质是对立统一的。现象要表现本质,本质也一定要通过现象表现出来。但形而上学哲学家们却总是把现象和本质对立起来,否认它们的统一。在哲学史上,康德就把本质看作是“自在之物”,认为人们不能认识“自在之物”自身(即本质),从而陷入了不可知论。唯物辩证法关于现象与本质辩证关系的原理,给人类的认识和实践活动提供了科学的方法,即透过现象把握本质的方法。这一方法表明,要获得关于事物的认识,就必须全面地掌握事物的现象,占有详细而丰富的材料,并对现象材料进行“去粗取精、去伪存真、由此及彼、由表及里”(毛泽东语)的分析研究。而且,在这一过程中还要把对本质的认识看成是一个过程。事物的发展是无限的,其本质也是无限的。所以,列宁说:“人的思想由现象到本质,由所谓初级的本质到二级的本质,这样不断地加深下去,以至于无穷。”②也因此,主体对客体的真理认识,必然要构成一个由现象到本质再到更深刻的本质的永无止境的辩证发展过程。

通过现象把握事物的本质,这是人类认识的必由之路。唯物辩证法的规律和范畴既是自然、社会和思维发展的普遍规律的反映,也是人们透过现象抓住本质的认识工具。正是从这个意义上我们可以深刻地理解,唯物辩证法也是马克思主义的认识论这一命题的含义。而本体论、认识论和方法论,也就是通过这一系列规律、范畴对客观世界的认识论建构中获得了真正具体的历史的统一。

第四节　认识和价值的统一

一、把握世界的两种方式

人类对客观世界的一般规律的认识和把握,并由此建构的关于客观世界的认识论图景,在马克思主义哲学看来,其根本的目的是为了人的实践活动本身。人类自己创造自己的历史,但这个创造历史的活动绝不是盲目的,而是在认识和理性的指导下,按照历史主体人的活动需要而自觉进行的。而这也就决定了人的认识活动必须和人的主体需要联系起来才是可能的。

因此,当古希腊哲学家把哲学定义为“爱智慧”时,这无疑是指出了一个极为深刻的思想。正如《辞海》所定义的那样,智慧本身作为人类主体活动的一个范畴,表明的

① 《列宁全集》,第38卷.北京:人民出版社,1959年版,第137页

② 《列宁全集》,第38卷.北京:人民出版社,1959年版,第278页

是“人对事物的认识、辨析、判断、处理和发明创造的能力”。这样,智慧作为哲学范畴便有了如下两方面的含义:一是认识论的含义,智慧总表现为主体的人对外部世界和自身存在的认知、辨析、判断和推理;二是价值论的含义,智慧不仅以知识的方式把握存在,而且要以满足主体需要的价值方式来创造存在。这种以智慧来创造一个能满足人的需要的价值存在,恰恰是人类理性的一个重要的本质规定。这也就是马克思说的,再蹩脚的建筑师也要比蜜蜂高明的真正含义所在。所以,哲学“爱智慧”的实质性含义就在于认识和价值的统一。或者说,哲学总要表现为人在正确认识的前提下对外部世界的价值规定和构造。真正的哲学要表现为一个由认识走向价值的创造性活动过程。

所以,哲学作为一种世界观的学说,它固然要提供客观外部世界的最一般知识,但世界观决不应只是单纯知识的逻辑体系,它同时还必须是主体对客观世界的需要、目的、理想、信念的价值体系。哲学要在关于世界观的理论建构中,通过主体对客体关系的反思,确立人对客观外部世界的主体地位。在把握客观世界发展规律的基础上为人的活动提供自觉的理性指导和价值指向。马克思主义哲学作为人类哲学史发展的伟大认识成果,一方面同样体现为这样一个认识和价值相统一的特性,这集中表现在马克思解释世界和改变世界相统一的命题中。但另一方面,马克思主义哲学在认识和价值相统一的追求中又超出以往的一切哲学,因为只有马克思主义哲学才第一次揭示了认识和价值相统一的真正的现实的基础和途径。这就是人的社会实践活动。

马克思主义哲学以人的实践活动来解释人类的认识活动,就必然地在这个过程中强调认识和价值的统一和一致。实践必须是合乎外部客观物质世界规律的活动,否则,实践会四处碰壁而无法实现自身,因而,实践要有认识的指导;但实践又是人的一种合目的性的活动,人的实践活动如果不是为了满足主体的某种需要,那么,实践也就失去了存在的意义,因而实践又是追求价值的过程。

也因为这样,马克思主义哲学认识论把人把握世界的方式区分为认识方式和价值方式。所谓的认识方式是指主体了解客观对象,并力图把握其本质规律的方式,亦即是客体在主体中再现的方式。而所谓的价值方式则是指主体在认识方式的基础上改变或创造对象,使其符合人的需要的方式,亦即主体对客体的创造方式。在马克思主义哲学认识论中,人类把握世界的认识方式和价值方式是对立统一的关系:

其一,认识方式和价值方式是统一的。一方面,认识方式是价值方式的前提和条件,没有认识方式所把握和揭示的关于客观世界的运动规律,价值方式的把握或者将处于茫然不知所措的境地,而导致无为和宿命的结论;或者陷于唯心主义和意志论的幻想和空想的追求之中,而最终遭到客观辩证法的惩罚。另一方面,价值方式又是认识方式的目的和归宿。认识世界的目的不是为了满足好奇心更不是为了清谈,而总是为人的生存和发展这一最终的价值目标服务的。而且,认识产生的内在动力正是人的这一价值需要。因而，认识方式如果不以价值方式作为自己的目的和归宿，这种认识方式不仅没有意义，甚至就不可能存在。

其二，认识方式和价值方式又是相区别的。这具体表现在：一是认识方式以客观性为原则，客体的存在是判别认识是否正确的标准，价值方式则以主体性为原则，以主体的存在及其需要为价值方式存在和发展的内在机制。也因此，认识方式总是尽量排除人的主观因素的作用，而竭力追求尽可能地与客体相一致的知识和理论，而价值方式则是人类自我实现和自我确证的方式，没有人和人的主观因素的参与，就不构成价值方式。二是认识方式表现为从具体到抽象的过程，即从事物的现象、个别存在开始，达到事物的本质、一般的结论，其最终成果是概念、原则、公理等抽象知识形态的存在；而价值方式则是从抽象到具体的过程，表现为对事物和人的需要的最一般本质的把握，并根据这个把握通过实践活动达到主体具体的、现实的需要和利益的满足，其最终成果是具体的能满足主体的人需要的物质形态的存在。三是认识方式是主体接近客体的方式，是主体从不完全符合对象的认识逐渐向比较符合对象的认识发展，这是一个认识不断深化的过程；而价值方式则是客体接近主体的方式，是人按需要、目的、理想改造和创造世界，使其符合人的愿望和意志的过程。人类把握世界的认识方式和价值方式这两种方式既对立又统一的辩证运动，也就是人类在追求真、善、美内在统一的过程中自己创造自己历史的发展进程。

以这样一种方式来理解马克思主义哲学，我们就应该不仅把马克思主义的辩证唯物主义和历史唯物主义理论视为关于世界最一般规律的科学概括和总结，而且同时也视为是人类社会生活实践发展迄今为止最为科学的价值指南。马克思主义哲学不仅是人类思想史上最优秀成果的直接继承，而且也将是对人类生活实践在认识和价值相统一基础上的过去、现在和未来的全面深刻的理论反思。

二、理论向理想的转化

马克思主义哲学认识论强调认识世界和改造世界的统一，强调人类认识世界过程中的认识与价值、认识方式与价值方式的统一。这种统一集中地体现在理想这一范畴之中。也就是说，认识世界和改造世界的统一，认识与价值和认识方式与价值方式的统一，就认识范围而言是通过理想的建构和确立才得以具体地实现的。

理想的内涵极为丰富，其表现形式也极为繁多。从最通常的意义上讲，理想包括革命理想、社会思想、道德理想、艺术理想以及建筑师的设计，人类改造自然的各种蓝图等在内。但无论是何种理想，从哲学认识论角度分析，它们都属于一种观念形态的东西，而这也就构成了理想成为马克思主义认识论范畴的逻辑根据。

在辩证唯物主义看来，理想作为认识论范畴，首先涉及的就是它借以认识的客观对象问题,亦即理想与现实的关系问题。理想总表现为一个向往的目标,它是主体内心的一种意向和观念,但它显然又有别于一般的观念,而是以一种向往目标表现出来指向未来的观念。应该肯定,人类的意识具有建构这样一种指向未来观念的能力,这也是人的活动区别于动物活动具有自觉性的一个内在标志。恩格斯说过:"人离开狭义的动物愈远,就愈有意识地创造自己的历史,不能预见的作用、不能控制的力量对这一历史的影响愈小,历史的结果和预定的目的就愈加符合。"①这"预定的目的"也就是理想,它能被主体建构并以观念的形式存在于人的头脑中。但同样应该肯定的是,主体所建构的理想是由客观现实所产生,并以客观现实为前提的,因而决不能把理想与现实割裂开来。

真正科学的理想必须植根于现实之中,它是从现实中吸取和提炼出来的。主体在建构理想时必定要反映主体自身的要求和愿望,但这种要求和愿望必须建立在客观现实发展的内在必然性得以提供的可能性的基础之上。无疑,主体所建构的理想也总是一种美好的想像,但这种美好的想像也不是悬浮于客观现实可能性之上的海市蜃楼。所以从最根本的意义上讲,理想的科学性是以现实发展的可能性作为基础的,一个真正科学合理的理想必须把握着现实发展的未来趋势。这样,我们可以把理想范畴定义为:人对客观现实可能性的一种超前反映。因而,理想必须包括如下三个方面的内容:

其一,理想必须包含现实发展规律提供的可能性。这种可能性因为是现实发展的客观规律所提供的,因而又是一种必然性的东西,它以潜在的尚未实现的形式存在于现实之中,但却预示着现实发展前途的客观必然趋势。关于这一点,黑格尔曾这样深刻地分析过:"一个事物是可能的,还是不可能的,取决于内容,也就是说,取决于现实性的各个环节的全部总合,而现实性在它的展开中表明它自己是必然性。"因而,理想作为主体对未来的一种向往和超前反映,无疑是必须包含这种由客观必然性提供的未来发展的可能性在其之中。丧失了这种必然性根据,理想就只能是一种空想。柏拉图曾是思想史上较早探讨了理想范畴的古代哲学家。他在其著作《理想国》里较系统全面地描绘了他对理想社会的诸种设想。但他的"理想国"却被证明了是一种不切实际的空想,究其原因就在于他的"理想国"实质上是一种旧的氏族制为基础的社会模式,而这种氏族制的社会形态在当时的社会发展中早已丧失了存在的理由和必然性的根据。显然,这样一个没能把握住社会发展必然性的理想,注定只能是一种空想。

其二,理想又必须体现人的愿望、要求和目的在其之中。理想之所以称为理想,其本身就带有强烈的主体性,它是主体性极强的一个价值范畴。"世界不全满足人,人决心以自己的行动来改变世界。"②因而,理想不可能是一种超社会、超功利的纯粹理

① 《马克思恩格斯选集》,第3卷.北京:人民出版社,1972年版,第457页

② 列宁.《哲学笔记》.北京:人民出版社,1979年版,第229页

智的产物。一个最简单的事实是，理想作为主体的一种向往目标，其自身就是以人的目的形式表现出来的。但这里必须强调的是，理想所指向的目的应该是合理的，所以，列宁认为："事实上，人的目的是客观世界所产生，是以它为前提的——认定它是现存的、实有的。"①正是客观事物及其发展规律才能为满足人的目的提供现实的基础和可能性。一个合理的目的首先要以客观必然性的知识作为前提条件，离开这一点，任何美妙的愿望、要求、目的也只能是不切实际的空想。

其三，理想总还要凭借想像力而被不同程度地形象化。马克思在论述人的生产劳动不同于动物的本能活动的区别时这样说过："劳动过程结束时得到的结果，在这个过程的开始时就已经在劳动者的表象中存在着，即已观念地存在着。"②由于这种实践结果事先以"表象的"形式而不是以抽象概念的形式存在于人的头脑中，因而它总要这样或那样地被形象化。而且，这种形象是"按照美的规律来塑造的"。③

理想的这三方面内容的统一，也就是理想自身真、善、美的统一。一个科学的、合理的理想必须是达到真、善、美这三者的有机统一。当然，真、善、美三方面要素在理想的内部结构中的地位和作用是不一样的。其中，"真"具有最重要的决定性的意义，它是理想区别于空想的真正分水岭所在。这种"真"是指必须对客观现实的正确反映。或者更确切地说，理想必须是对客观现实可能性的一种正确反映才可以称之为"真"。理想首先必须是"真"的，然后才可能是"善"的和"美"的。

作为真、善、美统一的理想，当它只是被主体建构而尚未付诸实践活动时，它无疑也还是认识。但并不是所有认识都取得理想形态的。理想区别于一般的理论就在于理想不仅反映现实而且这种反映具有超前性。所谓的超前性的含义实质上指的是它舍弃了现实中不好的、消极的东西，而对现实加以合理的想像，从而构成主体努力的方向。因此，可以这样认为，理论仅反映现实，而理想则是反映现实和创造现实的统一。也正因为理想具有这样双重的特性，我们可以认为理想是认识把握现实的一种较理论为高的形式。理想要优越于理论。理想的这种优越性是在认识的目的中得以实现的。认识世界的目的在于改造世界。但是，一般的理论只反映事物存在和发展的规律性，解决客观世界"是怎样"的问题，而人类改造世界的活动是一种创造性的自觉活动。这个活动要遵循事物的客观规律，使其符合"物种的尺度"；但同时，这个活动也必须体现和渗透着人的主体利益在其之中，使之符合"主体的内在的固有尺度"。这就正如马克思说的那样，人的活动不同于动物的活动就在于"他不仅使自然物发生形式的

---

① 列宁.《哲学笔记》.北京：人民出版社，1975 年版，第 202 页

② 马克思.《资本论》，第 1 卷.北京：人民出版社，1975 年版，第 202 页

③ 《马克思恩格斯全集》，第 42 卷.北京：人民出版社，1979 年版，第 97 页

变化,同时还在自然物中实现自己的目的”。[1] 显然,要指导这样一个改造世界的实践活动,认识仅有其理论的形态(亦即解决“是怎样”的问题)是不够的,认识在解决了客观世界“是怎样”的基础上,还必须按照主体的目的进而解决客观世界“应怎样”的问题。而这样一个“应怎样”的问题,是由认识的理想形态来回答和解决的。

因此,人类把握世界的两种方式,亦即认识方式和价值方式的统一,在这里就具体体现为理论方式和理想方式的统一。理论方式掌握世界是人的认识对外部世界运动变化本质规律的把握,这是一个获得客观真理的过程。理想方式掌握世界则是在真理性认识的基础上,按照人的目的性要求,在观念上创造具有价值意义的客观世界的过程。也因此,从主体活动的目的性而言,可以认为理论向理想的转化是认识过程中的一个质的飞跃。

三、理想向实践的转化

理想作为主体对客体对象一种“应怎样”的反映,它反映了人对客观现实不满足而产生的一种主体性需要。但这仅是一种主体性的需要。显然,望梅不能止渴,画饼也无法充饥。所以,理想既然是对现实不满足而产生的,这就注定了它不会满足于自己的主观性,它要追求的归根结底是一种客观的和现实的满足。因此,理想作为一种观念的东西如果不否定自己的主观性,它就失去了自己存在的意义。列宁在分析人的概念时这样说过:“作为主观东西的概念(=人)又以自己的异在(=不以人为转移的自然界为前提),这个概念(=人)是想实现自己的趋向,是想在客观世界中通过自己给自己提供客观性和实现(完成)自己的趋向。”[2]理想也同样有这样一个力图使自己现实化的强烈趋向,这个趋向是由主体的人所给予的。它追求的目的是理想的实现,从而使主体人的需要得以现实地满足。然而,这种趋向的外在化,既不能在理想的概念形态中实现,也不能只凭借主体的精神力量来完成。这是因为理想当然可以在观念上超越现实(如建构理想),但却不能实际上做到这一点。正是从这个意义上讲,理想的建立实际上只是认识活动的逻辑归宿。如果把认识世界和改造世界作为一个完整的过程把握,那么,提出理想又标志着实践活动有了自己的逻辑起点。马克思主义认识论不会在纯粹观念的世界里流连忘返,而是注定要把自己置身于客观的现实世界中,从而通过实践这一感性的物质活动来实现理想。这也是马克思主义哲学认识论区别于以往一些旧哲学的一个重要标志。

这样,我们如果对认识和实践关系作进一步的审视,就可以发现在认识到实践的

---

① 《马克思恩格斯全集》,第23卷.北京:人民出版社,1972年版,第202页

② 列宁.《哲学笔记》.北京:人民出版社,1979年版,第228页

飞跃的过程中存在着这样一个问题:单纯的理论知识无法构成飞跃的直接起点。对实践的要素和过程进行剖析,便会看到,人的实践活动是以目的为根据和出发点的。目的在这其中构成实践活动中人的行动规律,这也就是马克思所说的劳动过程的结果预先在劳动者的观念中存在的意思。的确,人类创造历史的活动正如恩格斯指出的那样:“全是具有意识的、经过思虑或凭激情行动的、追求某种目的的人;任何事情的发生都不是没有自觉的意图,没有预期目的的。”①而一般的理论知识由于仅解决对象“是怎样”的问题,故不包含人的目的成分在其之中,而理想则正好符合了实践的目的性要求。黑格尔在他的哲学中曾把理念区分为真的理念和善的理念。在他看来,真的理念是追求真理的冲动,是接受已给予的外在世界而充实自己;而善的理念则是实现善的冲动,要求实现善的目的,它扬弃对象世界的外部规定而使自己的目的得以实现。他认为这样一种善的理念作为一种确定的目的性的形式就是理想。理想总是趋向于改造外部世界,使其符合主体的目的。剔除其唯心主义糟粕,应该承认黑格尔的这个思想是深刻的和有意义的。也就是说,理想作为一种善的理念实质上指的是实践中的理念。在理想这一范畴中,概念摆脱了抽象性,取得了具体的形态,一方面它包含了真理性的认识,而且这些认识是被分析和综合了的能够直接运用于实践活动之中;另一方面,它还包含了主体的愿望、利益、要求等目的性因素在其之中,直接体现了主体的目的性。这样,实践活动的目的性要求,便和包含了目的性在其之中的认识的理想形态相吻合和衔接了。理想正是因此构成为实践活动的起点的。

不仅如此,如果作进一步的考察,那么我们还可以发现认识要回到实践中去除了必须取得目的形态外,而且还要求这种目的形态就像马克思说的那样必须在“劳动者的表象中存在着”。也就是说,目的形态不是以抽象概念的方式而是以形象化的方式存在于主体的观念之中。显然,一般的理论知识也做不到这一点,唯有认识的理想形态符合了这个要求。因为理想作为一种具体概念,它总是不同程度地被主体形象化了的,形象化的要求本身就构成了理想的一个内在要素。

由此可见,认识要能够真正回到实践中去指导实践,就必须首先使自己取得理想的形态。只有这样,认识过程的第二次飞跃也才能得以真正地实现,精神变物质也才会成为可能。由此我们可以看到,理想既作为理性认识的逻辑归宿,同时又作为实践活动的起点。正是这样双重品格的统一,使得它成为由认识向实践转化过程中不可逾越的一个重要环节。从这个意义上讲,也只有理想范畴才使认识世界和改造世界得以真正地统一起来了。

理想范畴之所以成为认识到实践的一个重要环节,除了它以目的形态在认识中解决了“应怎样”的问题外,也还因为它集中反映了人的意识的能动性。马克思主义认

---

① 《马克思恩格斯选集》,第4卷.北京:人民出版社,1972年版,第243页

识论是一种能动的革命的反映论,这种能动性固然表现在认识能动地从感性认识上升为理性认识,又从理性认识能动地回到实践中去。但意识能动性的最根本的含义则是指认识在反映客观世界过程中的创造性。它表现为对现实世界理想化,从而在反映客观事物存在及发展规律的基础上创造一个最大限度地满足人类需要的客观现实世界。所以列宁说:"人的意识不仅反映客观世界,而且创造客观世界。"①

意识的这种创造世界的能动作用和唯物论的原则并不相悖。事实上,否认意识能动的创造性恰恰是一种自然主义的表现。恩格斯曾批判过这种观点,他认为:"人的思维最本质和最相近的基础正是人所引起自然界的变化,而不单纯是自然界本身,人的智力是按照人如何学会改变自然界而发展的。因此,自然主义的历史观(譬如德莱柏和其他一些自然科学家都或多或少地有这种见解)是片面的,它认为只是自然界作用于人,只是自然条件到处决定人的历史发展,它忘记了人也反作用于自然界、改造自然界,为自己创造新的生存条件。"②当然,意识的这种能动作用在哲学史上也曾被唯心主义片面地夸大了,但唯心主义的错误决不在于他们强调了意识的能动性,而在于把这种能动性无限夸大到可以摆脱客观必然性制约的地步。因此,马克思主义哲学强调,由主体建构理想时表现出来的意识能动性首先在于对客观必然性的把握,然后再在这个必然性面前打上人的主体目的性的印记,从而创造一个理想的未来世界,并借助于实践去实现这样一个理想世界。只有这才是意识能动性的真实含义。

四、知情意和真善美的统一

人类活动的主体既以认识的方式对待客体,也以价值的方式对待客体;既以理论的形态把握客体,又以理想的形态把握客体。所以,主客体的统一必然表现为认识和实践的最终统一。

这样,作为认识活动的主体,人在以认识方式和价值方式、以理论形态和理想形态把握客体时,就总是要表现为认识主体内部知、情、意相统一的过程。因而,认识活动中的"我思"之我,除了主要表现为逻辑思维的主体外,还要表现为情感和意志的主体。作为主体对客体把握的理想也总是受情感和意志等因素的影响。因此,理想在被主体建构和确立时,就不是当下直接已有的客观现实的摹写,也不是对客观事物发展规律的消极把握,而是渗透着主体的情感、意志在其中的一种综合性的关于未来的美好图景。所以,恩格斯说:"外部世界对人的影响表现在人的头脑中,反映在人的头脑中,成为感觉、思想、动机、意志,总之成为'理想意图',并且通过各种形态变成'理想

① 列宁.《哲学笔记》.北京:人民出版社,1979 年版,第 228 页

② 《马克思恩格斯全集》,第 20 卷.北京:人民出版社,1965 年版,第 573 ~ 574 页

的力量’。”[①]正因为理想在建构的同时，反映了主体知、情、意三者的统一，而每个人都有自己的个性特征，有不同的知识结构、不同的情感品格和不同的意志力。因而，主体在对待同样的现实问题时，可以吸取不同的内容和方面，建构不同的理想。也正是基于这样一种事实，我们又可以这样认为，理想是人格的一种主观体现。而这也就规定了现实生活中理想的内容及其表现形式都是丰富多彩的，理想的多元性和多层次性是符合理想自身之内涵的。问题的根本在于主体在理想的建构时，必须基于对客观必然性的正确把握基础之上。

因此，为了使主体把握客观世界过程中知、情、意的统一不陷于唯心主义的幻觉之中，主体内部这一知、情、意的统一，就必须同时表现为真、善、美的统一。“真”就是符合客观世界发展的必然性规律，没有对客观规律的真理性认识，就没有实践活动的理性指南；“善”就是体现人的主体需要之目的，而且这个主体性需要和目的必须是合乎客观规律的，这正如孟子所声称的“可欲之谓善”；“美”则是主体在实现善的需要和目的时，能赋予这个过程以感性和愉悦的属人品性。人类之所以要追求真，是为了确立“实事求是”的意志，科学地研究自然和社会，也正确地认识自我。人之所以追求善，是为了建立完善和幸福的生活，用善的理想来建立人和自然之间、个人和社会之间的和谐平衡的关系。人之所以追求美，是为了用“美的规律”来改变自然和社会。一方面，人用美来改造自然，而使自然人化，使自己的本质对象化；另一方面，人用美来陶冶自己，在实现人的自我完善中，造就自我的理想人性和理想人格。

由此可见，人是按照真、善、美统一的尺度来塑造自然、塑造社会、塑造人性的。也正是在这个主体性的活动中，“人终于成为自己的社会结合的主人，从而也就成为自然界的主人，成为自己本身的主人——自由的人”。[②]

---

① 《马克思恩格斯选集》，第 4 卷. 北京：人民出版社，1972 年版，第 228 页

② 《马克思恩格斯选集》，第 3 卷. 北京：人民出版社，1972 年版，第 443 页

第二章 社会认识论原理

社会认识论讨论人与社会的一般关系原理。马克思主义的社会认识论把社会历史的发展理解为如下一个辩证的发展过程：人类按照自身的需要，从事物质的和精神的活动，以实现自身的利益和价值，这构成社会历史发展的“动力因”；而这个满足需要及实现利益、价值的过程又必然通过生产方式中生产力和生产关系、经济基础和上层建筑的矛盾运动来实现，这构成人类社会历史发展的“形式因”。这个历史发展的动力体系，是通过历史主体基于对历史发展规律的自觉把握，通过主体的意志努力和目的性的活动而发挥作用的。因此，在社会发展的动力体系中，贯穿着人创造历史的主体性力量。

第一节　社会发展的动力和人类的需要

一、需要是社会发展的内在动力

社会历史发展的动力问题是社会历史观的最基本问题之一。作为社会历史观的范畴，社会历史发展的动力是指构成人类社会向前发展的原因。这个原因表现为社会历史中一种内在的促进的因素而直接成为社会形态更替、发展、进步的源泉和推动力。

在马克思主义的唯物史观产生以前，在社会历史发展的动力问题上，充满着各种宗教迷信和唯心主义的观点。社会历史的发展或者被看成是“上帝”或“神”的意志所使然，或者被看成是天才和伟人的推动，等等。一些旧唯物主义的哲学家虽然批判了这些错误的观点，但他们也未能正确解决社会历史发展的动力问题。因为他们往往只局限于诸如外部的社会地理环境、社会的政治制度，甚至从历史上杰出人物的嗜好、气质、怪癖来解释社会历史的发展，其结果是依然陷于历史观中的唯心主义泥潭。

历史唯物主义科学地把社会历史发展的动力问题置于历史客体和历史主体及其相互作用的基础上予以理解，认为社会历史发展正是从作为历史主体的人对历史客体作用的活动中产生的。所以，马克思认为人自己创造自己的历史，而社会历史中表现出来并构成社会历史基本内涵的历史规律，正是“人们自己社会行动的规律”①。这样，在社会历史发展的动力中，实质上包含着两方面的内涵：一方面是作为历史主体的人的活动；另一方面是作为历史活动对象而存在的历史客体。而历史则在这个历史主体和历史客体的相互作用中生成并发展着。

但是，仅仅指出历史是主客体交互作用的过程，还未揭示出社会历史发展的动力问题，因为这其中存在着这样一个问题：是什么东西驱使历史主体在对历史客体的活动中创造历史的？历史唯物主义的理论认为这个问题的答案只能是主体的需要。人类作为一种类的存在，充满着各种欲望和需要。这个内在的人类的本性，就使得在人类社会历史活动中，历史的主客体关系就不仅仅是反映者和被反映者的关系，而且包含着历史主体对客体的需要、欲望及情感、意志的关系。也因此，人类认识世界和改造世界活动的标准有两个尺度，即外在的客观尺度和主体的内在尺度。马克思因此指出“对自然界的独立规律的理论认识本身不过表现为狡猾，其目的是使自然界……服从人们的需要”②。据此，马克思批评了英国唯物主义者无视人的需要、意志、情感、热情的缺陷，指出科学的唯物主义理论不应只承认知识和理性，而忽视“人的整体身心”的需要。这样，历史发展的动力便在历史主体的需要那里得到了科学而合理的说明。需要是驱使人活动的内在的原动力，因而需要也就构成了历史发展的内在动力，正如马克思指出的那样：“任何人如果不同时为了自己的某种需要和为了这种需要的器官而做事，他就什么也不能做。”③

需要作为历史唯物主义的基本范畴，是指人为自身生存和发展而对外部世界产生的一种依赖和追求状态，它表现着人和外部现实世界的关系。人类需要的实质是主体对客体能动关系的内在化。人类的需要，一方面和外部客观的物质世界相联系，不能脱离历史活动的外部客体而存在，没有外部客观的物质世界，就没有需要产生的基础和实现的可能；另一方面，需要又总是人的活动的源泉，脱离主体，客体本身无所谓需要。需要作为人的活动的内在驱动力，是因为没有需要就没有因需要而产生的欲求、愿望、目的、理想和与此相关的信仰、情感、意志的力量，因此不仅没有了人类对外部客观物质世界的积极作用，甚至整体外部客观世界的存在也不会引起人类的兴趣和关注。因此，也就必然没有了社会历史的存在。

① 《马克思恩格斯选集》，第3卷. 北京：人民出版社，1972年版，第323页

② 《马克思恩格斯全集》，第46卷（上）. 北京：人民出版社，1979年版，第393页

③ 《马克思恩格斯全集》，第3卷. 北京：人民出版社，1957年版，第329页

所以,无论是历史还是逻辑的考察,我们都可以发现把需要作为人类社会存在和发展的"动力因"是合理的。人不同于动物的根本特征在于人是社会的存在物,人不仅有自己的需要,而且还能自觉意识到这种需要,并通过实践活动去满足这个需要。马克思因此认为需要是人的本性,"他们的需要即他们的本性","作为确定的人,现实的人,你就有规定,你就有使命,你就有任务……这是你的需要及其与现存世界的联系而产生的"。① 正是这样,人的需要和为满足这种需要而进行的实践活动,构成了人类社会存在的基础和发展的动力。而且,人类的存在与需要的存在是一体的存在,只要人类生存着,需要就永远存在,也因此人类的存在和发展亘古及今具有了永不衰竭的内在动力。

必须指出的是,把人类的需要作为社会历史发展的内在动力,与唯心史观毫无共同之处。诚然,人类思想史上需要范畴常常被有些人归结为本质上是精神的力量,其来源或者是个人的意志,或者是上帝或"神"的旨意。但马克思主义的唯物史观扬弃了旧哲学对需要的这种错误理解,对需要作了彻底的唯物主义的解释。人类的需要从来不是纯粹的随心所欲,更不是某个个体的主观意愿,需要有其客观的规定性。人类的需要虽然存在于主体中,并通常以欲望、目的、希冀、理想等主观形式表现出来,但它本身是不以任何主体的意志为转移的客观实在。需要的性质、产生和实现均以社会的物质生活条件和社会的物质资料生产方式来决定。可以说,需要是精神与物质、主观与客观的关系在主体中的凝结和体现。当需要作为主观动机出现时,它引起欲望,并使主体自身产生情感、意志和信仰的力量,但这种欲求和力量必须通过实践这一客观的物质性的活动,才能产生真正满足人类需要的客观产品。因而,需要有着自己的客观性。把需要作为社会历史发展的动力,恰恰是坚持了唯物主义的原则。马克思和恩格斯也正是对人类的物质生活需要和由此产生的物质活动的关注与分析,开始创立自己唯物史观的基本理论的。

二、需要的体系和特性

需要诚然是一切生命有机体都存在的特性和活动倾向,但作为社会历史发展的内在动力,人类的需要虽然是在与动物相同生理需要的基础上发展起来的,但是人类的需要在质上和量上都远远超越了动物的需要,而获得属人的特性。因为人类的生产劳动以及其他社会实践活动,产生了人所特有的生理、心理特质和特定的客观社会环境,在这些既定的主客观条件的综合作用下,人类产生了自己的独特需要,所以马克思说:

① 《马克思恩格斯全集》,第3卷. 北京:人民出版社,1957年版,第514页

"人以其需要的无限性和广泛性区别其他一切动物。"①

作为唯物史观的基本范畴,需要主要包括生理需要和社会需要。马克思在论及工人的劳动价值时,曾对人类的需要范畴作过如下的论述:"生活水平不仅包括满足生理上的需要,而且包括满足由人们赖以生息教养的那些社会条件所产生的一定需要。"②由于人只有先维持肉体的存在然后才能从事社会的活动,所以生理需要的满足是需要作为人的活动的内驱力的必然基础;又因为人总是社会的人,其活动在社会关系条件下才能成为可能,所以,社会需要的满足则是需要作为人的活动内驱力的实现方式和途径。因而,在社会历史活动中,生理需要和社会需要对人类行为的驱动作用是不同的。生理需要的满足主要表现在促使人类从事衣食住行物质生产的劳动,而社会需要的满足促使人类的活动就要广泛和复杂得多。社会需要不仅要由物质生活资料的生产来满足,更要人在物质资料生产活动过程中所得到的精神财富来满足。因而,如果说生理需要主要体现为物质需要的话,那么社会需要则在物质需要的基础上更多地体现在精神需要方面。也是从这个意义上讲,人类的需要从最一般的角度概括可以区分生理的或物质的需要和社会的或精神的需要,而且每一种需要内部又包含了不同的需要成分。这两种需要一方面相互区别和对立,另一方面又互为前提条件相互渗透,共同构成人类的活动内驱力,并进而成为社会历史发展的内在动力。

人类的需要体系还可以按照不同的标准作不同的分类。如根据需要对人的作用可划分为生存需要、享受需要和发展需要;根据需要对象的性质可划分出物质需要和精神需要;根据需要主体的范围可划分出个体需要、集团需要、社会需要;根据需要之间的关系,可划分为基本的需要和派生的需要;根据需要的价值可划分出有益的需要和有害的需要,等等。而美国人本主义心理学家马斯洛则从社会心理学的角度来说,提出了著名的需要层次理论。他把人的需要从低到高划分出五个层次,即生理需要、安全需要、爱和从属的需要、自尊需要和发展需要。在科学技术和社会生产飞速发展的现代社会里,人类的需要也正在成为一个不断扩大和日益丰富的体系。但无论人类的需要如何扩大和丰富,从最抽象概括的角度,这些需要依然不外乎是生理的需要和社会的需要。

人类的需要是人的活动的内驱力和社会发展的内在动力,这一特质就决定了它具有如下的特性:

其一,自觉性。动物只能凭自然的需要活动,需要在它们那里是自发的、盲目地起作用的。而人则能自觉地意识到自己的需要,并赋予需要以愿望、目的、理想等形式。这是人类理性的自觉把握。由于需要本身无法在需要中得到满足,因而人类的理性自

---

① 《马克思恩格斯全集》,第 49 卷. 北京:人民出版社,1985 年版,第 130 页

② 《马克思恩格斯全集》,第 16 卷. 北京:人民出版社,1964 年版,第 164 页

觉产生了愿望、目的、理想等满足需要的主观动机。人类的需要总是在人的自觉意识基础上产生的，人类首先根据社会发展的客观必然性和社会生活的诸种条件，以此为基础确立改造外部世界的目的和蓝图。而为了实现这个主体目标，人类又自觉地以情感的、意志的、信仰的精神力量参与其间。这些精神力量自觉地与满足人的需要的物质活动结合起来，产生了人所特有的自觉、自愿从而也是自由自在的活动。人类需要的自觉性构成需要得以实现的重要前提，因为没有对社会历史发展中客观必然性和社会生活诸种条件的自觉认识，人类需要的实现往往只能沦为空想，而永远无法得以实现。这就使得人类的需要从一开始就带着自觉的特性。人类历史发展的自觉性从根本上讲正是源于人类需要的自觉性。

其二，社会性。在人类的需要中有许多不能从人的自身生理结构中产生的需要，如对文学、艺术、音乐、科学、教育、社会交往、文化娱乐、体育运动以及相应的物质的、精神的需要。这些需要直接和人们所处的经济、政治、思想、文化等各种社会关系相关。这构成人类需要社会性的第一方面含义。人类需要的社会性的另一层含义则是指，即使是在饮食男女这些基本的生理需要方面，人类也和动物有本质的区别，人能赋予这些生理需要以属人的品性，即人类有优美纯真的爱情和所谓的饮食文化。需要的社会性就决定了人类的需要只有在社会中才能满足。这不仅是因为人们在刚刚诞生时完全不能自主，没有成年人的照顾，就会完全丧失满足机体需要的可能而夭折，更是因为即便他们成年以后，也无法离开社会而生活，他们需要依靠相互的合作和交往而生存下去。这样，由人类需要的社会性便滋生了个体的需要和社会群体需要之间的关系及矛盾。以集团需要、阶层需要、社会需要而表现出来的群体性需要，不是简单的个体需要的总和，而是更高层次有着自己独特规定的需要。群体需要是全体成员需要获得满足的前提和保证。但群体需要必须要转化为每个个体的需要，并引起每一个个体协调一致的行为才可能被实现。一定的群体按照自己的需要规范个体需要，这个过程是个体需要的社会化。就一般而言，群体通过道德准则和法令法规两个途径实现对个体需要的社会化。所以，在人类社会历史中不存在纯粹的个体需要，人类那些推动和促进社会发展的需要，总是以阶级或阶层的群体需要的形式表现出来的。

其三，能动性。正如列宁所指出的那样，“世界不会满足人，人决心以自己的行动来改变世界”①，因而人类的需要必然是积极的和富于创造性的。动物的需要只是消极地适应环境，而人类则能努力以自己的活动来使环境适应自己。人类需要的这一能动性集中体现在诸种理想中。作为满足需要的最高理论建构的理想来源于现实，但又高于现实，它专注于未来，它追求真善美理想社会和理想人性。在理想中，我们可以发现人类需要的能动性表现为人与外部世界的相互作用：人类需要一方面接受现实世界

---

① 《列宁全集》，第38卷. 北京：人民出版社，1959年版，第229页

的规定,理想必须根植于现实的土壤之中;但另一方面,人类需要对现实世界作出主体性的规定,人类要依据这个规定改变现实世界。当然,人类需要的这个能动性是通过实践活动体现出来的。在实践的结果中,人类改变现实的需要得到了满足,无论是向外部世界索取有价值的成果,还是主体自身聪明才智的发挥和实现,人类的需要都能动地得到了满足。而这个能动地改变世界的过程,也就是社会历史不断进步和发展的过程。此外,人类的需要通常还把实践过程本身作为自己的内容,在实践中享受主体性的乐趣和价值。

其四,历史性。人类的需要是一个开放的、无限发展的历史过程。在由需要推动的人类实践中,主体和客体互相作用,不断产生出人类需要的新对象,也不断产生出人类需要自身。这正如马克思指出的那样:“在再生产的行为本身中,不但客观条件改变着……而且生产者也改变着,炼出新的品质,通过生产而发展和改造自身,造成新的力量和新观念,造成新的交往方式、新的需要和新的语言。”①在这个过程中,人的需要的种类随历史的发展而不断增加,并分化出许多新的更高的层次。也因此,人类社会的历史才表现为不仅是物质资料生产和再生产的历史,还是人类需要的生产和再生产的历史,“全部历史都是为了使‘人’成为感性意识的对象和使‘作为人’的需要成为(自然的、感性的)需要所做的准备。”②从这个意义上甚至可以认为,人类需要的不断满足和不断产生,构成了人类历史的全部内涵。人类社会正是从中呈现出开放的无限发展的历史性的。

由此可见,正是作为人类社会发展内在动力的需要及其表现出来的特性,才赋予了人类历史的自觉性、能动性的品性,并使得人类社会历史呈现出既纷繁复杂,又不断走向进步的必然趋势。

三、需要、利益与价值

如果对人类的社会实践作一认真的思考和审视,那么便可以发现,人类需要在作为人的活动的内驱力,从而也作为社会历史发展的内在动力的过程中,通常是以利益和价值的形式表现出来的。也就是说,社会历史发展的动力常常通过人类为追求自己的利益而得以切实地实现。因而,需要在现实生活中要具体表现为利益和价值。人类对需要的满足,总是具体表现在对利益和价值的追求和实现之中。

作为社会历史观的基本范畴,利益是指人类生存和发展需要在现实社会关系中的具体表现。利益和需要是同质的范畴。由于需要是各种各样的,因而利益也是多种多

---

① 《马克思恩格斯全集》,第46卷(上),北京:人民出版社,1979年版,第494页

② 马克思:《1844年经济学—哲学手稿》.北京:人民出版社,1979年版,第82页

样的。人作为一种生命的存在,对利益的追求就必然表现为对物质利益的经常的、必要的、大量的追求。在马克思主义唯物史观诞生以前,法国唯物主义哲学家曾对物质利益作过很多的论述。在他们看来,“利益是一个无所不能的魔术师,他能在众目睽睽之下改变任何东西的形象”。他们认为,物质世界服从于物体运动的规律,人类社会的发展则服从利益的规律,因而,人不能违背自己利益而行动,就像河水不能逆流而上一样。从感觉论出发,他们对利益作过如下的定义:“一切能够使我们增进快乐和减少痛苦的事。”显然,旧唯物主义只把利益归结为能满足个人需要的客观事物。其实,利益包含着人的需要和需要对象两个方面的内涵。人按照需要通过社会实践的活动去改变外部对象并占有它,才是利益的真正的实现。因此,物质利益的实现也就表现为人对物质资料的占有和物质需要的满足。无论是需要,还是物质资料,单独都不构成物质利益,只有两者在一定条件下由主体相结合,才构成人们称之为物质利益的存在。所以利益是作为一种关系的范畴而存在的,它揭示了人的需要与需要对象之间的关系,也因此马克思把利益形象地称之为需要与需要对象之间的“皮条匠”。人类总是按照一定的需要原则进行历史活动的,因而人为了满足自己的物质和精神的需要,发挥自己的才智和力量就必须享有利益。正是从这个意义上讲,人的一切活动都是追求利益的活动。和需要一样,利益因此成为了人类活动的基本动力因素。

资产阶级的思想家把利益归结为纯粹的个人利益,他们认为社会利益是以个人利益为基础的。譬如边沁就说过“社会是一种虚构的团体,由认作其成员的个人所组成,那么社会利益又是什么呢?——它就是组成社会之所有单个成员利益之总和”。马克思主义认为,从历史主体人的社会本性上理解,纯粹意义上的个人利益是不存在的,任何个人都生活在社会之中,离开社会的个人是不能存在的,因而在这种社会性制约下,“私人利益本身已经是社会所决定的利益,而且只有在社会所创造的条件下并使用社会提供的手段,才能达到;也就是说,私人利益是与这些条件和手段再生产相关系的”。[①] 在原始社会中,社会利益和个人利益之间没有明确的区分,而是自然地融合着的。维护社会利益就是维护个人利益,个人利益直接表现为社会利益,对社会利益的追求就是对个人利益的追求。私有制的社会产生以后,原始社会的混沌一致的利益分解为阶级利益,并往往处于对立统一的关系之中。不同的阶级、阶层和集团,都以社会利益来掩盖其阶级利益,“每一个企图代替旧统治阶级地位的新阶级,为了达到自己的目的,就不得不把自己的利益说成是社会全体成员的共同利益”。[②] 在这种情形下,不管个人是否意识到,他总是自觉或不自觉地代表一定阶级的利益,他所追求的个人利益实质上是本阶级利益的直接或间接的反映。无产阶级由于自己在社会生产中

① 《马克思恩格斯全集》,第46卷(上).北京:人民出版社,1979年,第102~103页

② 《马克思恩格斯选集》,第1卷.北京:人民出版社,1972年版,第53页

的地位和状态决定了他们是人类历史上社会进步利益的最彻底的代表者。因而,无产阶级在为自己阶级的利益而奋斗时,公开声明“社会发展的利益高于无产阶级的利益;整个工人运动的利益高于工人个别部分或运动个别阶段的利益”。① 也正因为这样,无产阶级在为自己利益奋斗的过程中,对人类社会历史的发展和进步显示了最深刻最强大的动力。

必须特别指出的是,利益作为需要的一种表现形式,无论就其来源、存在形式和实现方式而言,都是社会物质经济关系的表现。在利益问题上,必须坚持唯物主义的基本立场。唯心主义历史观却总是从人的主观感觉、愿望、期待和意志冲动等方面来解释利益范畴,这当然是根本错误的。但是,历史唯物主义同时又承认,利益只有被社会思想家和社会组织者及其广大的社会成员所自觉意识到,它才能变成历史发展的动力。这是人类社会存在发展和自然界存在发展的一个质的区别。在人类社会领域,没有人的自觉意识,并根据这种意识的自觉行为,那么从根本上说任何社会历史的存在和发展都是不可能的。因此,恩格斯在论述无产阶级解放运动时,把工人政党理解为“工人阶级中那部分已经意识到共同阶级利益的人”,所以,工人政党应该使自己的目标合乎这些利益,并且“向各工人解释他们的阶级利益”②。恩格斯在这里区分了对利益的两种认识:一种是自觉的理论认识。它通常由一个阶级的杰出人物如思想家和政治领导人所认识,然后在人民群众中进行传播和宣传,使人民群众对利益的认识由自发到自觉;另一种是对利益的朴素意识。它一般由历史活动的主体人民群众所意识,这只是对利益的一种初步的仅以感情的直观形式所意识和感觉的。从这个意义上我们也可理解为什么人民群众在创造历史的过程中需要有自己的政党和领袖。所以,人民群众和个人在历史发展中主体性的作用首先正是基于对利益的自觉认识之上才是可能的。

和需要、利益相应的是价值范畴。需要和利益作为社会历史发展的动力因素,也必然体现在历史活动的主体对价值的追求和实现的过程中。马克思对价值范畴有过如下一个著名的论断:“‘价值’这个普通的概念是从人对待满足他的需要的外界物的关系中产生的。”③这表明价值和利益一样是一个关系范畴,它表示的是主体与满足它需要的客体之间的肯定或否定的关系。价值范畴是需要范畴的另一种表现形式。价值是客体的性质和主体的需要的结合,而人是价值关系的主体,能满足主体需要的对象是价值关系的客体。如果客体不能满足人的需要或者主体没有某种需要,就不存在价值关系。

---

① 《列宁全集》,第 4 卷. 北京:人民出版社,1958 年版,第 207 页

② 《马克思恩格斯全集》,第 16 卷. 北京:人民出版社,1964 年版,第 76、87 页

③ 《马克思恩格斯全集》,第 19 卷. 北京:人民出版社,1964 年版,第 406 页

以历史活动的主体需要的不同,以及不同客体及性质,可以把价值区分为三个层次,即物质价值、精神价值和人自身的价值。物质价值是指作为客体的外部自然界与主体的物质需要之间的关系,它一般以人类创造物质文明的成果表现出来,人类对物质价值的追求和满足是人类物质文明水平历史进步的内在动力。精神价值是指客体与主体的精神需要之间的关系,它包括知识价值、道德价值和审美价值,亦即真、善、美的三方面价值。主体对这三种精神价值的追求和满足,它构成人类精神文明进步的内在动力,其结果是不仅推动了物质财富不断增长,而且更重要的还在于它促进了人的本质力量的充分实现,使人类不断获得全面而自由的发展。人自身的价值反映的也是客体与主体需要之间的一种关系。与其他客体的物的存在不同,人这个"物"既是主体,又是客体。人作为主体和客体的两个含义既对立又统一。每一个人既是他人同时也是自己所反映和关注的客体,又成为他人和自己所反映和关注的主体,在这里,不仅处于一定社会关系中的人们之间互为主客体,而且人自己互为主客体。因而,所谓人自身的价值,表示的就是作为主体的人的需要同作为客体的人能否满足这种需要之间的关系。也就是说,一个人的价值取决于他的存在对自己、他人和整个社会需要能否和多大程度上得到满足。

所以,人的价值不是每个人生来就有的抽象物。资产阶级思想家宣称"人的价值就在人自身"的说法是空洞抽象的。既然人的价值大小是他的存在对自己以及他人和社会需要的满足程度来衡量的,因而,人的价值就必然地包含如下两个基本要素:其一是人的需要,即社会对个人的尊重和满足。这是人的价值的根据。每一个历史活动的主体都必然要"索取"对自身"有用"的东西来满足自己,失去了这种需要,所谓人的价值就因为失去了主体而不再存在了。其二是人的成就,即个人对社会的责任和贡献。这是人的价值的客观形态。如果说物质和精神价值主体可以依靠对外部现成东西的索取和占有而得到实现和满足,那么人自身价值的实现所索取和占有的对象性东西恰恰是人自身的存在,这个存在是以人的成就作为满足和实现的形态的。这也是个人为世界创造价值的过程。在这个创造过程中,我们的价值既得到社会和他人的首肯,也得到自己的承认。而所谓自我价值正是从中生成并被实现的。歌德的名言"你若喜爱自己的价值,你就得给世界创造价值",其深刻的含义也就在这里。

在人的需要所滋生的价值追求中,物质价值和精神价值的追求和满足从根本上讲都是为了人自身价值的追求和满足。因而人类历史的最终指向是人自身。也因此,人的价值的追求和实现对社会发展和进步具有最强大和深刻的推动力。而人的价值的实现的真实途径又是通过一个个自我价值的实现而实现的。一个人如果他的自我价值判断能够自觉地指向未来,那么他就会以指向未来的理想去对自我的现实进行改造,从而塑造自己的理想人性和理想人格。当然,必须强调指出的是不能把这种追求视为一种自私或利己的追求,因为每一个自我价值的本质都是一种社会关系,都必须在社会关系中才能得以实现。所以,马克思说:“一个人就其自身来说,他的价值不比别人大,也不比别人小。”①这是因为人的价值永远只能在后天的与他人、与社会的关系中才能真正地实现。

因此,在人的价值的两个因素即索取和贡献的关系方面,我们必须着重反对只从索取、享受、权力来理解人的价值的错误观念。列宁提倡的“人人为我,我为人人”的集体主义原则,应该成为评价人的价值的基本出发点。而且,由于社会需要能够提供实现每个成员“自我价值”的物质和精神的条件,首先需要社会成员把它们创造出来,所以我们在强调人的价值时首先要注重的不是索取、享受和权力,而恰恰是贡献和创造。历史上那些先进的分子都曾自觉地意识到这一点。范仲淹崇尚“先天下之忧而忧,后天下之乐而乐”的精神,爱因斯坦认为“一个人的价值,应该看他贡献什么,而不应该看他取得什么”,马克思则更是深刻地指出,如果人只是为了自己而劳动,他也许能成为有名的学者,绝顶聪明的人,出色的诗人,但他决不能成为真正的完人和伟人。这无疑是在对人的价值问题上的最为深刻的认识。也正因为如此,我们认为那些凡是不以对社会所需要的实际贡献来评论个人的价值,而是以诸如出身、职务、学历、资历、性别、年龄,甚至陈腐的宗法、金钱等衡量个人的价值观念,都是根本错误的。

而且,在马克思主义看来,无论是物质价值、精神价值还是人自身的价值都表现为一个历史的范畴。价值的追求和实现要受社会历史条件和人的实践活动水平的制约。虽然某种事物具有满足人的多种需要的属性,虽然“路人皆可为尧舜”(孟子语),但只要人们还没有能力将物的属性开发出来,只要人们由于诸如惰性的羁绊,而不急于改造自我的人性和人格,那么,这些价值就只能是潜在的可能的价值。将可能的价值转化为现实的价值,内在的驱动力自然是需要,而实现途径则是社会的实践活动。也因此,人类社会存在和发展的辩证性和历史性,与需要价值追求活动中的辩证性和历史性,具有内在一致的必然联系。

第二节　社会基本矛盾推动人类社会的发展

一、需要与社会基本矛盾的关系

历史唯物主义理论在考察并揭示社会发展的动力因素时,有诸种不同提法,如社会的生产力发展、科学技术、阶级斗争以及人民群众的历史作用,等等。这些因素在马克思主义的创始人那里分别以“历史发展的最终动力”、“历史发展的有力杠杆”、“现

① 《马克思恩格斯全集》,第26卷(Ⅲ).北京:人民出版社,1973年版,第495页

代历史的动力”和“创造历史的根源”等提法，而被合理地纳入了社会历史发展的动力系统理论之中。这无疑是正确的。但是，按照马克思主义关于人类需要本性的理论，既然人的需要就是人的本性，而“整个历史也无非是人类本性的不断改变而已”。① 所以，社会的生产力、科学技术、阶级斗争、人民群众等动力因素，都只能恰当地被理解为是人的需要这一社会发展内在动力的外在表现形式。因而，从逻辑和历史相统一的方法考察，我们可以发现，人类的需要往往是借助于社会的基本矛盾运动这一外在形式而对社会历史发展发挥其动力作用的。也因此，人类社会在其自身的发展过程中表现了其复杂性和曲折性。

历史唯物主义的理论认为一定社会的生产力与生产关系，经济基础与上层建筑的矛盾构成社会的基本矛盾，并指出正是这一矛盾的运动变化和发展推动了社会形态的不断更替和由低级形态向高级形态的发展。但这一社会基本矛盾正是以人的需要作为其内在基础和发展机制的。

马克思恩格斯在创立唯物史观时就指出：“人们为了能够‘创造历史’必须能够生活。但是为了生活，首先就需要衣、食、住、行以及其他东西。因此，第一个历史活动就是生产满足这些需要的资料，即生产物质生活本身。”②在这里，马克思恩格斯是从总体上把握了人的物质需要和生产的关系。如果把这种关系进一步地展开，那么，可以认为在社会基本矛盾中，人类的需要始终作为一个内在的要素存在并起着决定性的影响作用。

其一，需要与社会生产力的关系。生产力主要表现为人和外部自然的关系。人类通过生产实践从自然界中获取物质财富和产品，这本身就是源于人生存和发展的需要。在这个过程中，需要和生产的关系主要体现为需要为生产提供了动因和目的。马克思说，需要是“生产的观念上的内在动机”，构成“生产的动力”，其含义正在于此。所以，是需要引起生产，没有需要就没有生产。离开了人类需要的生产是不可理解的，也是没有意义的。而人类为了以更多更好的生产产品来满足不断丰富和扩展了的人类需要，直接或间接从事生产的人们便要自觉地借助科学技术的发明创造，通过对生产工具、劳动对象和设备改进，通过对劳动者知识、技能素质的培养和提高以发展社会的劳动生产力。因而，需要同时也是社会生产力不断进步提高的内在动力。

其二，需要和生产关系、经济基础的关系。生产一方面表现为人和自然的关系，但另一方面生产又总是在一定的社会关系中进行的。因而生产又表现为人和人的社会关系，亦即生产关系。生产关系是人们为了满足自身的需要在生活中必然结成社会关系形式，因而需要和生产关系必然密切相关。生产力的发展所创造的物质财富，为满

① 《马克思恩格斯选集》，第 1 卷. 北京：人民出版社，1972 年版，第 138 页

② 《马克思恩格斯全集》，第 3 卷. 北京：人民出版社，1957 年版，第 31 ~ 32 页

足人们的需要提供了物质基础和前提条件。但这并不意味着人的需要因此便得以直接满足。由于人总是社会的人,因此人们对自然界已获得的物质财富还要进行社会分配,把物质财富转化为个人或集体、或社会占有,才使财富分配到实际的占有者手中。这种分配的原则由生产关系决定。生产关系能否和怎样满足人们对物质精神财富的需要,其一取决于这种生产关系能否促进生产力的发展,从而为人们提供更多的需要对象,创造更多的物质财富;其二也取决于这种生产关系对物质财富是怎样进行分配的,满足了哪些人的需要。据此,我们通常所谓的生产关系要适合生产力发展状态和水平,其实就是指这种生产关系要能促进生产的发展,不断满足人的物质和精神生活需要。而所谓生产关系不适合生产力发展状况和水平,则是指这种生产关系已阻碍生产的发展,不能适应人的基本需要。这种生产关系当然要被社会历史发展所否定。可见,能否满足人的需要本身就构成生产关系是否适合生产力发展的一个重要标志。

其三,需要与上层建筑的关系。人类的需要除了物质的需要外,还有精神的需要。物质需要通常以社会的物质经济关系形式表现出来,而精神需要则通过社会的思想文化观念的形式表现出来。如果说物质需要主要靠物质生产来满足,那么精神需要则主要靠社会精神生产来满足。精神生产是人们通过精神的(理论的、文化的)劳动创造出的社会形态,其产品是政治、法律、思想、道德、艺术、宗教、哲学等。这些社会的上层建筑是否适应社会的经济基础,其重要的一个标志是这种上层建筑能否通过生产关系这个中间环节以自身的思想文化观念的力量来影响和激发人的内在积极性,规范人的行为和协调人的各种关系,从而对生产力产生促进性的作用,并最终满足人的物质和思想文化需要。

其四,需要与阶级、阶级斗争、社会革命的关系。社会基本矛盾在阶级社会中表现为阶级矛盾和阶级斗争。历史唯物主义认为阶级是个经济范畴,这个范畴直接源于社会不同阶层、集团,处于不同的需要和利益的关系之中。所以马克思在分析工人阶级产生时认为,是经济上的需要,“即维护工资这一对付老板的共同利益,使他们在一个共同的思想(反抗、组织同盟)下联合起来”。① 而资产阶级和工人阶级这个互相对立的阶级正是由于物质需要和经济利益的对立,才必然要进行阶级斗争。社会革命是阶级斗争的最高表现形式,社会革命的根源当然是社会基本矛盾的尖锐化,但这种尖锐化的集中表现恰恰是人民群众需要的“贫困和灾难超乎寻常的加剧”②。已有的人类文明发展史已表明,阶级斗争在对抗性社会中构成社会发展的直接推动力。

由此可见,历史唯物主义关于社会发展的动力理论中一些最基本的范畴,生产力、生产关系(经济基础)、上层建筑、阶级、阶级斗争、社会革命都和人类需要这一最基本

① 《马克思恩格斯全集》,第4卷.北京:人民出版社,1958年版,第196页

② 《列宁选集》,第2卷.北京:人民出版社,1972年版,第620页

的范畴联系在一起。这也正表明了需要作为社会历史发展的内在动力的理论意义和实践价值。

二、社会基本矛盾的运动规律

人类的需要既然表现为所有社会历史活动的原因,而人类社会的诸种现象和形式的存在均表现为需要这一原因的结果。所以,唯物主义的历史观的一个重要的任务便是揭示其中最普遍、本质、必然的社会因果联系,即社会的客观规律。只有把握了其中最一般规律,才能理解社会存在和发展的必然性根据,并为人们进一步考察社会历史现象提供科学的方法,也才能有效反对唯心史观把社会现象归结为人的主观精神,或神秘客观精神的错误。

马克思从满足人类需要的社会物质生产基础出发,揭示了生产力和生产关系、经济基础和上层建筑的矛盾运动会构成社会历史发展的最一般规律,并认为这一矛盾运动是构成社会形态变化的根本动力。也因此,历史唯物主义把生产力和生产关系、经济基础和上层建筑方面的矛盾视为社会发展的基本矛盾:

其一,生产力和生产关系的矛盾。在生产力和生产关系的矛盾运动中,首先是生产力决定生产关系,这种决定作用主要表现在两个方面:一是生产力决定生产关系的性质,每一种生产关系都建立在一定性质和水平的生产力基础之上。马克思说:“手推磨产生的是封建主为首的社会,蒸汽磨产生的是工业资本家为首的社会。”①二是生产力的发展决定生产关系的变革。内容决定形式,内容的变化决定形式的变化。生产工具的改革,是生产力发展的先导和标志,它必然导致人与自然、劳动结合方式的变化,产生新的劳动组合方式。生产力发展还造就出人们新的素质(认识能力和实践能力),增强人们对自然力量和自身需要的主体性意识。在这种客观的、必然的历史发展过程中,代表生产力发展方向的新的社会力量(阶级、阶层、集团、个人),必然产生新的要求,从而与旧的生产关系及代表这种关系的旧的传统力量发生尖锐冲突。这种冲突在阶级社会则表现为阶级斗争。

综观人类历史,生产力的变革引起生产关系的变革,大致有三种情形:一是自然形成新的生产关系。这主要表现在原始社会向奴隶社会的过渡中。这种过渡,由于原始社会生产关系不存在根本对立的物质利益,没有阶级的冲突和斗争,而人的素质又普遍低下,因而虽然是由人的内在需要所驱使,但表现为自发的、缓慢的历史过程。二是爆发社会革命,推翻旧的生产关系。这主要表现在阶级社会各种社会形态的变革过程中。社会革命是阶级社会必然的合乎规律的现象,其最深刻的原因在于新的生产力和

① 《马克思恩格斯选集》,第1卷.北京:人民出版社,1972年版,第142页

腐朽的生产关系之间的矛盾和冲突,在于作为这种矛盾和冲突的表现的新旧阶级和集团的矛盾和冲突。一旦这种矛盾发展到极端,那时社会革命的时代就到来了。因此,这种变革,虽然是由生产力发展引起的,但并不表现为由生产力直接地、孤立地、自动地改变生产关系的过程,而是通过若干中介环节来起作用的,其中最主要的则是代表生产力发展要求的革命阶级的自觉行动。三是进行社会改革,建立和完善生产关系。这种形式在生产力对生产关系的决定作用过程中,具有普遍的意义。它的基本特点是在不改变生产关系的根本性质的前提下,由统治者依据自身对于生产力发展要求的认识、评估和预测,利用政权的力量自上而下地改变生产关系中不适合生产力发展的部分和环节。

生产关系对于生产力又具有能动的作用。生产关系体现着人与人之间的相互关系。在生产关系中获得一定社会属性的人同时存在于生产力结构中,作为生产过程的主体发生作用。因此,生产关系中的主体地位、作用如何,其积极性和创造性能力是否得到充分发挥,直接影响到生产力的发展。具体地说,这种影响作用表现为两个方面:

一是"适合——促进"作用。生产关系既是一种利益的结构,又是一种能力结构。新的生产关系能够充分满足主体的利益和需要,合理地组织人力和物力,就能使生产力中的各种要素的活力得到全面发展和合理利用,从而使潜在的、可能的生产力变为现实的生产力,促进生产力的全面发展。

二是"不适合——阻碍"作用。旧的生产关系既不能充分调动主体的劳动热情,又不能合理地组织和利用主体的劳动能力,因而导致生产力体系中机能的衰弱和混乱,导致生产力发展的停顿和倒退。因此,生产关系对生产力的反作用,同样不是一种无中介、无主体的抽象概念运动,而是主体的自觉历史活动。判断一种生产关系的优劣,不能以生产关系本身为标准,不能服从某种抽象的道德原则和政治需要,而只能依据其是否促进生产力发展,是否能最大限度地满足历史活动主体的物质的和精神的享受和发展的需要。

其二,经济基础和上层建筑的矛盾。在经济基础和上层建筑的矛盾运动中,首先是经济基础决定上层建筑;同时,被经济基础决定的上层建筑又具有能动的反作用。

经济基础对上层建筑的决定作用表现在三个方面:一是经济基础决定上层建筑的产生。经济基础是内容和根源,因而是第一性的。而上层建筑不论是思想上层建筑还是政治上层建筑,则是第二性的、被派生出来的。诚然,上层建筑的各个部分(特别是意识形态)在发展中存在着历史延续性,有自己不完全依赖于经济基础的相对独立发展过程。但从最终意义而言经济基础要决定上层建筑的产生。二是经济基础决定上层建筑的性质。上层建筑是人们依据经济基础的内在秩序自觉建构的。人类为着维护社会的正常发展,就需要建立一种能够调节不同利益的人们之间的关系的机构及相应的观念,这便是上层建筑。当然,这种上层建筑不仅是经济基础发展的必然产物,而且是人的有目的的创造。这种创造不可能是随心所欲的，而必然服从着经济基础的内在秩序。因而从根本上说，上层建筑的性质取决于经济基础的性质，人们在上层建筑中的地位与其在经济基础中的地位是相适应的。上层建筑的具体存在形式可以多种多样，但却只能是在经济基础中居于统治地位的阶级或集团的利益和意志的集中表现。三是经济基础的变化决定着上层建筑的变化过程。生产力的变化，必然引起经济基础的变化，从而导致人的经济地位、利益关系和思想观念的革命性变化，这种变化必然在上层建筑领域中得到相应的反映和表现，并规定着上层建筑发展的方向。在社会发展中，由于经济基础的性质及其发展水平的不同，上层建筑的变化方式也有不同的情况。

从上层建筑的变化形式来看，可分为“革命型”和“协调型”两种。在经济基础内部矛盾具有对抗性质的状况下，上层建筑的变革一般采取革命的方式。新旧势力围绕着上层建筑（其核心是国家政权问题）所进行的斗争往往是势不两立、不可调和的。在经济基础内部矛盾不具有对抗性质的状况下，上层建筑的变革往往采取“协调型”的方式进行。而从上层建筑变化的内容来看，则可分为“量变”和“质变”两种。所谓质变是指上层建筑的根本性变革，由新兴力量所进行的有目的的社会革命来完成。所谓量变则是指“改良”，这是上层建筑依据经济基础要求所进行的局部改革和自我完善。事实上，经济基础所引起的上层建筑的任何变化，都是通过人的自觉活动来实现的。

经济基础决定上层建筑这个命题本身已内在地包含着对上层建筑反作用的肯定。和经济基础一样，上层建筑也是人的自觉活动的存在方式，它一旦依据经济基础需要为人们所建构，便反过来成为积极维护经济基础的能动力量。这种能动地维护经济基础的作用，一方面表现在千方百计地促进自己经济基础的形成、巩固和完善；另一方面，要排除与自己及经济基础对立的上层建筑及经济基础的存在。这两个方面是相辅相成的。

必须强调指出的是，上层建筑对经济基础的能动作用是巨大的，但并不是无限的，不能等同于经济基础对于上层建筑的决定作用。恰恰相反，经济基础始终决定上层建筑产生和发展的方向。上层建筑对于经济基础的能动作用及其大小，都是来源于和受制于经济基础发展的内在矛盾和客观必然性，上层建筑的发展、变化，要适合经济基础的性质、水平和要求。历史唯物主义把这概括为上层建筑一定要适合经济基础状况的规律。这一规律同生产关系一定要适合生产力状况的规律密切相连，共同作用形成整个社会的矛盾运动。历史上各种社会形式的更替都是在这样的矛盾中实现的，人类社会历史则在其中不断向前进步和向上发展。

三、生产力是社会发展的最终动力

如果对社会发展的动力作进一步的探寻，那么可以发现社会发展的动力是分层次的。社会基本矛盾是它的最基本层次，是社会发展的最基本的动力。但这个动力，又是以生产力为其最终动因的。

生产力是社会发展的最终动力，从形式上表现为社会基本矛盾的运动过程是从生产力开始的。生产力发展到一定阶段，使相对稳定的生产关系越来越不相适应，引起生产关系的相应变革；生产关系（经济基础）变革的客观要求，又导致上层建筑领域的变革。这是生产力决定生产关系，生产关系又作为经济基础决定上层建筑的过程。同时，新的上层建筑的建立，保证了新的生产关系的形成和发展；而新的生产关系又促使生产力获得解放。这是上层建筑反作用于经济基础（生产关系），生产关系反作用于生产力的过程。这两个运动方向相反的过程，是彼此不能分开的。整个人类的历史，可以归结为“生产力——生产关系（经济基础）——上层建筑”的决定作用和反作用的过程。社会基本矛盾中的这种循环往复，就形成了生产方式依次更替、社会形态由低级向高级不断进化和变革的过程。从这样一个来源于历史发展的逻辑概括中，我们可以清楚地看到生产力发展是社会发展动力的源泉所在。

社会生产力的发展固然离不开一定的生产关系，与生产力相适应的生产关系，为生产力发展创造了有利条件，但这些条件还必须通过生产力内部矛盾才能发挥其作用。生产力的发展要靠它的内部矛盾的推动。生产力作为解决人与自然矛盾的根本方式，作为满足人生存和发展最基本需要的能力，其内部矛盾必然是人和物的矛盾。这个矛盾具体就表现在劳动者和生产工具之间的矛盾。在生产过程中，劳动者在生产实践基础上不断总结和积累经验，提高劳动生产技能和科学技术水平，不断进行生产工具的改进和创新。而新的生产工具和科学技术的出现，又反过来引起劳动者自身的改造，要求劳动者具有适应新工具的知识和技能。劳动者和生产工具的这种相互矛盾和相互作用的发展过程，从而便推动着生产力永无止境地向前发展。正因为生产力自身具有这种内在的矛盾和动力，所以即使当生产关系已不适合生产力的发展，成为生产力发展的障碍时，生产力还能够在一定程度上继续发展。正因为如此，生产关系要适合生产力的规律，上层建筑要适合经济基础的规律，归根到底，也就是生产力发展的规律。人类社会的历史，归根到底也就是人类进行物质生产的历史，就是生产力不断发展的历史。

因此，生产力构成社会发展的最终动力，其实质性的含义在于生产力是满足人的一切生活和生产需要的唯一途径。这正如马克思所论述的那样：“像野蛮人为了满足自己的需要，为了维持和再生产自己的生命，必须与自然进行斗争一样，文明人也必须这样做;而且在一切社会形态中,在一切可能的生产方式中,他都必须这样做。"①也因此,生产力自身的发展必然是从人和自然这一矛盾的对峙和抗争中获得发展动力的。可以说,没有人的生存和发展的需要,就没有生产力的发展,从而也就没有基于生产力发展基础之上的整个人类社会历史的发展。

发展生产力对任何社会形态来说都是一项基本的任务。因此,生产力标准作为考察社会历史进步和整个社会生活优劣的根本标准,构成唯物史观的一个根本出发点。但是,唯物史观并不因此就把生产力水平和物质生活水平作为衡量社会生活现象和社会制度优劣的唯一标准,而是站在人的全面发展的需要的高度,来评价社会历史的进步。因为生产力本身只不过是这种需要借以实现的手段,人的全面发展的需要的满足才是社会历史进步的最基本内涵。众所周知,现代资本主义社会的物质文明并没有把巨大的社会生产力,自觉地运用于为人的全面发展服务,故而马克思称之为"一方面产生以往人类历史上任何一个时代都不能想像的工业和科学的力量。而另一方面却显露出衰颓的征象……一切发现和进步,似乎结果使物质力量具有理智的生命,而人的生命则化为愚钝的物质力量"②。马克思的这一论述,对于我们理解生产力标准问题显然具有重要的理论指引意义。

四、科学技术是历史发展的有力杠杆

科学技术作为生产力的一种表现形式,被马克思称为"历史发展的有力重要杠杆"和"最高意义上的革命力量"③。科学技术是人类认识、控制、调节和改造自然和社会的知识结晶和活动。正如恩格斯指出的那样,科学技术来源于人类社会的需要,又反过来为人类社会存在和发展需要而服务。科学技术的本质,表明的是人对自然的关系发生质的变化,即能够依据人的存在和发展需要,对自然过程进行调节、控制和改变,使自然过程转变为社会历史的进程,把以前人所不能控制的自然力在科学技术的活动过程中置于人的控制之下,并为人的需要服务。因此,科学技术对人类社会发展所起的推动作用,和人类的需要这一社会发展的内在动力是相互一致的。

科学技术作为历史发展的有力杠杆,其作用具体表现在如下几个方面:

其一,科学技术的进步推动人类物质生产的发展。人类物质资料生产的发展,是和生产力的提高密切相关的,而生产力的提高,主要是通过科学技术的进步来实现的。科学技术提高劳动者的知识水平和劳动技能。而劳动者在生产中表现出来的能力,不

① 《马克思恩格斯全集》,第25卷.北京:人民出版社,1974年版,第926页

② 《马克思恩格斯全集》,第12卷.北京:人民出版社,1962年版,第3~4页

③ 《马克思恩格斯全集》,第19卷(Ⅰ).北京:人民出版社,1964年版,第372页

仅以体力而且以智力来衡量,而劳动者的体力的提高是有限度的。因而现代社会愈来愈注重劳动者智力的提高。科学技术也通过对生产工具的革新和创造,以提高社会生产力。当代科学技术中电子计算机、控制论和自动化技术的发展,所引起的社会生产力的变化是有目共睹的。科学技术也通过扩大劳动对象的范围,不断提高生产力。还有,作为科学技术一个重要表现形式的科学管理,通过对生产过程中人的因素和物的因素的合理组织调配,促进社会生产效益的提高。因此,在新技术革命日益发达的当今,把发展科学技术和现代化管理,视为我国现代化建设的根本大计,有着充分的理论根据和实践意义。

其二,科学技术是促进人类思想解放的进步力量。在人类精神领域的诸种形态中,科学本身是一种永远向上的革命因素。科学按其本性来说,只承认事实,不迷信任何偶像或神秘的存在,不承认任何一成不变的教条,不听命于任何权力意志。科学所倡导的探索性和创造性,通过培养人的思维方式和思想作风,必然对社会的精神面貌发生深刻的影响,从而促进社会的进步和发展。因此,科学本质上是一种革命的进步的精神力量。也因此,科学思想在历史上就成为各个时期思想解放运动的先导。科学作为革命的进步精神力量,还表现在对整个社会的精神文明产生重大的影响,科学的进步不仅推动社会政治思想、法律思想、伦理思想、艺术思想的变革,而且还推动人的价值观念、审美观念、消费观念、婚姻恋爱观念、人际关系观念等的更新。科学技术的发展和进步正是通过这些观念的变革和更新而推动整个社会精神文明的进步的。

其三,科学技术还对人们的社会关系和生产关系的变革产生深远的影响。马克思说过:“机器的发展是使生产方式和生产关系革命化的因素之一。”①这是因为随着科学的重大进展及其引起的工艺技术的革新,必须造就巨大的社会生产力。而生产力的发展,必然或迟或早地要引起生产关系和整个社会形态的变革。同时,科学技术的进步还引起人们之间社会关系的变革。事实上,在现代社会中,生产的科学化和自动化,就为消灭体力劳动和脑力劳动的差别创造了条件,并使之逐步的实现。而科学技术愈来愈广泛运用于社会的公共福利领域,更是现代化社会进步的一个重要标志。

五、阶级斗争是对抗性社会发展的直接动力

在阶级社会里,社会基本矛盾往往表现为阶级矛盾和阶级斗争。所以历史唯物主义把阶级斗争看成是对抗性社会形态的客观发展规律。按照这一规律,“一切历史上的斗争,无论是在政治、宗教、哲学的领域中进行的,还是在任何其他意识形态领域中进行的,实际上只是各社会阶级的斗争或多或少明显的表现,而这些阶级的存在以及

① 马克思:《机器·自然力和科学的应用》.北京:人民出版社,1978年版,第51页

它们之间的冲突,又为它们的经济状况的发展程度、生产的性质和方式以及由生产所决定的交换的性质和方法所制约”。① 列宁曾给阶级斗争下过如下一个定义:“什么是阶级斗争?这就是一部分人反对另一部分人的斗争,无权的、被压迫的和劳动的群众反对特权的压迫者和寄生虫的斗争,雇佣工人或无产者反对私有主或资产阶级的斗争。”②这就是说,阶级斗争有着特定的含义,它指的是对抗的阶级之间的对立和斗争。

阶级斗争是阶级社会中客观的必然现象,其根源在于阶级利益的根本对立,阶级利益不是主观的产物,而是不依人的意志为转移的客观存在。历史上,一切剥削阶级总是凭借它们所占有的生产资料和在生产体系中所处的统治地位,对被剥削阶级实行残酷的压榨和掠夺。为了使其经济上的利益得到维护和最大限度的满足,它们必然要对被剥削阶级实行政治统治和思想控制。被剥削阶级为了维持自己的生存,摆脱受剥削压迫的地位,就不得不起来进行反对剥削者、压迫者的斗争。阶级斗争不仅是阶级社会发展的客观存在,而且这一客观存在对社会的发展起着巨大的推动作用。这一作用主要体现在阶级斗争是阶级社会发展的直接动力。所以恩格斯说:“自从原始公社解体以来,组成为每个社会的各阶级之间的斗争,总是历史发展的伟大动力。”③

阶级斗争在阶级社会发展中的巨大作用,突出地表现在社会形态的更替过程中。阶级的存在和斗争是由生产力和生产关系的矛盾发展所决定的。当旧的生产关系变成了生产力发展的桎梏时,力图维护旧的生产关系的反动阶级,同代表生产力发展要求的先进的革命阶级之间总是要形成尖锐的对抗。这时,只有通过先进阶级对反动统治阶级的社会革命,才能使腐朽没落的社会制度向更高级的社会制度过渡,才能实现社会形态质的飞跃。而这也就是社会革命的实质和历史作用,亦即马克思说的“革命是历史的火车头”的深刻含义所在。

但是,不应该把阶级斗争推动历史发展的作用仅理解为社会革命这一种形式。阶级斗争对社会发展的推动作用也表现在同一社会形态内部的量变过程中。在对抗性社会的历史发展中,一个最基本的客观事实是,只要存在剥削阶级和被剥削阶级之间的利益冲突,它们之间的斗争在任何时候都不可能停止。这种时而激烈时而缓和的阶级斗争,不断地给统治者以这样那样的打击,使得统治阶级不得不对被统治阶级作出某些让步,从而或多或少地推动生产力的发展。

阶级斗争根源于社会经济关系的冲突,根源于社会的基本矛盾。因此,阶级斗争的作用,也必须从不同时代生产发展的状况、社会基本矛盾的状况来说明。就是说,阶级斗争有其固有的客观规律以及不同的性质、规模和方式,只有依据社会基本矛盾辩

① 《马克思恩格斯全集》,第21卷. 北京:人民出版社,1965年版,第291页
② 《列宁选集》,第1卷. 北京:人民出版社,1972年版,第443页
③ 《马克思恩格斯全集》,第22卷. 北京:人民出版社,1965年版,第560页

证运动的客观要求，才能正确地估计它的作用。以这样的观点来看，历史唯物主义认为只有有利于解放生产力，有利于社会经济发展的阶级斗争，才能起到推动社会发展的作用。反动阶级对人民的镇压，以及人为制造的所谓“阶级斗争”，都不应包括在社会发展动力的范畴之内。这是因为阶级斗争之所以是阶级社会发展的直接动力，归根到底在于它对生产力的发展起着推动的作用。

正如马克思和恩格斯在《共产党宣言》中所指出的那样，在私有制的社会开始出现以来，“至今所有一切社会的历史都是阶级斗争的历史”①。在这个历史过程中，阶级斗争以多种多样的形式出现，并对社会发展起不同的推动作用。古代社会奴隶斗争的最高形式，奴隶阶级的这种斗争的动力作用是有其历史局限性，因为他们并不消灭剥削阶级。封建社会时期农民进行的阶级斗争也具有极其多样的形式，从隐蔽的、经济的形式到公开的揭竿起义。历史上的农民起义就其客观表现形式而言，其斗争锋芒是指向封建主义的，因而具有历史的进步作用。但农民阶级所进行的这一阶级斗争，其特点是自发性、缺乏阶级的自觉意识，并带着浓厚帝王梦想。而这就决定了农民阶级所从事的阶级反抗和阶级斗争依然带有极大的局限性。

只有在资本主义社会中，作为历史动力的阶级斗争作用发生了质的改变，无产阶级不再局限于改善或更换剥削制度，而是要消灭整个剥削制度，并建立一个以公有制为基础的崭新的没有剥削的社会制度。无产阶级反对资产阶级的阶级斗争，比历史上一切阶级所从事的阶级斗争要进步，是因为无产阶级具有比以往劳动阶级更大的优越性，它的阶级利益是同要求把私有制改变为生产资料公有制的现代生产力发展趋势相一致的。而且，无产阶级是随着大工业发展的程度而成长并壮大起来的阶级，它最有组织性、纪律性和革命的自觉性，无产阶级反对资产阶级斗争的最主要成果，是社会主义制度在一系列国家中诞生，并极大地促进了这些国家的社会历史的进步和发展。因此，可以说在无产阶级所进行的阶级斗争中，阶级斗争推动社会历史发展的作用得到了最充分最深刻的反映。

第三节　人类有目的性的活动和历史发展的合力

一、人类活动的目的性

对人类活动的历史和现实的考察，使我们看到，无论是作为社会历史发展内在动力的人类需要，还是这一需要的外在实现方式——生产方式，它们都要以目的的形式

① 《马克思恩格斯全集》，第4卷．北京：人民出版社，1958年版，第465页

存在于历史活动的主体人那里。所以,恩格斯说:“在社会历史领域内进行活动的,全是具有意识的、经过思虑或凭激情行动的、追求某种目的的人;任何事情的发生都不是没有自觉的意图,没有预期的目的的。”①

人的目的性的活动,首先要基于目的的确立。这个确立过程的内在机制当然是人的需要,其外在表现方式则要受社会历史条件的制约。这是一个辩证统一的过程。人类活动的目的的确立一般包括经济目的、社会管理目的和精神文化目的这三种形式,它们相互联系,又彼此制约,并借助社会的实践活动共同推动社会的进步发展。

经济目的是社会活动主体所确立的最基本目的形式。所谓的经济目的是指人为了满足物质需要和利益而确立的主体目标。这一目的性的活动在社会历史发展中,主要表现为人类的物质资料生产和再生产,正如前已所述,这种目的性的活动构成社会存在和发展的基础和动力。所谓的社会管理目的作为主体确立的另一重要目的形式,是指人为了控制和调节社会关系以符合主体需要和利益所确立的主体目标。这一目的性的活动在社会生活实践中,主要表现为经济基础和上层建筑范围内的活动。社会管理目的的确立,当然受经济目的所制约,为经济目的而服务。但是,社会管理目的的实现又对经济目的的实现产生极大的反作用。而所谓的精神文化目的,是对经济目的和社会管理目的的观念反映和理论抽象,它是指人在意识、观念、情感、意志等精神领域里所确立的主体目标。这一主体的目的性,主要表现为人们在政治法律的、文学艺术的、伦理道德的、宗教的、哲学的等领域里的活动。精神文化目的作为一种意识观念领域里的范畴,当然受经济目的和社会管理目的的制约;但同时,它又对经济目的和社会管理目的产生能动的反作用。

人所确立的目的和目的性的活动,使人类由蒙昧时代发展到了文明时代,由田园诗般孤寂世界走向了当今五光十色的信息世界。而“创造这一切,拥有这一切,并为这一切而斗争的不是‘历史’,而正是人,现实的、活生生的人”。②

二、人的主体性作用

人作为历史活动的主体,在建构自己活动目的的同时,能够自觉地意识到目的本身无法在目的那里得到实现。因此,为了实现人的目的,便有了人创造社会历史的活动。无疑,人类是这活动的主体。但人类并不是一个抽象的名词,它是由无数具体的个人所组成的。这样,一方面,我们在探讨创造历史的主体性作用时不能撇开个人的作用;另一方面,由于个人总是从属于某个群体,是某个民族、阶级、阶层的一个成员,

① 《马克思恩格斯选集》,第4卷.北京:人民出版社,1972年版,第243页

② 《马克思恩格斯全集》,第2卷.北京:人民出版社,1957年版,第118页

因而在探讨创造历史的主体性作用时又不能离开整个群体的作用。

其一,人自己创造自己的历史。在人类社会的发展中,人是个人和人类的具体历史统一,是生活在一定社会形态下的所有个人的总称,是为改变自己生存条件而积极活动的社会主体。依据人在社会发展中的具体地位和作用,可以对人作多种划分。从劳动性质和方式来看,人可以划分为体力劳动者和脑力劳动者;从对社会作用的性质和大小来看,人可以划分为普通人物和杰出人物。在阶级社会这个特定的历史时期,人又依据对于生产资料的不同关系划分为不同的阶级、阶层和集团。在特定历史阶段,哪些阶级、阶层、集团属于人民的范畴,则取决于当时政治斗争的性质和需要。人民作为一个政治概念,乃是一种历史的范畴。但是,不管社会如何变化和对人作何种具体划分,人的主体和中坚部分,始终应该是从事物质生产和精神生产的劳动人民群众。劳动人民群众创造历史的伟大作用,广泛地体现在社会历史生活的各个领域。这其中最主要的有如下三方面的表现:

一是人民群众是社会物质财富的创造者。物质财富是社会赖以存在和发展的基础,是人们从事政治、科学、艺术和其他一切活动的前提。而社会生产力的发展水平是最终决定社会物质财富生产的最终因素。在生产力体系中,从事物质资料生产的劳动群众、劳动知识分子,是最首要的具有创造性的生产力。而生产力的发展是人类社会发展的源泉和最深厚的基础。因而,没有他们从事物质生产的过程,以及经验的积累、概括和必然导致的生产力的发展,就不可能有人类社会的发展和进化。

二是人民群众是社会发展和进步的根本力量。在物质资料生产过程中,他们不仅生产和再生产着物质财富,而且生产和再生产着新的社会需要、社会因素和社会关系。人民群众通过自身的劳动,不断地促进生产力的发展,强化经济基础由于生产力发展而孕育着的变革要求,制约和改变着当时的上层建筑的社会面貌,为社会进化提供基础和条件,并且最终导致社会革命时代的到来。在阶级社会中则是通过社会革命,实现社会形态的质的飞跃。在社会革命中,劳动群众和劳动知识分子,始终发挥着推动历史前进的决定性作用。所以,列宁指出:“革命是被压迫者和被剥削者的盛大节日。人民群众在任何时候都不能够像在革命时期这样以新社会秩序的积极创造者的身份出现。在这样的时期,人民能够作出从市侩的渐进主义的狭小尺度看来是不可思议的奇迹。”①

三是人民群众还是精神财富的创造者。在历史上,劳动群众通过自己辛勤的劳动,不仅为社会和知识分子的精神生产创造了物质前提,而且提供了丰富的精神原料。不仅如此,在劳动群众中也涌现了一大批杰出的能工巧匠和杰出的科学家、思想家。因而他们为社会精神财富的创造作出了极其重大的贡献。否认和抹煞劳动群众在精

① 《列宁选集》,第1卷.北京:人民出版社,1972年版,第601页

神财富创造过程中的伟大历史作用是违背历史事实的。但是,由于社会历史条件的限制,劳动群众在总体上失去了享受文化教育的权利,不能从整体上参与精神财富的创造过程。从劳动群众的生产、生活中吸取营养,总结和概括劳动群众的实践经验,把劳动群众所提供的原材料进行加工制作,最后创造出精神财富的产品,这一工作则是通过劳动群众中的知识分子完成的。因此,知识分子在精神财富创造和社会文明进化中所建树的丰功伟绩,也是不容置疑的。

特别应该指出的是,现代社会的发展由于社会精神财富的创造在社会进化中居有越来越重要的地位,社会精神生产、脑力劳动、知识分子对于社会的贡献必将日益突出起来。一般来说,精神生产是指知识、人才(就人才是知识的活的载体而言)、作品、决策、计划以及一切经验和技能等精神成果的生产。精神生产的产品按照马克思主义的观点可以划分为两类:一种是对象性形式,即指"能在生产和消费之间的一段时间内存在,并能在这段时间内作为可以出卖的商品而流通,如书、画以及一切脱离艺术家艺术活动而单独存在的艺术作品"。① 另一种是直接性形式,即指"同生产行为不能分离,如一切表演艺术家、演说家、教员、医生、牧师等等的情况"。② 由于科技、文化的进步,精神产品的直接性形式愈来愈多地可以转化为对象性形式,精神生产和精神产品将更为广泛地进入社会生活,影响社会进程。为了更好地发挥精神生产的作用,必须遵循精神生产的内在规律,努力处理好社会效益和经济效益、提高和普及等诸多方面的关系。其中最重要的是要尊重作为精神生产的主体的知识分子,为他们的艰苦劳动提供物质条件和自由环境。精神产品是观念形态的东西,精神生产既需要以一定的物质手段和时间为前提,但主要取决于劳动者的才华、气质和勤奋。精神生产者一般要经过严格有素的训练。同时,精神生产的主体大多是个人,因而具有显著的个人特色。精神产品中的佳作,不管表现为何种形式,都必然沉淀着创造者对社会、人生的独特的思考,体现了作者全部的文化修养和艺术功底。人类历史的发展证明,精神生产和精神生产者即知识分子的地位和状况,实际上是一面镜子,映射着社会文明的发展程度和水平。

人的主体性作用与社会历史条件,从来是相互限定、相互促进的。从总体上看,人的主体创造力量是无限的,社会发展的总的历史趋势是不可逆转和不断进化的。但从具体的历史发展过程来看,人又总是在社会所提供的现实舞台上进行活动的。人的创造力量必须受到既定的社会历史条件的制约,具有有限性。一般来说,这种社会历史条件的限制,是指人活动所遇到的一切现存的社会要素的总和,包括经济、政治和精神文化方面的条件的限制。因此,要充分发挥人的主体性创造作用,则必须克服和冲破

---

① 《马克思恩格斯全集》,第26卷(Ⅰ).北京:人民出版社,1972年版,第442页

② 《马克思恩格斯全集》,第26卷(Ⅰ).北京:人民出版社,1972年版,第443页

社会历史条件的消极限定,发展社会的经济、政治和精神文化。在这个意义上,人的主体性作用的无限增长与社会历史的不断增长,必然是同步发展的。

其二,杰出人物的历史作用。相对于人的整体而言,个人"是一个特殊的个体,并且正是他的特殊性使他成为一个个体,成为一个现实的、单个的社会存在物"。① 历史上的每个人,都对社会历史起过一定的作用,总要在历史上留下某种烙印,但作用则有大有小,烙印也有深有浅。因此,又可依此把个人分为普通个人和杰出人物。

杰出人物不是超人,不是"神灵"或"救世主",而是生活在一定时代和一定人群中的有血有肉的个体。他们的产生是时代的产物,是社会历史发展的必然。也就是说,时势造英雄。这里所谓的"时势"是指一定历史时期内各种社会条件的总和所造成的社会发展的必然趋势。这种必然趋势一经产生,就必定要把人们的注意力吸引到成熟了的历史任务中来,召唤那些关注时势的人物站到历史斗争的前列,并把他们锻炼成具有卓越才能的杰出人物。当然,被历史召唤和锻炼造就的杰出人物,究竟是哪一个具体的个人,并且这些个人具有怎样的个性品格,由于受着各种复杂的历史因素影响,有其偶然性,这正如马克思指出的那样:"如果'偶然性'不起任何作用的话,那么世界历史就会带有非常神秘的性质。这些偶然性……也包括一开始就站在运动最前面的那些人物的性格这样一种'偶然情况'。"②但是,在这种偶然性的背后依然体现着必然性,历史发展的时势将造就出它所需要的杰出人物是必然的,如果没有这个人,那就会有另外的人来代替,这也是必然的。

杰出人物一经产生,他们的思想和行动就必然要对社会历史的发展产生极大的影响作用。从最一般意义上概括,杰出人物在历史发展中的重要作用主要表现在如下两个方面:其一,他们是历史事件的发起者。杰出人物比同时代、同阶级的人们要站得高、看得远,能够敏锐地反映和把握时代的发展趋势和历史必然性,解决时代所提出的任务的愿望也比别人要强烈一些,因而,他们能提出适应社会历史时代发展要求的理论、纲领和政策,从而为进步阶级的活动指明方向;其二,杰出人物也是历史事件的组织者和领导者。他们作为进步阶级和广大群众的代表,能够反映进步阶级的利益和愿望,并在一定程度上反映人民群众的要求,因而能够动员、组织并领导群众,为社会历史的进步作出自己的贡献。

但是,必须指出的是,杰出人物的历史作用和人民群众创造历史的作用是一致的。不论什么样的杰出人物,他们都是人这个社会群体的一分子。因此,杰出人物个人的作用只能以人的主体性作用为基础。也就是说,杰出人物的作用,逻辑地包含在人创造自己历史的主体性作用之中,在阶级社会中,杰出人物总是归属于并代表着一定社

① 《马克思恩格斯全集》,第42卷.北京:人民出版社,1979年版,第123页

② 《马克思恩格斯选集》,第4卷.北京:人民出版社,1972年版,第393页

会阶级、集团的利益。他们的产生,既是当时社会发展必然性为人所认识反映而表现出来的主观愿望,又是一定阶级和社会集团进行社会革命、按照一定方式联合为整体力量的内在要求。杰出人物的智慧、才能反映和受制于当时社会发展的总体水平和自身所归属、代表的那个阶级、集团的性质和素养。

一般地说,无产阶级领袖也是杰出人物,他们的历史作用必然符合杰出人物历史作用的一般规定。但是,无产阶级领袖又不是一般意义上的杰出人物。无产阶级的阶级特性和历史使命,无产阶级的伟大实践赋予自己领袖以特殊的气质和优点。这就决定了他们对社会历史发展能够超出以往一切杰出人物而起着更为重要的作用。但是,即使是这样,无产阶级领袖的历史作用与创造历史的人民群众相比,也始终只能是沧海一粟。列宁指出,一个无产阶级政党如果“不学会把领袖和阶级、领袖和群众结成一个整体,结成一个不可分离的整体,它便不配拥有这种称号。”①因此,在对待无产阶级领袖的问题上,始终应该坚持辩证的科学态度,既要充分肯定无产阶级领袖的历史作用,尊重无产阶级领袖的权威,又要反对对无产阶级领袖的神化和迷信。

其三,普通个人的作用。承认人自己创造自己的历史,也就同时意味着承认通过个人的历史作用,因为人就是由无数的普通个人有机组合而成的。历史上的杰出人物之所以杰出,是因为他们为历史的发展提供了较大的促进力量。而普通个人同样是置身于历史发展的行列,为历史前进提供着自己的力量。虽然这种力量相对于杰出人物而言要小一些,因而容易被忽视故不为人所熟知。但是,这并不意味着可以否认普通个人对于历史发展的作用,也不意味着普通个人可以放弃自己的历史责任而无所作为。

在社会发展中,普通个人的作用是不容抹煞的。一般说来,社会发展是人类主体性力量综合作用的结果,任何个人只有置身整体之中,和整体的行为相一致,才能显示和发挥个人的作用。然而,整体又是由个人组合而成的,没有无数个人才能的充分发挥,整体也就失去了自身内在的活力。整体作用取决于无数普通个人的素质和所发挥作用的大小。在同样的社会历史条件下,或几乎完全类似的物质生活环境中生存和活动的个体,即使是普通个体,对于历史发展的贡献仍然是千差万别的。这自然应该从个人主观方面的原因来解释。俗语称“天下兴亡,匹夫有责”,这表明了每一个普通个人,都应该培养高度的社会责任感,都应该对社会发展尽自己的一份责任。

人类社会发展的历史和现实表明,个人能否在历史发展的合力中融进自己的积极作用,很大程度上取决于我们如何正确把握个人和集体的关系。历史唯物主义所谓的集体,就最一般意义而言,它不是单个人的简单相加,而是指由某种共同的社会关系联合起来的集合体和共同体。人作为一种社会存在,就决定了每个个体都必然地从属于

① 《列宁选集》,第 3 卷. 北京:人民出版社,1972 年版,第 206 页

一定的集体。从马克思主义的社会历史观的基本原则出发，个人和集体的关系问题应该是这样的：一方面，个人依赖于集体，无集体即无个人。首先，集体使个人得以生存。马克思指出，人是最为名副其实的社会的动物，“是只有在社会中才能独立的动物”①。离开集体，单个的人根本无法生存，人就不能成其为人。其次，集体使个人力量得以发挥和增强。个人的活动不论属于什么性质，都必然是在多层次的集体中进行的，离开集体，离开社会，任何人的个人作用都表现不出来。单个人的力量是微弱的，然而集体可以使个人力量增强起来。简单协作就可以产生新的力量，在现代化大生产中，集体更加增强个人的力量。因此，马克思说：“我们知道个人是微弱的，但是我们也知道整体就是力量。”②另一方面，个人影响集体，集体也依赖于个人。首先，集体由个人所组成。没有一定数量的个人，也就没有集体。离开一个个单个人的活动，就没有集体活动，就没有人类活动，也就没有人类社会发展的历史。其次，个人力量发挥的程度影响集体的力量。集体的所有成员都积极发挥个人的力量，并能齐心协力，有机地配合，集体力量就得以增强。如果情况相反，必然使集体力量削弱。

在社会和集体这个有机体中，每个人都可以也应该找到自己的地位，都完全可以依据自己的条件和素质，为社会机体的正常运行和发展作出自己的努力。社会的发展，固然需要并高度重视各方面的英才俊杰，鼓励他们脱颖而出、出类拔萃。历史上的无数杰出人物正是因他们对于社会发展的卓越贡献而名垂青史，而永远为后人所景仰和怀念。但是，社会发展更需要广大平凡的、默默无闻坚守在各个岗位上的普通个人，无名英雄，他们以自己辛勤的劳动，为社会的进化和人类文明的积累添砖加瓦，开拓前进。虽然他们没能和杰出人物一样留下自己的英名，但是，他们的汗水不会白流，他们的贡献不会被埋没，他们的功绩同样将随同他们的劳动凝结和浇铸在人类文明的丰碑上。

三、社会历史发展的合力

在历史唯物主义关于社会发展的动力理论中，无论是人的需要，还是由需要而产生的社会生产方式，生产力、科学技术、阶级斗争，或者是人民群众等动力因素，实质上都可以归结为是人的主体性作用，因而，从最抽象的角度概括，历史发展的动力在于人自身。正因为这样，作为人和人格中重要组成部分的意志，便必然地要对社会历史的发展产生积极深刻的影响。

恩格斯在批判那种把历史唯物主义歪曲为无视人的意志和能动作用，从而使社会

① 《马克思恩格斯全集》，第12卷.北京：人民出版社，1962年版，第734页

② 《马克思恩格斯全集》，第1卷.北京：人民出版社，1957年版，第80页

发展的复杂过程变成没有人参与的唯一的经济决定过程的观点时，这样说过："历史是这样创造的：最终的结果总是从许多单个的意志的相互冲突中产生出来的，而其中每一个意志，又是由于许多特殊的生活条件，才成为它所成为的那样。这样就有无数互相交错的力量，有无数个力的平行四边形，而由此就产生出一个总的结果，即历史事变，这个结果又可以看作一个作为整体的、不自觉的和不自主地起着作用的力量的产物。……各个人的意志……虽然都达不到自己的愿望，而是融合为一个总的平均数，一个总的合力。"①这就是恩格斯提出的著名的社会历史发展过程中合力的思想。历史唯物主义的这一合力的思想，在承认社会经济的前提和条件对人创造历史的决定性影响的同时，深刻阐明了个人的意志及其力量对社会发展的重大影响。人们创造自己的历史，一方面，通过许多单个人的意志的相互冲突表现出来，许多个人的意志、愿望，形成无数相互交错的合力。这些合力的相互作用，其结果是产生了历史运动。另一方面，每个人的意志和愿望，又是由其特殊的生活条件所决定的，因而，历史运动又不以每个人的意志为转移，历史运动服从自己固有的客观规律。

唯物史观因此认为，构成社会发展动力的合力就必须从两个层次上予以把握：合力的第一层含义是指社会发展的动力体系是多因素的综合作用，其中经济的、生产方式的因素起决定的作用，但是政治、法律制度和政治、法律、艺术、道德、宗教、哲学等观念，以及一定的历史文化传统，也起重要的影响作用，它们也构成历史发展合力的一个分力。在这个问题上，否认经济的、生产方式的因素是历史发展的决定因素是历史唯心论的观点；而因此把经济关系、生产方式视为社会发展的唯一因素，又是庸俗唯物主义的表现。因而必须坚持历史发展中的辩证法原则。合力的第二层含义则是指在历史活动过程中，每一个人的意志和力量都构成社会发展合力的一个分力。这些分力由于是个人意志和力量愿望提供的，因而通常是相互冲突的。所以迄今为止的人类历史，几乎是一部"无数个别愿望和个别行动的冲突"的历史，每个人不同的意志和行动最后形成一个总的平均数，一个总的合力，历史就是这种合力产生的结果。

在社会历史的发展中，合力的这两层含义是辩证统一的。社会发展中经济的、政治的、法律制度的以及观念意识形态、文化传统的合力作用，是通过历史活动主体中每一个人意志的努力和行动才现实地表现出来的。也就是说，历史活动中每一个人的意志不是随心所欲的，而必须是基于对经济的、政治的以及文化传统的自觉意识和把握基础上，才能确立并发挥作用的。也因为这样一个原因，历史发展中的合力就往往是通过历史主体的不同的意志努力和行动而表现出来的。

在推动历史发展的合力中，每一个个人的意志和力量的不同，根源于人们的特殊的社会生活条件。正如前已所述，一方面，人类社会和自然界的发展是不同质的。后

① 《马克思恩格斯选集》，第4卷. 北京：人民出版社，1972年版，第478页

者是盲目的、从而也是无意志的客观过程,而人类社会中的一切都是在人的需要、目的,以及由此产生的意志支配下发生的,没有人的意识活动,就没有人类社会的历史。但是,另一方面我们不能因此就把人的意识、目的、意志、愿望、动机等认为是人类社会发展的决定力量和最后动因。这是因为隐藏在人的意志背后的动因,并决定意志是否产生以及如何产生的决定性因素,依然是社会的物质生活条件。这包括人们所处的不同的经济地位和政治地位,不同的时代条件和社会环境,其中最根本的当然是基于不同的物质需要和利益。人们的物质需要和利益的不同就决定了人们的意志及其力量的不同,从而在社会历史中形成相互交错和冲突的不同力量,共同推动社会历史的向前发展。

每一个个体的意志和行动,是通过无数个力量的互相交错和互相作用,而实现推动历史发展的合力作用的。恩格斯非常恰当而形象地把这个活动过程比喻为无数力的平行四边形作用。在物理学中,表示力、速度、电场强度等物理量称为矢量。矢量的运算和一般数学运算不同,其相加应按平行四边形法则进行。也就是说,物理上互成角度的两个力的合力,其矢量以这两个力的有向线段作邻边的平行四边形的对角线来表示。矢量表示这个合力的大小和方向。如果作用于物体上的力是许多个,那么这个平行四边形的合力和另一个力作为两个邻边又可构成另一个新的平行四边形,从而诞生另一个新的合力。社会历史的发展正存在着类似的情形。无数个人的意志和力量,构成无数个平行四边形的邻边,这些单个人的力量交互作用的结果,引出无数合力,最后形成总的合力,这个总合力便是历史事件的推动力。

所以,历史发展合力的结果必然和任何人的意志不一致,或不完全一致,或完全相反。这正如恩格斯描述的那样,"行动的目的是预期的,但是行动实际产生的结果并不是预期的,或者这种结果起初似乎还和预期的目的相符合,而到了最后却完全不是预期的结果。"①这是因为每个人的意志和愿望是单个的,各个单个力量作用的最后结果却是总体的,所以历史是作为整体的、不自觉地和不自主地起作用的力量的产物。但个人的意志和力量并不等于零,因为每个人的力量都包括在总的合力中,每个人的意志、力量和行为作为动力的一个分力,都对历史发展和进步的合力有所贡献。

而且,按照合力的平行四边形法则理解,无数单个人的意志和力量融合成的推动历史发展的总的力量,并不是简单的算术平均数。在人们创造历史的活动中,个人之间的力量、阶级之间的力量不会是等量的。有时可以表现为势均力敌,但平衡总是相对的,随着各种力量的变化,有些力量互相抵消了,有些力量削弱了,有些力量则壮大了。这样,参加到推动历史发展的合力中去的各种力量就不是平均的。总的合力是由无论从量上还是从质上都不相同的各种力量融合而成的。这就是说,历史事件的发

① 《马克思恩格斯选集》,第4卷.北京:人民出版社,1972年版,第243页

生、演变和发展,一方面既不是完全由一种力量参与的结果,另一方面也不是各种力量平均参与的结果。这其中杰出人物的意志和行动和普通个人的意志和行动对历史发展的影响作用就是不同的,也正因为这样才有了杰出人物和普通个人的区分。而在阶级社会的发展中,推动社会进步的,主要是那些代表生产力发展客观要求的先进阶级及其代表人物的意志和行动,是他们代表和决定着时代发展的方向和主流。在资本主义代替封建社会的历史进程中,新兴的资产阶级力量代表社会发展的方向,是资产阶级革命时代的主流。而在社会主义代替资本主义的历史进程中,是无产阶级及其政党的力量决定了社会发展的方向,他们的意志和行动成了帝国主义和无产阶级革命时代的主流。所以,阶级社会发展的合力,就不是被剥削阶级和剥削阶级、革命阶级和反革命阶级、进步阶级和落后阶级之间力量的平均数,合力的最终必然是以革命的、进步的阶级胜利和反革命的、落后的阶级灭亡而告终。在这里,个人意志和力量是通过阶级的意志和力量参与其中发挥作用的。个人总是从属于一定的阶级。这样,个人意志和力量间的冲突,就归结为各个阶级间的相互冲突。这些不同阶级间冲突的结果是一些阶级胜利了,另一些阶级失败了。而这也就构成了迄今为止的人类文明史的主要发展线索和基本内涵。

这样一个社会历史发展总合力的形成及其结果,是和社会经济发展的客观规律相一致的。在人们创造历史的活动中,无数个人或阶级的意志的力量,究竟哪一种意志和力量占优势,它们在历史发展合力中各起什么作用,总的合力融合成怎样的形式及其发展方向如何,以及每一种意志和行动能否成功等,归根到底取决于这些意志和力量所处的经济地位和状况,取决于这些意志和力量多大程度上认识、把握并因此符合生产和经济发展运动的客观规律。不同个人或阶级的意志和力量,由于顺应或背离社会生产和经济运动规律的不同,它们在社会发展合力中的作用也必然不同。所以,杰出人物首先必须把握社会发展的客观必然性(时势),才可能对社会历史发挥深刻的影响作用,而人民群众创造历史的活动也是要自觉或不自觉地反映社会发展的客观要求时,才能推动社会历史的进步发展。俗语所说的“识时务者为俊杰”,其深刻含义正在于此。

在历史唯物主义关于社会发展的动力体系中,由无数个人意志和力量交错融合而成的社会历史发展合力,是一个综合的动力。它和社会发展的其他动力、需要、利益、生产方式、生产力、科学技术、阶级斗争、人民群众等,是在不同意义上的概括。如果说,人的需要、利益作为社会历史发展的内在动力,而生产方式、生产力、科学技术、阶级斗争作为这一内在动力的展开形式,人民群众创造历史的作用则是这一展开形式的实现途径的话,那么,社会历史发展的合力就是基于需要和利益基础之上的,对生产方式、生产力、科学技术、阶级斗争和人民群众动力的形态在主体自身的综合。因此,作为社会发展的动力,社会发展的合力是一个综合概念,而上述诸如生产力、科学技术、阶级斗争等则是某一方面的具体概念，它们作为合力的具体表现和组成部分，归根到底是在人这一社会活动的主体那里实现其动力作用的。也就是说，生产力、科学技术、阶级斗争等动力因素，作为人的活动的具体表现，必须通过人在创造历史过程中的合力作用而实现自身。

历史唯物主义关于社会发展中的合力理论，有着重要的理论和实践意义。合力理论所揭示的人的意志、力量与社会发展客观规律的关系原理，与历史观上的意志主义以及缩命论划清了界线。历史唯心论的重要形式之一是意志主义，它的错误不在于承认了思想、意志对社会发展所具有的动力作用，而在于意志主义把这种作用夸大成是社会历史发展的决定力量，特别是把英雄人物的意志说成是社会发展的决定因素，从而彻底地否定了社会物质资料生产方式对社会发展的决定作用，否认了社会发展的客观规律性。现代西方哲学中意志主义的主要代表人物叔本华、尼采、萨特的社会历史观，其根本的错误也就在这里。和意志主义相反，社会历史观上的宿命论者，却完全抹煞人的主体性作用，把人变成受自然、社会任意摆布的受动体。古罗马哲学家辛尼加所称的“愿意的人，命运领着走，不愿意的人，命运拖着走”；中国古代那不知被重复了多少年的“生死由命，富贵在天”的说法，都是这种历史宿命论的典型表现。历史宿命论的错误在于把人仅仅看成历史必然性规律实现自身的被动工具。这种理论忘记了离开人和人的活动，就没有人类社会历史这一基本的事实，因而，这种主张人必须放弃一切历史主动性和创造性的宿命论，也是根本错误的。

按照唯物史观的合力理论，历史发展的真实情形应该是这样的，人类活动过程中存在着多种多样的可能性，因而人的意志有选择的自由。这种选择虽然不会取消或改变历史发展的趋势，但是这种选择及选择后的行动要带来一定的历史后果，而这种后果又会成为一代人的活动的某种前提。这样，历史的发展就必然要同人的有目的、有选择的意志活动不可分割地联系在一起。也因此，历史唯物主义认为，每个人应当在历史发展的必然性规律面前发挥自己的主动创造精神，并勇于为自己行动的后果负责。否则，我们就是在放弃“我们自己创造自己历史”的权力。

第三章 资本主义原理

作为社会认识论的一个具体理论成果，对资本主义的分析构成马克思主义原理的重要内容之一。马克思恩格斯在《共产党宣言》中曾经称赞资本主义创造出前所未有的巨大物质财富，把人类文明推进到新的历史阶段。但是，资本主义同样无法克服其内在的对抗性矛盾。这种矛盾的逻辑发展，必然造成资本主义自身的灭亡，使人类社会向更高形态演进。马克思在科学的劳动价值论的基础上，创立了剩余价值理论，深刻揭露了资本主义经济关系的实质，揭示了资本主义产生、发展及走向灭亡的历史进程。150 多年来，无论资本主义的现实形态如何变化，马克思主义对资本主义所作的深刻剖析，始终是我们正确认识这一社会形态的科学指南。

第一节 资本主义经济关系

一、资本主义生产方式的历史前提

马克思在《资本论》中精当地把商品经济看成是资本主义经济的历史起点。的确，资本主义社会的财富普遍采取商品形式，表现为一个“庞大的商品堆积”①。在马克思看来，商品作为资本主义社会财富的元素形式，蕴含着资本主义一切矛盾的胚芽。

商品是通过交换满足人们的某种需要的劳动产品，它具有使用价值与价值二重属性。商品的二重性来自于生产商品的劳动二重性。要生产各种不同的使用价值，就要进行不同种类的劳动，这种具有特定形式的有用劳动叫做具体劳动，具体劳动创造商品的使用价值。撇开劳动的具体特点，在生理学意义上耗费的人类劳动就是抽象劳

① 《马克思恩格斯全集》，第 23 卷. 北京：人民出版社，1972 年版，第 47 页

动。抽象劳动形成商品的价值。

劳动二重性学说是马克思首先创立的。资产阶级古典政治经济学提出了劳动创造价值,但没有区分劳动二重性,因而不能科学地说明价值的本质,也不能把劳动价值论贯彻到底。劳动二重性理论不仅承认价值是劳动创造的,而且阐明了价值是什么劳动,在什么社会条件下创造的,从而奠定了科学的劳动价值论的基础。以此为基本出发点,马克思还提出了一系列新的范畴,深入分析了资本主义生产过程,揭示了资本主义剥削的本质。正因为如此,马克思把劳动二重性称之为"理解政治经济学的枢纽"①。

决定着商品二重性的劳动二重性,归根到底是私人劳动和社会劳动的矛盾反映。在私有制条件下,生产商品使用价值的具体劳动是商品生产者的私事,因而劳动具有私人性。但商品是为了满足社会需要的,单个商品生产者的劳动构成社会总劳动的一部分,因而具有社会性。只有通过商品交换,使用价值转化为价值,具体劳动转化为抽象劳动,私人劳动才能转化为社会劳动。私人劳动与社会劳动的矛盾,由此,成为以私有制为基础的商品生产的基本矛盾。

商品的价值由劳动所创造,商品的价值量也就由商品所包含的劳动量所决定。由于生产条件、熟练程度和技术水平各不相等,各个商品生产者生产同种商品所耗费的个别劳动时间必然不同。商品的价值量不能取决于个别劳动时间,而只能由社会必要劳动时间所决定。所谓社会必要劳动时间,"是在现有的社会正常的生产条件下,在社会平均的劳动熟练程度和劳动强度下创造某种使用价值所需要的劳动时间。"②生产商品的社会必要劳动时间随劳动生产率的变化而变化。在同样时间内,复杂劳动所创造的价值要高于简单劳动。因此,在不同种商品交换时,复杂劳动的产品可按一定比例与简单劳动产品互相交换,复杂劳动换算成几倍的简单劳动。这种换算比例是在交换过程中自然形成的,表现为一个社会过程,

价值在生产中形成,而价值的表现形式却存在于商品交换领域。商品生产与商品交换的发展过程,是劳动的社会性日益显示的过程,也是价值形式从低级向高级发展的过程。

价值形式的发展经历了从个别价值形式到扩大的价值形式,再到一般的价值形式。最后,一般等价物固定在一种商品上。这种固定地充当一般等价物的特殊商品,就是货币。货币形式是最发达的价值形式。贵金属(金或银)由于其特殊的自然属性,逐渐排除其他商品,独占了货币商品地位。货币的产生使商品的直接交换转变为以货币为媒介的商品交换。货币作为价值的体现物与广大的商品世界相对立,成为价

---

① 马克思:《资本论》,第1卷.北京:人民出版社,1975年版,第55页

② 马克思:《资本论》,第1卷.北京:人民出版社,1975年版,第52页

值的完成形式。纸币作为金属货币的符号,也逐渐在商品流通中使用。

货币固定充当一般等价物的本质特点通过其职能得以体现。货币的五大职能是,价值尺度,流通手段,贮藏手段,支付手段和世界货币。前两者是货币的基本职能,“作为价值尺度与流通手段的统一是货币”①。这两种职能使各种商品的价值能用同一尺度进行衡量并使商品交换能现实地进行。后三种职能则是在商品交换过程中逐渐产生的,其中贮藏手段的职能只能由具有保值功能的货币充当,支付手段的职能则以信用关系的产生为前提,而作为世界货币,则必然脱去本国的外衣,直接以贵金属的面目出现,充当一般的支付手段、购买手段和财富在国与国之间转移的形式。

货币的产生,使商品内部使用价值与价值、具体劳动与抽象劳动、私人劳动与社会劳动的对立外化为商品与货币的对立。商品能否在市场上与货币相交换,是商品的“惊险的一跃”,这一跃成功与否,决定着商品生产者的私人劳动能否为社会承认,转化为社会劳动,从而决定商品生产者的命运。货币作为一般财富的代表,引起众多商品生产者和冒险家们近乎疯狂的追逐,商品拜物教转化为货币拜物教。这种追逐导致了历史上无数的悲喜剧,也引起众多道德家和诗人对货币充满激情的诅咒与挞伐。然而,只要是商品经济,就无法提出消灭货币的要求。因为货币是商品内在矛盾的必然结果。它既非金或银的自然属性,也非人们为了便利交换而彼此协商的产物,而是人们在商品经济中必然形成的社会关系的外部体现。一切资产阶级经济学家在货币问题上的谬误,正在于他们看不到货币背后隐藏的社会关系。

只要存在商品生产和商品交换,价值规律就必然存在并发生作用。价值规律是商品生产的基本规律。其基本内容是:商品的价值由生产商品的社会必要劳动时间所决定,而商品交换则以商品价值量为基础,要求等价交换。商品价值用货币表示则形成价格,价格是价值的货币表现。按照价值规律的要求,价格应与价值相等。但由于市场竞争和供求关系变化的影响,价格经常与价值相偏离。这种偏离反过来影响供给变化,使市场供求趋于平衡。价格对价值的不断偏离与复归,总是以商品价值为基础。价格围绕价值上下波动,并不是对价值规律的破坏,恰恰是价值规律赖以发生作用的形式,诚如恩格斯所指出:“只有通过竞争的波动从而通过商品价格的波动,商品生产的价值规律才能得到贯彻,社会必要劳动时间决定商品价值这一点才能成为现实。”②在简单商品经济中,价值规律具有三方面作用:

其一,自发地调节社会总劳动在各生产部门的分配。这种调节作用是通过价格机制实现的。各个分散的商品生产者无法得到有关全社会商品供求情况的完整信息,只能以市场价格信号为依据调整自己的生产行为。当某种商品供不应求,价格上涨时,

① 《马克思恩格斯全集》,第13卷.北京:人民出版社,1962年版,第113页

② 《马克思恩格斯全集》,第21卷.北京:人民出版社,1965年版,第215页

商品生产者们便趋之若鹜，大量从事该种商品生产；当供过于求，价格下跌时，则会有许多生产者退出该种商品的生产领域，生产别种商品。价值规律的这种调节作用，虽然能使社会各生产部门大体保持恰当比例，但总是伴随着社会生产力的破坏与社会劳动的浪费。

其二，自发地刺激商品生产者改进生产技术，提高劳动生产率。因为只有这样才能降低个别商品生产的劳动耗费，使个别劳动时间低于社会劳动时间，才能获得较高收入，并在竞争中处于有利地位，否则就会在交换中亏损，甚至在竞争中被淘汰。价值规律的这种作用，如同一条鞭子，时刻在商品生产者的头上挥舞，迫使其采用新的生产方法和新技术、新材料，降低劳动耗费，提高劳动生产率，从而推动了社会生产力的发展。

其三，促使小商品生产者的两极分化。商品生产中的优胜劣汰，是一个必然的过程：拥有先进技术，充裕资本，有利销售条件和精明经营头脑的商品生产者在竞争中获胜，变得越来越富有，而那些竞争中的失败者则沦为靠出卖自身劳动力为生的雇佣劳动者。从封建社会一无所有的城市短工、农村长工的身上，我们已经可以感觉到这种分化的作用与后果。这种两极分化的累积与加速，正是产生资本主义生产关系的催化剂。

资本主义时代“是从十六世纪才开始的”①。资本主义生产方式的产生与确定，在经济上必须具备两个条件，一是要有大批的自由劳动者，这种自由具有双重含义：摆脱封建人身依附关系的自由和摆脱小块土地等生产资料束缚的自由，“自由得一无所有”。二是要在少数人手中积累起大量货币财富，从而组织起资本主义企业，通过资本家的雇佣活动，把生产资料与劳动者相结合。这两个条件是通过资本原始积累而迅速造就的。

资本原始积累过程，就是用暴力迫使劳动者与生产资料相分离的过程。“所谓资本的原始积累，在这里就是剥夺这些直接生产者，即消灭以自己劳动为基础的私有制。……这种消灭，这种从个人的分散的生产资料到社会的集中的生产资料的转化，就构成资本的前史。”②货币财富的积聚，同样是借助于国家权力，借助于有组织的社会暴力而进行的。在国内，利用发行公债，建立现代税收制度和保护关税制度等，积聚大量钱财，在国外，则通过殖民掠夺，发动侵略战争攫取战争赔款，甚至贩卖黑奴等残酷卑鄙手法，疯狂地聚敛财富。“美洲金银产地的发现，土著居民的被剿灭、被奴役和被埋葬于矿井，对东印度开始进行的征服和掠夺，非洲变成商业性地猎获黑人的场所：这一

① 《马克思恩格斯全集》，第 23 卷. 北京：人民出版社，1972 年版，第 784 页

② 《马克思恩格斯全集》，第 3 卷. 北京：人民出版社，1958 年版，第 172 页

切标志着资本主义生产时代的曙光。这些田园诗式的过程是原始积累的主要因素。”[①]大量积聚的货币财富转化为生产的实物要素,由此而造就了资本主义生产的物质条件。

马克思认为,资本关系的形成是一部劳动者被剥夺、被残害、被奴役的苦难史。“资本来到世间,从头到脚,每个毛孔都滴着血和肮脏的东西。”[②]然而,资本主义生产方式的建立又具有历史必然性,归根到底是由生产力与生产关系的矛盾运动所造成的,封建生产关系已经不适应生产力的要求。封建的人身依附关系、封建的行会制度以及封建割据局面,都严重阻碍商品经济的发展。分散的、以私有制为基础的小生产注定要被消灭。“这种消灭之所以成为可能,是因为上述的小生产只能同生产和社会的狭隘的、自然产生的界限相容,因而它发展到一定程度就造成消灭它自己的物质手段。”[③]这种物质手段就是以蒸汽机发明和应用为代表的机器化大生产,机器的使用引起了第一次产业革命,奠定了资本主义的物质技术基础,资本主义生产方式顺应了工业化和生产社会化的要求,比封建生产方式更能促进生产力的发展,这是资本主义生产方式取代封建生产方式的根本原因。第一次产业革命的成功也就成为资本主义在经济上战胜封建主义的标志。但是,资本主义生产方式一经确立,开始的是新的资本与雇佣劳动的矛盾运动过程。

二、资本与雇佣劳动关系

任何一种生产过程,都表现为人与自然进行物质变换的劳动过程。劳动者通过劳动资料的传导,把自身的劳动加之于劳动对象之上,使其发生合乎目的的变化,从而生产出新的使用价值。劳动过程是一切社会生产共同的属性,是人类社会生存和发展的基础。在简单商品生产中,这一过程同时又是商品价值的形成过程,商品生产表现为劳动过程与价值形成过程的统一。资本主义生产的实质不在于取得使用价值,而是取得剩余价值。因此,资本主义商品生产过程是劳动过程与价值增殖过程的统一。

资本增殖过程用公式表示即为:$G—W—G'(G+\Delta G)$。这里,货币表现为运动的出发点与归宿点。货币被垫付出去,是为了取得更多的货币,商品 W 只是为取得增量货币 $\triangle G$ 即剩余价值的手段,这种运动使作为流通手段的货币与作为资本的货币相区别,资本家作为货币增殖运动的有意识的承担者,也就不同于一般的货币所有者。

但是,这一资本总公式与价值规律是相悖的。按照等价交换的原则,只会发生使

---

① 《马克思恩格斯全集》,第 23 卷. 北京:人民出版社,1972 年版,第 819 页

② 《马克思恩格斯全集》,第 23 卷. 北京:人民出版社,1972 年版,第 829 页

③ 《马克思恩格斯选集》,第 3 卷. 北京:人民出版社,1972 年版,第 172 页

用价值的替换，不会发生价值增殖。即使不等价交换，个别资本家固然可以发财致富，但从社会整体来看，也只发生财富在不同个体之间的重新分配，并不会发生价值增殖。一个社会不可能靠欺诈致富。由此看来，似乎剩余价值不可能在流通中产生。但是剩余价值又不能不在流通中产生。流通是全部商品生产者相互关系的总和。离开流通，单个商品生产者只与他自己的商品发生关系。那样的话，他不仅不能成为资本家，甚至连商品生产者都不是，他只是个自给自足的小生产者，那就根本谈不上资本，也更不会有货币增殖。

因此，剩余价值必须在流通中产生，又不能在流通中产生。要解决这一矛盾，就要在市场上找到一种商品，这种商品使用价值本身具有成为价值源泉的属性，其实际使用能够创造价值，甚至是比自身价值更大的价值。

这种商品确实被找到了，这就是劳动力。劳动力作为商品，同样具有使用价值和价值二重属性。劳动力的价值是生产和再生产劳动力的社会必要劳动时间，在其现实性上，表现为劳动力生产和再生产所需要的生活资料的价值。具体包括：其一，劳动者本人所必需的生活资料价值；其二，劳动者养育后代赡养家庭所需生活资料价值；其三，劳动者为适应工作需要所必需的教育、培训费用。劳动力的使用价值则与一般商品不同，其价值并不随劳动力使用价值的消费而消失，而是在消费的同时形成新价值，资本家购买劳动力，正是看中了这个特殊的使用价值。

劳动力成为商品解决了资本总公式的矛盾。只要按照劳动力价值支付购买价格，就并不违背等价交换原则，但这丝毫不妨碍资本家在使用劳动力时榨取劳动者更多的新价值。正如给牛马吃的草料不等价牛马所做的功一样，劳动者补偿自己生活资料价值所付出的劳动量与他为资本家做工时实际付出的全部劳动量是两个不同的概念。他从事劳动的时间分为两部分，一部分用于再生产劳动力价值，叫做必要劳动时间，在此期间付出的劳动，叫做必要劳动。工作日中超过必要劳动时间的劳动时间，叫剩余劳动时间，在此期间付出的劳动，叫做剩余劳动。剩余劳动的凝结便是剩余价值，即雇佣工人所创造的并被资本家无偿占有的超过劳动力价值以外的那部分价值。

因此，所谓价值增殖过程也就是超过一定点而延长了的价值形成过程，这里的“一定点”，即是劳动者为补偿劳动力价值所付出的必要劳动终止点。然而，资本家绝对不允许劳动者的劳动时间就此而中结，而是远远超出甚至数倍于必要劳动时间，由此可以看到，价值增殖以在流通领域的劳动力买卖为前提，所以是在流通中进行，但流通过程只为价值增殖作准备，真正的增殖发生在生产领域，所以又不是在流通中进行。资本与劳动相交换的所谓“平等”、“自由”，仅以流通领域为限。一旦离开流通领域进入生产领域，“自由”、“平等”便演变为赤裸裸的剥削关系。于是，“原来的货币所有者成了资本家，昂首前行，劳动力所有者成了他的工人，尾随于后。一个笑容满面，雄心勃勃，一个战战兢兢，畏缩不前，像在市场上出卖了自己的皮一样，只有一个前途——让人家来鞣。”①

可见,马克思第一次明确区分了“劳动”与“劳动力”两个概念,纠正了长期流行的资本家购买的是工人的“劳动”这一错误观念,建立了关于劳动力商品与劳动力买卖的理论,这一理论是科学阐明剩余价值产生过程的关键,也是理解资本本质的关键。资本是能带来剩余价值的价值,资本所反映的是资本家把生产资料或货币,作为剥削雇佣工人剩余价值的手段的一种社会关系。这种关系虽以生产资料和货币为媒介,表现为物的形式,但绝对不能把资本等同于物或货币。货币转化为资本,只是劳动力转化为商品的结果。而劳动力成为商品,则是长期历史发展的结果,是以往一系列古旧生产关系变革和消亡的产物,是一种特殊的历史现象。历史上产生的终将在历史上消亡。劳动力商品化和生产资料、货币资本化都是历史的而不是永恒的。资产阶级经济学家把资本等同于物,甚至把原始人手中的棍棒也说成是资本,以证明资本的永恒性,他们完全没有理解资本的本质。

依据资本在价值形成和增殖中的不同作用,马克思把预付资本分为不变资本和可变资本。资本家用来购买生产资料的那部分资本是通过工人的具体劳动,把自身价值转移到新产品中去,这种转移以生产资料的原有价值为限,所以叫做不变资本。用来购买劳动力的那部分资本则不同,劳动力耗费时付出的抽象劳动在创造着新价值,无论是劳动力价值的补偿,还是剩余价值的产生,都是通过新价值的创造实现的。从这部分预付资本价值到生产过程中工人抽象劳动创造的价值在量上是变化的,所以叫做可变资本。

马克思对资本的这一划分具有巨大的科学意义。它清楚地表明了剩余价值的真正源泉。不变资本只是活劳动的吸收器,是生产剩余价值的必要条件,只有雇佣劳动力的可变资本才能创造剩余价值。同时,这一划分也正确揭示了资本剥削程度。既然剩余价值由可变资本带来,剥削程度也就取决于剩余价值率,即剩余价值同可变资本的比率。用公式表示为:

$$m'(\text{剩余价值率})=\frac{m(\text{剩余价值})}{v(\text{可变资本})}$$

由于可变资本的价值和剩余价值分别由必要劳动(必要劳动时间)与剩余劳动(剩余劳动时间)生产出来,故也可表示为:

$$m'=\frac{\text{剩余劳动时间}}{\text{必要劳动时间}}=\frac{\text{剩余劳动}}{\text{必要劳动}}$$

剩余价值率表明了剩余价值的相对量,剩余价值的绝对量(M)则等于资本家预付的可变资本总量(V)与剩余价值率(m')的乘积,用公式表示即为 $M=\frac{m}{v}V=m'\cdot V$。

① 《马克思恩格斯全集》,第23卷.北京:人民出版社,1972年版,第200页

这两个因素具有互补关系，但提高剩余价值率补偿可变资本量和工人人数的减少有一定限度。只有 M 达到足以使资本所有者完全脱离劳动，单靠剩余价值生活的程度，资本所有者才是真正的资本家，否则便只是一个“小业主”。在马克思的时代，大约要有 8 个雇工才能达到使资本所有者完全脱离劳动的水平。由此可见，单个货币所有者转化为资本家需要有某种最低数量限度的资本额，这一限额在资本主义发展的不同时期和不同生产部门是各不相同的。

当预付资本总量以及雇佣人数已确定时，资本家为了攫取更多的剩余价值，就要千方百计提高对工人的剥削程度。这种提高剩余价值率的方法可分为两类：绝对剩余价值生产和相对剩余价值生产。

绝对剩余价值是指在必要劳动时间不变条件下，通过绝对延长工作时间而产生的剩余价值。在资本主义早期阶段这种榨取方式占主导地位。当时工人工作时间之长骇人听闻，普遍在 14、16 小时以上，甚至更多，资产阶级国家对资本家的贪婪榨取行为给以公开保护和支持。资本家对劳动力掠夺式的使用，理所当然要激起工人阶级的强烈反抗，围绕工作日展开的激烈斗争是两大阶级斗争与冲突的重要内容。工作日的实际长度，也就取决于两个阶级力量的对比。随着工人阶级的组织性的不断提高，力量对比逐步向有利于工人阶级的方向变化，劳动日出现不断缩短的趋势。

在工作日长度已定的条件下，资本家通过缩短必要劳动时间相对延长剩余劳动时间所榨取的剩余价值称为相对剩余价值。相对剩余价值不能通过压低工资，妨碍劳动力正常再生产的途径取得，尽管资本家实际上常常这么做，但在理论分析上，应以劳动力价值得到正常支付为前提。劳动力价值取决于工人必需生活资料的价值。要降低生活资料的价值，就要提高生活资料生产部门的劳动生产率，而这些部门劳动生产率的提高，需要有更多更好的物质装备，因而又以生产资料生产部门劳动生产率的提高为条件。因此，劳动力价值的降低和必要劳动时间的缩短，是全社会劳动生产率提高的结果。

在实际经济运动中，相对剩余价值生产是通过资本家追逐超额剩余价值而实现的。超额剩余价值是个别资本家采用先进技术，使商品的个别价值低于社会价值而取得的剩余价值。当某一资本家采用先进技术提高劳动生产率后，该商品新创造的价值减少了，但在交换中，该商品价值仍按社会价值实现，这时资本家便获得超额剩余价值，这就造成一种示范效应，诱使其他资本家为了获得超额剩余价值而纷纷采用新技术，一旦这种新技术普及，该部门劳动生产率普遍提高，社会必要劳动时间就相应缩短，这时超额剩余价值消失了，但单个商品内含的价值已经降低。如果有的资本家想在此基础上获得超额剩余价值，就要采用更新技术和生产方法，由此引起下一轮的追逐。这种对超额剩余价值永不止息的追逐行为，造成包括生活资料生产部门在内的所有部门的劳动生产率提高，生活资料价值降低引起劳动力价值下降，工人必要劳动时间缩短，于是各部门所有资本家都获得相对剩余价值。

相对剩余价值生产在历史上经历了三个阶段。即简单协作、工场手工业和机器大工业。简单协作产生出一种协作力，工场手工业则通过企业内部的分工，使某项操作或某一零部件制作专门化，提高了劳动生产率，但两者的物质技术基础没有发生变化，对剩余价值的榨取以劳动者自身技能和劳动强度的提高为前提。机器大工业则使整个生产的物质技术基础发生变革，使资本的剥削范围扩大，使劳动对资本的隶属地位完全确立，这对资本家来说是求之不得的划时代进步，它不仅大大促进了社会生产力发展，而且在榨取更多剩余价值的同时使资本主义生产关系得以统治全社会。机器大工业是与资本主义本性相适应的生产方式。相对剩余价值推动科学技术的发展和应用，引起社会分工的深化，使市场联系、生产联系进一步加强，显示了资本主义比以往生产关系更有利于生产力发展的一面，因而更具有历史进步性。

资本主义生产的实质可用一句话概括：生产剩余价值。“生产剩余价值或是赚钱，是这个生产方式的绝对规律。”①从人类社会分化为不同阶级以来，对劳动者剩余劳动的榨取就成为一切剥削制度的共同特征。资本并没有发明剩余劳动，只是使剩余劳动采取了剩余价值这样的特殊形态。通过雇佣劳动关系攫取剩余价值，成为资本主义制度与其他剥削制度互相区别的特征。资本主义剥削由此也产生两个特点：一是剥削的隐蔽性。封建社会里农奴或是农民向封建地主提供的剩余劳动，无论采取徭役劳动的形式或实物地租、货币地租的形式，与自己的必要劳动都是截然分开，一目了然。奴隶社会里奴隶的全部劳动都表现为无酬劳动，其剥削性更为明显。而在资本主义社会里，由于对劳动力价值采取工资支付形式，劳动者的全部劳动表现为有酬劳动，从而掩盖了资本主义剥削的实质。二是剥削的贪婪性。这一方面是由于剩余价值和社会财富采取货币形式，即价值形式，摆脱了使用价值积累量的束缚，资本家对剩余价值的榨取永无止境，不管是百万富翁还是亿万富翁，都从不会自动停止聚敛财富的剥削行为；另一方面，对剩余价值的榨取以新的生产方式为基础，科技进步、生产发展表现为没有边界的过程，客观上为资本家不断提高剥削率提供了可能。资本家在短短时间内聚集的巨大个人财富，足以令旧时的王公贵族瞠目结舌，望尘莫及。

剩余价值规律作为资本主义的基本经济规律，决定着资本主义经济的一切主要方面和主要过程。资本主义生产、流通、分配和消费都受剩余价值规律的支配，离开剩余价值规律，就无法理解资本主义经济现象、把握经济运行规律。资本家对剩余价值的追逐，导致了资本主义经济的繁荣和兴盛，同时也导致了各种内在矛盾的尖锐化，剩余价值规律支配着资本主义经济形态产生、发展和趋于灭亡的全过程。

马克思所创造的剩余价值理论，是马克思全部经济学说的基石。它是人们认识资

① 《马克思恩格斯全集》，第23卷.北京：人民出版社，1972年版，第679页

本主义经济关系本质及整个资本主义制度的科学钥匙，给工人阶级提供了与资产阶级进行斗争的强大理论武器，使社会主义从空想变成了科学。这是马克思划时代的功绩。“它使社会主义者早先像资产阶级学者一样在深沉的黑暗中摸索的经济领域，得到了明亮的阳光的照耀。科学的社会主义就是从此开始，以此为中心发展起来的。”①

三、资本的增殖运动

资本是一种关系，“而且只能是生产关系”②。资本又是一种运动，而且必须是一种运动。资本是死劳动，如同吸血鬼一样，只有不断地吸吮活劳动才能增殖。因此，只有进一步从运动过程来分析资本，才能更好地把握资本主义经济关系。

资本的增殖运动，可以从三个不同的角度进行考察。

单个资本的再生产过程。资本主义生产是一个不断更新的再生产过程。从再生产对资本规模的作用结果来看，可以分为简单再生产过程和扩大再生产过程。在再生产过程中，单个资本家的货币不断执行资本职能，同时也取得剩余价值额。如果资本家把剩余价值即来自于资本的收入当作消费基金全部消费掉，下一个生产过程只能在原有规模上重复，这就是简单再生产。但这种看似平淡的重复过程，也暴露出资本主义生产的实质和特征。首先，它表明资本主义的可变资本价值或工资是工人自己创造的。工人在本次生产过程中得到的工资不过是他上一个生产过程所创造的一部分新价值，而且在创造出工资的同时给资本家提供了剩余价值。因此，是工人养活了资本家。其次，全部预付资本都是在再生产过程中由剩余价值转化而来。无论资本家的初始资本来自何处，但经过若干年，他已消费了不少价值，而仍然保有与初始资本额相等的资本价值，其间他并未劳动，那么目前的资本只能由剩余价值转化而来，舍此不可能有另外的解释。第三，资本主义物质再生产过程同时也是资本主义生产关系的再生产过程。简单再生产过程不断更新，但资本与劳动者的关系依旧，这就说明在进行物质再生产的同时，不断生产着使生产资料与劳动者分离的条件，再生产出供资本剥削的合格劳动力。即使从简单再生产看，资本主义再生产也是物质资料再生产和资本主义生产关系再生产的统一。

但是，简单再生产只是资本主义扩大再生产的基础，扩大再生产才是资本主义再生产的特征。资本家不把剩余价值全部用于个人消费，而是有一部分用于形成资本。由此造成生产规模的扩大，这就是扩大再生产。

资本积累是扩大再生产的源泉。资来积累就是剩余价值的资本化。这一过程的

---

① 《马克思恩格斯选集》，第3卷. 北京：人民出版社，1972年版，第243页

② 《马克思恩格斯全集》，第46卷（上）. 北京：人民出版社，1979年版，第518页

实质是资本家用无偿占有得来的剩余价值转化为追加资本，扩大占有更多工人的无酬劳动。由于追加资本一开始就是剩余价值所构成，用追加资本雇佣劳动力，已经根本不同于交换双方以各自所有权为基础的平等交换。这里，劳动力买卖是形式，实际内容则是资本家用无偿占有的他人物化劳动来占有更多的他人活劳动。因此，商品所有权规律已转化为资本主义占有规律。现在，所有权对于资本家来说，表现为占有别人无酬劳动或产品的权利，而对于工人来说，则表现为不能占有自己的产品。”①

要从事扩大再生产，资本家必须把剩余价值分为积累与消费两部分。积累部分与新创造价值的比例就是积累率。积累率的确定取决于一系列复杂的因素，但不像资产阶级经济学者所说的那样取决于资本家的节约美德。追求剩余价值的内在动力和残酷商业竞争中的外部压力，促进资本家不断从事积累活动，克制自己的消费欲望。一般说来在资本主义早期阶段，资本家的财富还不够，因而剩余价值用于积累较多，用于资本家个人消费部分较少。而资本积累越是增加，资本家就越是放纵挥霍。这种挥霍甚至成为炫耀富有，扩大声誉取得借贷的手段。正如马克思曾指出的，资本家的挥霍浪费不像封建主那样具有天真烂漫的色彩，而总是在背后有着忸怩不安的打算。

积累量 = 剩余价值量 × 积累率

当积累率已定时，积累量的大小取决于剩余价值的多寡。决定剩余价值量的因素也就是决定积累量的因素。主要有：其一，提高对劳动力的剥削程度。其二，提高社会劳动生产率水平，使单位商品价值降低，增加剩余产品数量，从而增加积累的物质内容。其三，扩大所用资本和所费资本的差额。所占用的资本总是大于实际耗费的资本。所用资本和所费资本之间的差额进入劳动过程，但不进入价值形成和价值增殖过程，故对使用价值生产起一种无偿作用，能提高活劳动的生产量，但不增加价值耗费，从而为积累扩大提供更大的活动空间。其四，预付资本量的扩大，在其他条件已确定时，预付资本量越大，生产的剩余价值越多，可供积累部分也越多。

资本家对积累率和积累量的实际选择，以及资本的投向选择与投资管理，是一个复杂的过程。对于单个资本家而言，投资既可能成功，也可能失败；但从总体上看，资本主义再生产是不断扩大的。这一扩大过程，伴随着劳动生产力的发展，使资本有机构成呈现提高的趋势。

资本构成从物质方面看，表现为生产资料和劳动力之间的一定比例，这种比例称为资本的技术构成。从价值方面看，则表现为不变资本与可变资本的比例，这种比例称为资本的价值构成。由资本技术构成决定并反映资本技术构成变化的资本价值构成，叫做资本的有机构成。由剩余价值规律所推动，资本家总是力图采用先进技术和设备，以提高劳动生产率，这就造成劳动力与生产资料数量对比发生变化，技术构成的

① 《马克思恩格斯全集》，第23卷. 北京：人民出版社，1972年版，第640页

这种变化导致资本有机构成提高。在资本主义扩大再生产过程中,资本有机构成的提高具有客观必然性。

随着资本积累的增长和资本有机构成的提高,资本总额中不变资本的增加快于可变资本的增加,由此造成对劳动力需求的相对减少,某些部门和企业甚至导致对可变资本的绝对减少,从而对劳动力的需求也绝对减少。与此同时,劳动力的供给却随着资本主义的发展而不断增加,这首先是由于大批妇女和儿童进入劳动力市场,机器的采用使操作简单化,为雇佣妇女儿童提供了可能。其次是由于资本主义深入农村,造成农民和手工业者破产后流入城市,加入产业工人大军。再次,一些小资本家在竞争中破产,也被迫成为雇佣劳动者。

劳动力供求关系的这种变化,造成大量的失业工人,即相对过剩人口。对于资本家而言,这种过剩人口形成产业后备军,成为适应产业周期变化的调节器,并成为压迫在业工人的外部力量。因此,资本积累使资本主义剥削关系更为普遍,更加稳固。资本主义扩大再生产同时也是资本主义生产关系的扩大再生产。

资本的循环与周转过程。资本主义再生产是生产过程与流通过程的统一。资本只有在不断地从流通过程进入生产过程,又从生产过程进入流通过程的循环往复中才能增殖。从单个产业资本来看,资本依次经过三个阶段,相继采取三种形式,完成一定职能,最后回到原来的出发点。这样一个增殖运动,就是资本循环。

资本循环的三个阶段分别是:一是购买阶段。货币(G)转化为作为资本主义生产要素的商品(W),包括生产资料(P_m)和劳动力(A),这种购买行为,是生产剩余价值的准备。二是生产阶段。生产资料和劳动力相互结合,进入现实的生产过程(P)。生产过程终了时,生产要素转化为包含了剩余价值的新商品(W')。这一阶段生产出剩余价值,因而是资本循环中具有决定意义的阶段。三是售卖阶段。新商品(W')转化为增殖了的货币(G'),资本家不仅以货币形式收回预付资本,而且实际获得了剩余价值。以上第一、三阶段是流通过程,第二阶段是生产过程,整个运动是生产过程和流通过程的统一。这一循环过程可用下列公式表示:

$$G - W \begin{cases} P_m \\ A \end{cases} \cdots P \cdots W' - G'$$

在这一循环过程中,产业资本相继采取货币资本(G)、生产资本(P)、商品资本(W')三种形态,这三种资本不是独立的资本,而只是产业资本运动中的不同职能形式。货币资本的职能是为生产剩余价值准备条件,生产资本现实地从事剩余价值生产,商品资本的职能则是实现剩余价值。这三个阶段,三种职能形式互相依存,相互衔接。资本只有不断地从一个阶段过渡到另一个阶段,从一种职能形式转变为另一种职能形式,循环才能正常实现。

产业资本运动并非完成一个循环后便停顿下来，而必须是反复循环的。从这一角度看，产业资本循环同时又是货币资本循环、生产资本循环和商品资本循环的统一，即：

货币资本循环　生产资本循环

$$G-W<^{P_M}_{A}\cdots P\cdots W'-G'-G-W\cdots P\cdots W'-G'-G\cdots$$

商品资本循环

要实现这三种循环的统一，必须具备两方面条件，一是资本的三种职能形式在空间上的并存，各自在购买、生产和售卖阶段完成其职能，使资本同时处于生产过程和流通过程中；二是各部分资本各自循环时在时间上的继起，完成各自的特殊循环。这种空间上的并存性与时间上的继起性互为前提，互为条件。任何一部分资本在任何一个阶段停顿下来，都会影响总循环过程的连续性，使再生产发生紊乱和中断。在资本主义制度下，再生产过程是在尖锐的利益冲突和激烈的市场竞争中进行的，这种连续性往往因此而被打断。

马克思指出："资本的循环，不是当作孤立的行为，而是当作周期性的过程时，叫做资本的周转。"①考察资本周转主要是分析资本运动的速度及其对剩余价值生产的影响。

把资本运动作为一个周期性的过程来看，从资本价值的预付到收回这过程所需的时间，就是资本周转的时间。资本的周转时间与周转次数成反比。通常以"年"为单位来计算资本周转次数，计算公式为：

$$n=\frac{U}{u}，即，周转次数=\frac{年}{周转一次的时间}$$

周转次数是周转速度的指示器。一年中周转次数越多，资本的周转速度也就越快。

资本周转速度的制约因素主要有：

其一，资本的构成。依据资本流通中价值周转方式的不同，马克思把预付总资本分为固定资本和流动资本。固定资本是指由厂房、机器设备等劳动资料构成的那部分生产资本，其物质形态全部参加生产过程，但其价值却是逐步地，一部分一部分地转移到生产产品中，并随着产品售卖出去而以折旧形式逐渐收回。流动资本包括以原材料、燃料、辅料等形式存在的不变资本，以及用于购买劳动力的可变资本。这两部分资本在价值增殖中的作用不同，但价值周转方式相同，即预付价值一次性全部加到新产品中，并随产品的售出而收回。固定资本与流动资本的划分依据、划分目的均不同于不变资本与可变资本。"固定资本和流动资本的形式规定性之所以产生，只是由于在

---

① 《马克思恩格斯全集》，第 24 卷. 北京：人民出版社，1972 年版，第 174 页

生产过程中执行职能的资本价值或生产资本有不同的周转。……而不是由于它们在产品价值的生产中有不同的作用,或它们在价值增殖过程中有独特的作用。”①

固定资本和流动资本的周转方式不同,周转时间也有很大差别。固定资本周转一次期间,流动资本可周转多次。预付资本的总周转是指各部分资本的平均周转。用如下公式计算:

$$\text{预付资本一年总周转次数}=\frac{\text{固定资本一年周转价值总额}+\text{流动资本一年周转价值总额}}{\text{预付资本总额}}$$

由此可见,各部分资本周转越快,总资本周转也越快。同时,固定资本占的比重越大,总周转速度就越慢,反之则越快。

其二,生产时间和流通时间的长短。资本的周转时间由生产时间和流通时间构成。资本的生产时间包括:一是劳动时间,即劳动者对劳动对象进行加工以完成产品所需要的时间;二是劳动过程中断但劳动对象在自然力作用下仍处于生产过程的时间,如动植物生长的时间;三是必要的生产资料储备时间。资本的流通时间由购买时间和售卖时间组成。流通时间的长短取决于市场供求情况、产地与市场的距离、运输条件、信息条件等多种因素。

资本周转速度对剩余价值生产有重大影响。资本周转速度越快,包含在流动资本中的可变资本周转速度也越快,同量可变资本可以生产出更多的剩余价值,从而增加年剩余价值量,提高年剩余价值率,即提高一年内剩余价值总量同预付可变资本的比率。由此可见,加快资本的周转速度,既可以节省预付资本,也可使现有资本利用更高效,增加剩余价值生产。因此,资本家一方面通过改进技术、更新设备、加强管理来缩短生产时间,另一方面又通过市场调查、广告宣传、建立购销网络等各种手段,缩短流通时间,加快资本周转。

社会总资本的再生产过程。以上分析资本的增殖运动,均以个别资本出发,但个别资本必须与其他资本发生交换关系,由此而涉及社会总资本的再生产与流通问题。社会总资本或社会资本是指相互联系和相互依存的个别资本的总和,考察社会总资本再生产的核心是从个别资本的相互关系上,研究社会总产品的实现问题。社会总产品的实现包括价值补偿和实物补偿两方面,也就是说,各资本家通过相互交换,不仅使各自产品中的价值和剩余价值能够回到自己手里,而且要在交换中得到自己所需要的生产资料和生活资料。

从价值形态看,资本主义社会的总产品由不变资本、可变资本和剩余价值三部分构成,即 $c+v+m$。从实物形态看,社会总产品分为生产资料和生活资料两部分,社会生产也相应划分为生产资料生产(Ⅰ)和消费资料生产(Ⅱ)两大部类。因此可把交换

① 《马克思恩格斯全集》,第 24 卷. 北京:人民出版社,1972 年版,第 187 页

关系抽象为三种:第Ⅰ部类内部交换、第Ⅱ部类内部交换、两大部类相互交换。通过这三种交换,社会总产品各部分既在价值上得到补偿,又在物质上互相替换。两大部类的划分与三种交换关系的确立,是分析社会总产品实现问题的理论支点。

社会总资本的简单再生产必须具备三个条件:

其一,$\mathrm{I}\ (v+m)=\mathrm{II}\,c$。即第Ⅰ部类的可变资本价值与剩余价值之和必须等于第Ⅱ部类的不变资本价值。因为第Ⅰ部类的$(v+m)$是用于工人和资本家个人消费的,其实物形态是生产资料,必须向第Ⅱ部类换取消费品。而第Ⅱ部类的c是用于补偿该部类生产资料耗费的(这里假设所有不变资本一次性转移到新产品中),但其实物形态却是生活资料,因而必须向第Ⅱ部类换取生产资料。这就造成了双方交换的必要。不仅如此,两者必须正好相等,否则双方要求不能得到完全满足,社会总资本再生产也就不能在原有规模上进行。这一公式表明了两大部类的相互依赖关系。

其二,$\mathrm{I}\,(c+v+m)=\mathrm{I}\,c+\mathrm{II}\,c$。即第Ⅰ部类生产的全部产品在价值上必须等于两大部类的不变资本价值之和。这一公式表明了全社会对生产资料的供求平衡关系。全部生产资料是由第Ⅰ部类生产的,公式左边表明生产资料供给。两大部类不变资本在实物上都是需要替换的,故公式右边表明对生产资料的需求。

其三,$\mathrm{II}\,(c+v+m)=\mathrm{I}\ (v+m)+\mathrm{II}\ (v+m)$。即第Ⅱ部类全部产品的价值必须等于两大部类的可变资本与剩余价值之和。这一公式表明全社会消费资料的供求平衡关系。公式左边表示消费资料供给,右边表示对消费资料的需求。

资本主义再生产的特征是扩大再生产。要实现扩大再生产,要有三方面的前提条件:①资本家不能把剩余价值全部消费掉,必须有一部分用于积累;②能够找到扩大再生产所需要的追加工人;③能够获得扩大再生产所需要的物质资料。前两个条件在分析资本积累中已经逻辑地表明是具备的,因此关键在于第三个条件,即是否存在为扩大再生产所需要的生产资料和增加雇工所需要的生活资料。由此便引出扩大再生产的两个前提条件,即:

其一,$\mathrm{I}\,(c+v+m)>\mathrm{I}\,c+\mathrm{II}\,c$,也就是说,第一部类所提供的生产资料总量大于两大部类已消耗的生产资料量。等式两边都减去Ic,该公式即变为:$\mathrm{I}\,(v+m)>\mathrm{II}\,c$。这是扩大再生产的基本前提条件。

其二,$\mathrm{II}\,(c+v+m)>\mathrm{I}\left(v+\frac{m}{x}\right)+\mathrm{II}\left(v+\frac{m}{x}\right)$,式中$\frac{m}{x}$指剩余价值中用于资本家个人消费的部分。该公式表明,第二部类的消费资料产品除满足两大部类现有工人和资本家消费外,还有余额可作为追加工人的生活资料。公式两端各减去$\mathrm{II}\,(v+\frac{m}{x})$,该公式即变为:

$$\mathrm{II}\,(c+m-\frac{m}{x})>\mathrm{I}\,(v+\frac{m}{x})$$

下面用几个图式对扩大再生产的总产品实现问题进行简要论证。

发端图式。假定第一年社会总资本的生产过程如下：

$$\text{Ⅰ}\,4000c + 1000v + 1000m = 6000$$

$$\text{Ⅱ}\,1500c + 750v + 750m = 3000$$

从公式中看，Ⅰ$(1000v + 1000m) >$ Ⅱ$1500c$，具有扩大再生产的可能性。

剩余价值的分割图式。这里假定第Ⅰ部类资本家把 $1000m$ 的 50% 用于积累，并按照原来 4∶1 的资本有机构成分配积累基金，追加不变资本为 $400\Delta c$，追加可变资本为 $100\Delta v$，于是第一部类产品价值就有如下分割：

$$\text{Ⅰ}\ 4000c + 400\Delta c + 1000v + 100\Delta v + 500\,\frac{m}{x} = 6000$$

其中需要与Ⅱ部类交换的价值量为 $1000v + 100\Delta v + 500\,\frac{m}{x} = 1600$，而Ⅱ$c$ 只有 1500，由此引起第Ⅱ部类相应积累，追加的不变资本为 $100\Delta c$，按照原来的 2∶1 的有机构成，还需要追加可变资本 $50\Delta v$。第Ⅰ部类资本家的个人消费部分为 $750 - 150 = 600\,\frac{m}{x}$，于是，第Ⅱ部类总产品价值有如下分割：

$$\text{Ⅱ}\,1500c + 100\Delta c + 750v + 50\Delta v + 600\,\frac{m}{x} = 3000$$

两大部类交换图式如下：

$$\text{Ⅰ}\,4000c + 400\Delta c + 1000v + 100\Delta v + 500\,\frac{m}{x} = 6000$$

$$\text{Ⅱ}\,1500c + 100\Delta c + 750v + 50\Delta + 600\,\frac{m}{x} = 3000$$

通过两大部类内部各自交换和相互交换，全部社会总产品均得以实现。第二年生产过程开始时的两大部类资本相应增为：

$$\text{Ⅰ}\ 4400c + 1100v = 5500$$

$$\text{Ⅱ}\,1600c + 800v = 2400$$

再生产结果图式。假设剥削率不变，即第二年生产过程结束时，社会总产品的情况如下：

$$\text{Ⅰ}\,4400c + 1100v + 1100m = 6600$$

$$\text{Ⅱ}\,1600c + 800v + 800m = 3200$$

当年的社会总产品从上年的 9000 增到 9800，实现了扩大再生产，而社会总资本从上年的 7250 增加到当年 7900，资本的力量增强了，资本主义生产关系的扩大再生产也实现了。

由此可见，扩大再生产的实现条件是：

其一，$\text{I}(v+\Delta v+\frac{m}{x})=\text{II}(c+\Delta c)$

这一公式表明第Ⅰ、Ⅱ部类间相互交换产品、相互依赖的关系。这是扩大再生产的基本实现条件。

其二，$\text{I}(c+v+m)=\text{I}(c+\Delta c)+\text{II}(c+\Delta c)$

这一公式表明的是全社会生产资料的供求平衡关系。两者相等，则第一部类的产品能够全部实现。

其三，$\text{II}(c+v+m)=\text{I}(v+\Delta v+\frac{m}{x})+\text{II}(v+\Delta v+\frac{m}{x})$

这一公式表明全社会消费资料的供求平衡关系。第二部类的产品据此能全部得以实现。

四、资本主义社会的国民收入分配

雇佣劳动者在生产中创造的新价值表现为一国的净产值即国民收入。国民收入的分配是由生产的社会形式所决定的，"消费资料的任何一种分配，都不过是生产条件分配本身的结果。而生产条件的分配，则表现生产方式本身的性质。"①在资本主义社会里，生产资料掌握在少数资本家手中，雇佣工人除自身劳动力外一无所有。生产条件分配的不均等，造成了国民收入分配形式的二重化。雇佣工人与资本家对国民收入分配受完全不同的规律所支配。

对于雇佣工人而言，资本主义社会通行的是按劳动力价值分配。工资是劳动力价值或价格的货币表现。工人为资本家劳动，得到相应的工资。看起来工资似乎是劳动报酬，这种假象掩盖了资本家占有工人无偿劳动的剥削关系。如果工人出卖的是劳动，就应获得劳动创造的全部价值，剩余价值就无从产生，资本主义生产方式也就不复存在。因此，"工资不是它表面上呈现的那种东西，不是劳动的价值或价格，而只是劳动力的价值或价格的掩蔽形式。"②由于劳动者的体力、智力状况不同，劳动技能不同，劳动条件不同，劳动力的实际耗费不同，因此劳动力的实际价格也有差别。这种差别通过具体的工资支付形式而反映出来，资本主义工资制度有两种基本形式：计时工资与计件工资。劳动力的价格以月、周、日等一定时间作为计量单位时，叫做计时工资。计件工资则是按工人所生产的产品数量计算工资，它是计时工资的转化形式。计件工资单价的确定，往往以体力强壮、技术熟练工人的劳动生产力为依据。当工人熟练程度普遍提高时，资本家又往往降低单价标准。实行计件工资可以降低管理、监督工人

① 《马克思恩格斯选集》，第 3 卷. 北京：人民出版社，1972 年版，第 13 页

② 《马克思恩格斯选集》，第 3 卷. 北京：人民出版社，1972 年版，第 17 页

劳动的成本费用,迫使工人为多挣工资而"自觉"地延长劳动日,增加产品生产量,有利于资本剥削,因而曾被广泛运用。

第二次世界大战以来,随着生产自动化程度提高,单个工人独立完成的产品量难以确定,同时生产的连续性和计划性加强,产品各部分的生产量需要保持协调一致,故计件工资的应用范围有所缩小。发达资本主义国家越来越普遍地采用小时工资制,并提高单位劳动时间的密集程度。这样做,既可以在较短时间内榨取更多的剩余价值,又可以在生产不景气、开工不足时减少工资支出。为了加强对工人剥削,资本家还运用科学管理的成果,发展起各种工资制,早期"泰罗制"就是一个典型。近些年来又运用奖励、分红等手段,吸引和刺激工人从事生产。

对于资本家而言,资本主义社会通行的分配规律是按资分配,即按等量资本取得等量利润。这种分配规律的贯彻,需要有一系列的转化为中介。首先是剩余价值向利润的转化,利润是剩余价值的现象形态。在资本家的心目中,生产中所耗费的生产资料与支付的劳动力工资构成商品的成本价格,即他的所费资本。而剩余价值则被看成是他所耗费掉的资本的增加额,并且进一步认为是全部预付资本的增加额。"剩余价值,作为全部预付资本的这样一种观念上的产物,取得了利润这个转化形式。"①利润率则是剩余价值与预付总资本的比率。用公式表示即为:$P' = \frac{m}{C} = \frac{m}{c+v}$。其中 C 代表预付总资本。由此可见,利润率是剩余价值率的转化形式。两者的差别,在于用剩余价值与不同的资本对比,因而得出不同的比率。这种对比反映的是不同的关系,剩余价值率反映的是资本剥削程度,利润率则反映预付资本的增殖程度。

在理论分析上,单个资本家所获得的利润量应与他从自己的雇佣工人身上榨取的剩余价值量相等,影响剩余价值率的所有因素同样也影响利润率。由于各个资本家的具体情况不同,各产业部门的有机构成不同,因此不同产业部门、不同企业的利润率是不同的。如果其他条件相同而资本周转速度不同,等量资本也会产生不同的利润。

但是,等量资本获得不同利润是与利润的概念、资本的本性相矛盾的,在观念上利润是作为预付总资本的产物。因而只取决于预付总资本的大小,如果同量预付资本投入不同部门,产生不同的利润,那些获利少的资本家就会把资本从利润率低的部门抽出,投资于高利润的部门。资本在部门间的竞争与自由流动,引起各部门商品供求关系的变化,导致价格低于或高于价值,由此便形成全社会的平均利润率。平均利润率(P)是全社会剩余价值总额与全社会总资本之间的比率,用公式表示即为:

$$P = \frac{\sum M}{\sum C}$$

---

① 《马克思恩格斯全集》,第 25 卷. 北京:人民出版社,1974 年版,第 44 页

按照这一比率形成的利润，就是平均利润。平均利润率的形成，也使商品价值转化为生产价格，即商品的成本价格加上平均利润而形成的价格。生产价格一旦形成，各种商品的市场价格就围绕生产价格而不是价值上下波动。从全社会看，生产价格的形成并没有违背价值规律。商品生产价格的变动最终都归结为价值的变动，生产价格正是在价值规律基础上形成的，是资本主义发展到一定高度后价值规律的具体表现形式。所不同的是，生产价格改变了剩余价值在不同部门资本家之间的分配，一部分剩余价值转移到资本有机构成高的部门，使那些投资额大，建设周期长，资本回收期长的基础工业部门也能获得平均利润，从而促进了资本主义生产力的发展，对资本主义经济现代化具有重大意义。

利润转化为平均利润，价值转化为生产价格，使单个资本家所得利润直接比例于其投资额，各个资本家按照等量资本取得等量利润的原则来分割剩余价值，整个资本主义经济好像是一个巨大的股份公司，每个资本家好比是股东，按投资量的大小得到相应的利润。这也意味着雇佣工人不仅受某一个资本家的剥削，而且受全体资本家的共同剥削。

等量资本获得等量利润的分配原则不仅适用于产业资本家，也适用于商业资本家。商业资本是商品资本的独立化形态。商业资本家承担了产业资本家销售商品的职能，并垫付了商业资本，因此也要按照他的资本量从产业资本家那里得到一部分剩余价值。由工人创造的并由产业资本家让渡给商业资本家的那部分剩余价值就是商业利润。商业利润率必须与产业利润率大致相等，否则就会发生商业资本与产业资本之间的相互转移，直到两者的利润率相同，转移过程才会停止。由于商业资本的参与，全社会预付资本总量增大了，平均利润率的公式也要作相应修改为：

$$P = \frac{\sum M}{\sum (C + h)}$$

其中 h 代表商业资本。商业活动不创造价值和剩余价值，商业资本家所获得的剩余价值只能来自于产业资本家的让渡。这种让渡是通过批发价格与零售价格的差额而进行的。这部分剩余价值由商店职工的劳动实现后，一部分转化为商店职工的工资，补偿商店职工的劳动力价值，一部分作为商业利润归商业资本家占有。正是由于商店职工的劳动，产业资本家才会把剩余价值分给商业资本家，因此商业资本家与商店职工是剥削与被剥削的关系。生产剩余价值的产业工人与实现剩余价值的商业职工同属雇佣劳动者阶级，同样受到资本家阶级的压迫与剥削。银行资本家、农业资本家等进行直接经营活动的资本家也按照他们拥有资本的多寡，根据平均利润率获得相应的剩余价值。

参与剩余价值分配的还有借贷资本家和土地所有者。借贷资本家通过把货币资本贷给产业资本家或商业资本家进行经营从而瓜分到一部分剩余价值，这部分剩余价值就表现为利息。利息率的高低取决于平均利润率的高低和借贷资本的供求状况。没有利息,借贷资本家不可能无偿出借资本,若等于或大于平均利润率,职能资本家(包括产业资本家和商业资本家)则不愿意告贷。因此,利息率的一般公式是:$0<R$(利息率)$<P$(平均利润率)。

资本主义地租也是剩余价值的转化形式。这是农业资本家缴给土地所有者的超过平均利润的那部分剩余价值。资本主义地租有级差地租与绝对地租两种形式。级差地租是土地经营权垄断的结果。农产品的价格取决于劣等地的生产条件所决定的生产价格。那些经营上等地、中等地的农业资本家,因此而能获得平均利润以上的超额利润,这部分超额利润便作为地租上缴给土地所有者。这种由于土地肥沃程度和地理位置不同产生的超额利润转化而成的地租,称为级差地租第一形态。由于对同一地块追加投资产生的超额利润转化而成的地租称为级差地租第二形态。绝对地租则是土地所有者凭借对土地私有权垄断而获得的地租。即便是劣等地,也要向土地所有者缴纳绝对地租。其来源首先在于农业的有机构成低,由此而产生的超出平均利润以上的那部分剩余价值因土地私有权的垄断而被截留在本部门内,并以地租形式上缴给土地所有者,就形成了绝对地租。其次,在农业有机构成提高到与工业同一水平的情况下,绝对地租则来自产品的垄断价格,因而具有垄断地租的性质。土地私有权的垄断使土地也具有了价格。土地并非是劳动的产物,不具有价值,故这里的土地价格并非土地价值的货币表现,而是“资本化的地租”。拥有土地的地主定期收取地租,好比一个在银行拥有存款的食利者定期领取利息一样。把土地让渡给别人,所要获得的货币补偿必须使土地所有者依靠这笔货币资本能获得与地租相等的利息收入。所以土地价格的计算公式为:

$$L_1(\text{地价})=\frac{\text{地租}}{\text{利息率}}$$

在资本主义社会,地租与土地价格不断上涨,带动房租、房价不断上升,不仅加重了劳动者的负担,也不利于资本主义经济的发展。土地所有者凭借土地私有权从资本家手中瓜分的剩余价值越多,资本积累就会越少。绝对地租提高农产品的价格,使劳动力价值提高,增加了资本家可变资本的支出。因此,土地所有者的利益不仅与工人阶级相对立,也与资本家阶级的利益发生冲突。但尽管如此,在资本主义条件下,不可能实现土地的公共所有。否则就会动摇私有制的基础,危及资本主义制度本身。

资本主义社会国民收入的初次分配可用下表简略表示:

分配主体　收入形态　收入的本质　收入源泉

雇佣工人:工资←可变资本←雇佣工人的必要劳动

资本家:

产业资本家:产业利润

商业资本家:商业利润 剩余价值←雇佣工人的剩余劳动

借贷资本家:利息

土地所有者:地租

资本主义的阶级结构,就是在资本主义生产关系和分配关系的基础上产生的。从国民收入分配的结果可以清楚地看到:雇佣工人、资本家和土地所有者,形成建立在资本主义生产方式基础上的现代社会的三大阶级。这三大阶级中,雇佣工人处于被统治与被剥削的地位,直接受资本家阶级的奴役与压榨,间接受土地所有者的盘剥,资本家阶级与土地所有者则构成资本主义社会的剥削者集团,共同瓜分工人阶级创造的剩余价值。

资本主义社会的国民收入经过初次分配后,还要通过国家的财政预算和收取服务费进行再分配。这种再分配形成各种派生收入,一方面用以养活军队、警察和国家官吏等,以维持庞大国家机器的运转,另一方面补偿服务部门的物化劳动和活劳动耗费,并形成服务部门资本家的利润。随着资本主义的发展,国民收入再分配的过程与形式日渐繁复,所涉及的资金流量也不断增加,但这并不改变资本主义社会的阶级分野和阶级对立。

五、资本主义的基本矛盾及其外化

在资本主义经济运动过程中,始终贯穿着一个基本矛盾,即生产社会化与私人资本主义占有之间的矛盾。资本主义社会的生产手段社会化了,生产方式社会化了,产品社会化了。而且随着生产的发展,社会化的程度越来越高,社会分工体系越来越发达。生产力越来越要求生产关系相应变革,使生产力作为社会生产力的"本性"得以承认。但是,生产资料的私人资本主义占有,决定了资本主义社会化大生产必须以满足资本家的私利为目的,以取得剩余价值为目的。这就把资本主义社会生产力的发展限制在资产阶级的狭隘眼界内,由此造成生产力与生产关系的冲突:

资本主义基本矛盾深藏于资本主义经济的深层结构之中,并通过资本主义各种经济机制的传导,在资本主义经济运动的各个环节、各个方面表现出来,并演化为一系列的社会矛盾与冲突。

其一,在直接生产过程内,这一矛盾表现为资本主义生产目的与手段的矛盾。资本主义生产方式包含着绝对发展生产力的趋势。无论价值与剩余价值表现为何种状况,也不论资本主义生产借以进行的社会关系如何,生产力都为自己开辟道路,表现出很强的自衍力和加速性。但是,资本主义生产目的是为了保持现有资本价值和最大限度地增殖资本价值。即使有潜在生产能力,如果不能达到这一目的,也不能形成现实的生产。但资本家攫取剩余价值的动机,必然造成生产扩大的冲动,对剩余价值的现实占有，也要以从事社会化大生产为手段进行，这就陷入一种两难境地：既要促成生产力的发展，同时又往往抑制生产力的发挥。生产目的与手段相冲突，这一本质性的矛盾，必然决定着其他一系列矛盾的形成与发展。

其二，在再生产过程中，资本主义基本矛盾表现为生产中各个环节的矛盾。一是生产与消费的矛盾，按照社会生产的一般规律，生产决定消费，消费也反作用于生产。生产提供了消费的对象，决定了消费的水平，生产的更新也刺激了新的消费需求。消费作为生产的目的，也是生产的动力，消费过程的顺利完成，也为下一个生产周期的进行创造了条件，两者可以成为相互创造、相互推动的关系。但资本主义生产的本质特点，却使这种相互推动转化为相互对立。资本家对剩余价值的追逐，造成生产无限扩大，而消费却相对落后，这种不对称状况如任其发展，必然酿成危机。二是生产与交换的矛盾。生产的迅速扩大，也要求交换手段与交换方式与之相适应，资本主义交换在总体上看便是流通。由于参与交换的经济主体在利益上的对立，流通进程必然发生种种摩擦与阻碍，资本主义生产就不可避免地遇到市场障碍，而使其潜力不能充分发挥。三是生产与分配的矛盾。工资与利润的对立，决定了资本家阶级有一种内在倾向，力图尽量压低工人的工资水平。但工资水平低不仅影响劳动者的生产积极性，影响劳动力的再生产状况，而且通过对消费的影响而制约着再生产的进行，生产与分配的矛盾是生产与消费矛盾的前奏。由此可见，资本主义再生产始终是在各个环节不协调、不统一的矛盾过程中进行的，这就难免造成经济运行的紊乱。

其三，从经济调节机制看，基本矛盾表现为社会生产的无政府状态与按比例发展的客观规律的矛盾。资本主义生产社会化使社会各个部门、各个企业处于更加紧密的联系之中，企业之间、企业与社会经济整体之间越来越不可分割。要使这种社会化大生产顺利进行，客观上需要有一种调节机制，自觉地实现社会生产的比例关系。资本主义经济中尽管各个企业的生产、销售具有严密的组织性和计划性，但在全社会范围内则始终不存在有意识的调节。各企业根据在市场活动中获取的有限信息进行着分散的、盲目性很大的决策，整个社会生产呈现无政府状态，从而造成资源配置的不合理，各部分生产比例的不协调，加剧社会再生产的困难。

其四，从阶级关系看，资本主义基本矛盾表现为无产阶级与资产阶级的外部对立。无产阶级不仅是一个受苦受难的被压迫阶级，而且是一个代表新生产力的富有生命力的革命阶级。他们的阶级利益与资产阶级的利益根本对立，水火不容，为了解放自己并解放全人类，必然起来向资产阶级作不妥协的斗争，由此而使他们成为资产阶级的掘墓人。

其五，从世界经济的角度看，资本主义基本矛盾也表现为各国之间以经济利益为基础的矛盾与斗争。生产社会化的发展越出国界，形成了世界市场，促成了世界经济的一体化。生产的社会性质不仅在一国内，而且在世界范围内表现出来。但是，资本主义经济关系的狭隘性同样形成对生产国际化的阻滞。各资本主义国家在国际经济活动中也是以攫取剩余价值为目的。这样，既与被压迫、被剥削民族发生根本的利益冲突，也在各资本主义国家之间产生矛盾，为获得更多的国际超额利润而相互争夺。另一方面，由于国际经济联系的加强，某一资本主义国家国内经济的混乱也会传导到其他国家，发生世界范围内的危机，20 世纪 30 年代大萧条即已经证明了这一点。由此而发生世界范围生产力与资本主义生产关系的对抗。

资本主义经济危机就是资本主义基本矛盾激化的结果，是资本主义各种矛盾的总爆发，也是这些矛盾的暂时的强制解决。所谓经济危机，其本质特点就是普遍的相对生产过剩。这种经济危机的可能性已经潜伏于所有商品经济中。货币作为流通手段的职能，使商品的卖和买在时间上与空间上分裂为两个独立的行为，这就包含着商品有卖不出去的可能，而货币的支付手段职能，形成了信用关系，一旦债务链条中断，就有可能发生金融危机。但在资本主义以前的商品经济中，这种可能性并未转化为现实的经济危机。只有在资本主义生产方式占据统治地位，商品货币关系已统治全社会，资本主义经济的各种矛盾积累到一定程度时，经济危机才成为现实。

经济危机的最终根源是资本主义的基本矛盾。“危机必然产生，是因为生产的集体性和占有的个人性发生矛盾。”①资本主义私人占有的性质使资本主义经济中存在两种对立的因素，一种是对剩余价值的追逐所引起的采用新技术，扩大生产规模而引起生产、市场扩张的因素，另一种则是由于压低人民群众消费，使群众购买力落后于生产增长，形成对生产和市场的限制因素。这两种因素同时作用，一方面造成生产扩大，另一方面又使社会经济比例关系失调，导致生产过程的中断。

资本主义经济失调有两种表现。一种是局部失调或结构性失调，这主要是由于生产的竞争与无政府主义状态所引起；另一种是供给与需求总量上的失调，是生产扩大的趋势与劳动群众购买力相对落后的矛盾所导致。局部失调虽然也造成经济混乱，但还不至于发生普遍的生产过剩。生产过剩主要是总量失衡的结果。相对于市场购买力而言，生产本来已经过剩了，但资本主义信用关系掩盖了这一事实。市场活跃，银根放松，商品丰富，经济增长速度快，整个资本主义经济呈现一派繁荣景象。然而，一旦这种虚假繁荣达到极限，社会最终发现产品生产已经太多了的时候，危机已经不可避免了。这时，信用停滞，市场疲软，银根奇紧，物价下跌，失业剧增，大量企业倒闭，经济出现零增长或负增长，全社会经济一片混乱。

自 1825 年英国第一次发生生产过剩危机之后，每隔 8—10 年就发生一次。危机不仅是一种必然现象，而且是有规律的周期性现象。固定资本更新是经济危机周期性发生的物质基础。每次危机过后，出现一段时期的萧条。此时生产停滞，消费在缩小

① 《列宁全集》，第 2 卷. 北京：人民出版社，1959 年版，第 136 页

的规模上仍旧进行着，使存货渐渐减少，物价逐渐上涨，生产有了转机。资本家见有利可图，便开始购置新的机器设备等固定资产，生产逐渐恢复与扩大，从慢步转成快步，从快步转向跑步，最后变成野马式的狂奔，最终又跌入危机的深渊。然后又转入下一个周期性过程。下一次的大规模固定资产投资，又为再一次危机创造着条件。资本主义生产就是在这种周期性痉挛中，“进两步，退一步”摇摇摆摆地发展着。

资产阶级学者依据“供给自动创造需求”的所谓“萨伊法则”，长期否认经济危机的必然性。面对危机一次次发生的现实，他们提出了多达数百种的解释，但就是不把危机归咎于资本主义生产方式本身。凯恩斯前进了一步，他以“有效需求不足”为基点，论述了资本主义经济危机的发生机制，承认了危机的客观必然性，并提出了一系列反危机措施。资产阶级如获至宝，将这一理论付诸现实，战后以来，各国运用各种手段对资本主义生产进行调节、控制与引导。从实际效果看，虽然减轻了危机的破坏性，但并没有消灭危机本身，相反，使得经济危机的次数更加频繁，并造成经济发展停滞与高通货膨胀并存的滞胀局面。

经济危机充分暴露了资本主义制度的历史局限性，证明资本主义制度已经不能适应生产力的性质及其发展要求，已经成为生产发展的桎梏。不管资产阶级如何竭尽全力，也无法阻止经济危机的发生，这充分证明资产阶级已不能驾驭现代生产力。

第二节 资本主义经济的现实形态

一、从自由竞争到垄断的发展

资本主义在其发展过程中，经历了从自由竞争的资本主义到垄断的资本主义的转换。资本主义经济运行发生了重大改变。

自由竞争是以中小资本为主体的，是与资本主义工业化的早期阶段相适应的经济运行方式。其基本特点是：一是在各经济部门存在实力相当的众多企业，任何企业都不占有垄断地位；二是价格在市场竞争过程中形成，单个企业无法左右价格形成；三是资本和劳动力可以在不同企业、部门之间充分流动，由此形成资本利润率的平均化趋势，市场机制也就作为“看不见的手”而自发调节资源的配置过程；四是资本主义企业追求的是短期利润最大化。

到19世纪末，这种自由竞争已经逐渐为垄断所代替。所谓垄断，就是指少数大资本家通过协定形式对生产和市场进行控制，以攫取高额利润。垄断的形成具有客观必然性，主要是规模效益的要求。19世纪末期，以电的发明为中心的新技术革命，引起了第二次产业革命，资本主义经济的物质技术条件发生了重大变化。这一时期重化工业迅速发展，只有建立大企业才能满足重化工业大批量生产的要求，才能降低成本，提高收益率。于是在客观上造成了生产集中的趋势。在自由竞争过程中，资本家不断从事积累，采用先进技术，扩大生产规模，归根到底是为了在竞争中取胜，以获取更多利润。在竞争中取胜的企业资本实力增强，就越有可能应用先进技术，并取得运输、商业和银行信贷方面的优势。这种累积性效应使得资本主义生产愈来愈集中于少数大企业，而生产集中发展到一定阶段，就必然引起垄断。垄断阶段资本主义经济的主要变化有如下几个方面：

其一，资本主义企业组织形式发生变化，股份公司广泛建立，成为资本主义企业的典型形式。股份公司创造出新的集资方式和生产方式，顺应了建立重化工业和发展铁路运输事业的要求，也使资本关系出现新的特点。

一是股份公司使个人资本转化为社会资本。股份资本由分散的个人资本联合起来组成，但它并不单独属于某个股票所有者所有。个人一旦购买股票，就不能退股，只能转让给他人，从而失去直接支配这部分实际资本的权力。

二是股份公司使个人企业采取了社会企业的形式。股票所有者都是公司股东，有权参加股东大会。股东大会及其选出的董事会决定公司的大政方针。尽管大股东实际控制着股份公司，但却呈现出民主管理的社会企业形式。

三是股份公司使资本所有权与资本使用权相分离。独资企业中资本家集所有者与经营者为一身，而股份公司则使股票所有者成为单纯的资本所有者，而资本使用权则由经理等管理者来行使，造就出一个专门行使资本职能的经理阶层。这一阶层对资本主义经济生活发挥着巨大作用，甚至被一些资产阶级经济学家夸大为“经理革命”。

四是股份公司造成实际资本与虚拟资本的脱节。资本的生产能力取决于以生产要素形式存在的实际资本，而资本的市场价值却取决于股票的供求关系，股票的市场价值可以大大高于也可以大大低于其票面价值。由此产生一种幻觉，似乎国民财富并不取决于实际运行的生产资本，而是取决于股票交易所里的证券价格即虚拟资本。这种脱节，使资本的转移出现新的形式和特征，也给股票交易中的种种欺诈、投机行为提供了机会与可能。

总的看来，股份公司促进了资本社会化和生产社会化，意味着资本关系的部分质的变化。但是从根本上说，股份公司扬弃的只是资本个人占有的形式，并未改变资本主义占有的内容，其最大的社会意义在于，它是向直接的社会财产的过渡点。“这是资本主义生产方式在资本主义生产方式本身范围内的扬弃”；“是转到一种新生产方式的过渡形式”①。

其二，资本家集团的内部关系发生变化，大资本统治中小资本，金融资本成为社会

① 《马克思恩格斯全集》，第25卷. 北京：人民出版社，1974年版，第495，499页

的主宰。自由竞争下的企业均势已经打破，少数大资本不仅成为工人阶级和劳动人民的剥削者、统治者，也成为中小资本的支配者。大型垄断企业成为资本主义经济体系的核心，广大中小企业则成为其外围结构。在工业中出现生产集中和垄断的同时，银行业也处在不断集中过程中，其地位和作用发生变化，从原来的支付中介成为"万能的垄断者"，银行资本与工业资本融合形成金融资本。掌握着庞大的金融资本的资本家或资本家集团，则成为金融寡头。他们通过"人事参与"和"资本参与"，层层控制着一系列"子公司"、"孙公司"，支配着比自身资本大几倍、几十倍的他人资本，对国民经济进行控制和掠夺。第二次世界大战以后，银行在现代经济中的作用仍然非常强大，对工业资本的支配仍然存在，但总的说来，一方面由于国家垄断资本主义的产生，另一方面由于工业企业自筹资金的增加，金融资本的霸权地位有所削弱。

其三，资本主义市场机制发生扭曲，价值规律作用的形式发生变化，自由竞争条件下的市场自发形成的价格，已经让位于垄断组织之间的"协议价格"或大企业的所谓"带头价格"。占垄断地位的大企业制定的价格被强加于市场并积极地影响市场。垄断组织有多种形式。最初是短期价格协定，接着是卡特尔，后者在西欧一些国家风行，其特点是在同一部门内瓜分市场，规定产量和价格，但各个企业仍然保留资产所有权和生产上的自决权。托拉斯则把所属企业的生产、购销和财务活动都统一起来，各个企业失去独立性，成为托拉斯的有机组成部分。康采恩是更为复杂的形式，它以实力最雄厚的大公司、大银行为核心，把许多部门的企业联合成为企业集团。现代垄断组织则突出表现为混合联合公司，它兼有康采恩和托拉斯的特点，既是统一企业，又横跨许多部门，成为拥有巨大资产和广泛经营领域的经济王国。

这些强大的垄断组织操纵着市场和价格。对自身的产品实行垄断高价，收购中小企业的产品则用垄断低价。垄断价格使价格与价值长期背离，阻碍了价值转化为生产价格。某些商品的垄断价格，不过是把其他商品生产者的一部分利润，转移到具有垄断价格的商品上。这并没有改变价值规律，但使价值规律的作用方式发生扭曲。自由竞争的市场为被操纵的市场所取代，价值规律的自发调节作用也不如自由竞争时期那样直接和灵敏。

其四，资本主义分配关系发生变化，分配格局一方面不利于普通劳动者，另一方面也不利于中小企业，这从大垄断企业所榨取的丰厚垄断利润可以看出。在自由资本主义时期，一些首先采用新技术、产品成本低的资本家虽能获得超额利润，但只是暂时的现象，它将随着新技术的普遍采用而消失。在垄断资本主义时期，由于垄断组织对生产、销售的控制和资本自由转移受到经济的或人为的限制，垄断资本家则可能长期获得垄断利润。正如列宁所指出的："垄断地位能提供超额利润即超过全世界一般的、正常的资本主义利润的额外利润。”[①]垄断利润归根到底来源于工人阶级和其他劳动者所创造的新价值。垄断资本家一是通过提高剥削率来榨取工人更多的剩余价值，二是通过垄断价格，把工人的一部分工资再转化为剩余价值，同时把一部分小生产者创造的价值转化为垄断利润，三是凭借其优势地位，以垄断低价收购非垄断企业的原料、零件等，把非垄断企业剥削来的一部分剩余价值转化为垄断利润。由此可见，垄断资本家的利益不仅与工人阶级的利益相对立，也同一般中小资本家有矛盾。两相比较，无疑前者是基本的，占主导地位的。西方制度学派代表人物加尔布雷思把垄断资本与中小资本的矛盾说成是资本主义社会的主要矛盾。这显然是混淆了是非，歪曲了现实，但反映出资本主义社会垄断资本与中小资本的矛盾也可达到尖锐的程度。

其五，资本主义竞争的形式与内容发生变化。“垄断是自由竞争的直接对立物”[②]，但是，垄断的确立并不消除竞争，只是使竞争有了新的形式。因为竞争是商品经济的必然产物，垄断并不能改变资本主义私有制，也不会消灭商品生产，所以竞争的基本条件始终存在。同时，垄断的发展一般不可能导致一个部门只有一个企业的“纯垄断”局面。寡头垄断是资本主义垄断的基本特征，由此也就只会导致新的竞争形式的出现，而不会消灭竞争本身。正如列宁所说：“正是竞争和垄断这两个互相矛盾的‘原则’的结合才是帝国主义的本质。”[③]

从形式上看，垄断资本主义时期的竞争也有部门内竞争和部门之间竞争两种。部门内竞争在生产同种商品的各垄断组织之间、垄断组织内部不同企业之间、垄断组织与分散的中小企业之间、各中小企业相互之间全面展开。部门间竞争首先表现为垄断资本之间的竞争，同时也有不少中小资本企图打破垄断，进入垄断组织控制的生产部门。新兴工业部门和高科技部门是争夺的重点，往往有大量资本同时流入，竞争十分激烈。

从性质上看，垄断资本主义的竞争可分为垄断竞争和非垄断的自由竞争两种。垄断竞争是以少数实力雄厚的垄断资本家为主体，以争夺市场份额和垄断利润为目的的竞争。非垄断的自由竞争是大量中小资本主义企业力为求得生存与发展而进行的竞争。两相比较，垄断竞争对资本主义经济的作用远远超过自由竞争，且自由竞争往往成为垄断组织控制和压榨中小企业的手段，因此，构成当代资本主义竞争特点的是垄断竞争。

从内容上看，垄断时期的竞争不仅在价格、市场领域展开，而且在产品的技术、性能即品种、花色、质量方面，在销售服务和售后服务方面，在运用广告宣传、联络感情、

① 《列宁选集》，第2卷. 北京：人民出版社，1972年版，第892页
② 《列宁选集》，第2卷. 北京：人民出版社，1972年版，第807页
③ 《列宁全集》，第24卷. 北京：人民出版社，1957年版，第431～432页

招待顾客等方面，非市场竞争越来越激烈。这些竞争手段，带来了技术和生产手段的进步，也带动了市场制度、流通组织等方面的创新，具有一定的进步意义。在竞争策略上，垄断组织不局限于短期赢利，更追求长期利润的最大化，为了进入市场，加强垄断地位，往往凭借其雄厚实力采取"欲取先予'的策略，以短期损失换取长期利益。

资产阶级经济学家曾经散布"垄断可以消除竞争"的谎言，对此列宁给予了有力的驳斥。事实证明，垄断资本主义的竞争并没有消失，也不会消失，只是具有了新的特点。竞争的残酷性与垄断组织竞争中的妥协性并存，使竞争的手段、形式更加多样化，并"产生许多特别尖锐特别剧烈的矛盾、摩擦和冲突"①。

从自由竞争到垄断的发展是一个过程，1873 年席卷资本主义世界的大危机是这一转变的标志。垄断化的发展也是一个过程。布·明兹把垄断化分为四个阶段：一是 1873—1900 年时期，垄断主要以卡特尔的形式发展，但地位还不稳固；二是 1900—1939 年时期，以寡头垄断形式组合的垄断组织在某些重要部门占据统治地位，同时自由竞争还有重要作用；三是 1939—1960 年时期，垄断组织的发展出现跃进，在关键部门中进行了联合，自由竞争的成分进一步受到限制；四是 1960 年以后的时期，其特点是垄断的广度和深度更加扩展，遍及各行各业，垄断组织与国家的活动融为一体，并向国际化急剧发展，从而进入到超级垄断的阶段。

垄断化的发展过程，是垄断资本统治强化，劳动对资本的隶属关系加深的过程，也是资本主义现代化程度不断提高的过程。垄断化的加强伴随并适应了第二次、第三次科技革命和产业革命的历程，保持了资本主义发达国家在世界经济中的领先地位。历史地看，从自由竞争到垄断是一个经济上的进步，伤感于垄断资本主义的种种弊端，留恋自由竞争时期的"黄金时代"是毫无必要的。但是，垄断化本身是资本主义内在矛盾发展的产物，是一个在自身限度内不断变革以求克服自身矛盾的发展过程。这种运动过程导致了私人垄断向国家垄断的发展和变化。国家垄断资本主义就成为垄断发展的最高形式。

二、国家垄断资本主义

国家垄断资本主义是国家政权与垄断资本相结合的垄断资本主义。资本主义的国家机器是资产阶级镇压工人阶级和劳动人民维护资本主义统治的工具，它的活动内容与方式，均以资产阶级的利益为转移。在自由竞争的资本主义时期，国家只是作为资产阶级的"守夜人"，作为一种外部力量起着维护资本主义经济秩序和社会秩序的作用。进入垄断阶段后，国家在经济运行中的作用逐步加强。一方面对资本主义经济

---

① 《列宁选集》，第 2 卷. 北京：人民出版社，1972 年版，第 808 页

发展进行干涉和调节,另一方面运用国家的力量对资本的国际扩张进行扶植。在战争期间,许多资本主义国家更是对经济进行直接控制。第一次世界大战时,曾广泛实行指令性生产和生活消费品的配给供应,有些国家还普遍采取义务劳动制。第二次世界大战时,德、意、日等国大搞法西斯专政,把经济发展纳入军事化轨道,由国家直接管理企业,如日本全部生产和分配都按"经济安定本部"指令进行。美、英等国也通过国家机构对经济实行管理和监督。此外,在经济危机期间,垄断资本往往求助于国家对经济的干涉。1929 年大危机时期许多国家通过津贴、补助等各种办法,对面临破产的私营企业进行扶持,或由国家出面兴建公共工程,发放失业救济,人为扩大需求来挽救一团糟的经济。美国当时实行罗斯福新政,耗资 350 亿美元之巨,帮助资产阶级爬出危机泥潭。这些做法大大促进了国家垄断资本主义的发展。

但是,这时的国家垄断资本主义一般只作为对付战争和危机的临时措施,一旦非常局面结束,对经济的干预则随之放松或放弃。第二次世界大战后,尤其是 50 年代以来,国家垄断资本主义才成为一种长期的、普遍的现象,成为资本主义经济中不可或缺的一环,并由此把垄断资本主义推到新的阶段。

为什么战后国家垄断资本主义得到普遍发展呢?归根到底,是由资本主义内部矛盾的尖锐化所导致的,是资本主义社会生产力发展所客观要求的:

其一,科技发展与产业结构高级化。随着现代科技的迅速发展,资本主义产业结构不断发生改组,传统工业部门走向衰落,新兴工业、高科技工业不断出现,为了适应产业结构的变化,增强经济的竞争能力,就需要对新兴产业和科学研究事业进行大量投资,这些部门的初始投资风险大,收益不确定性强,私人垄断资本一般不愿投资,这就需要国家采取干涉措施进行引导,或者由国家直接投资,以符合资产阶级整体利益的需要。

其二,外部经济性的要求。有一些部门,如基础设施、环境设施、环境保护、基础教育等,对资本主义再生产顺利进行具有十分重要的意义。这些部门的加强对社会有利,但很难确定具体的受益者,因而难以直接收回投资并盈利,对于唯利是图、追求利润最大化的资本家来说,这些部门无利可图或获利不多,因此,需要国家投资和管理,以使资本主义再生产顺利进行。

其三,扩大市场容量,缓解生产与消费矛盾的需要。私人垄断一方面使生产能力和生产规模空前扩大,另一方面又加剧两极分化,使广大雇佣工人、小生产者甚至中小资本企业的支付能力更加落后于资本主义生产的扩张程度,从而需要国家帮助开拓市场,调节收入分配和供求关系。

其四,实行"反危机"措施,缓和生产无政府状态的要求。生产社会化的发展,使社会生产的内在联系更加紧密和复杂化,而私人垄断统治则使竞争和无政府状态进一步加剧,比例失调更加严重,这一矛盾,无法通过声嘶力竭地叫喊、劝说,使个别资本家醒悟而自觉地克服，只能通过国家凌驾于全体资本家之上，通过直接对社会生产过程进行参与、控制和调节而使其有所缓和。

由此可见，垄断资本与资本主义国家政权的结合，是其内在矛盾发展的结果，是一个客观的过程。凯恩斯证明了资本主义经济中必然存在“有效需求不足”，依靠市场机制无法达到充分就业，因而经常爆发经济危机，只有通过国家干涉，扩大政府开支，填补有效需求之不足，方可避免危机。这套理论虽然也是肤浅的和辩护性的，但对资本主义矛盾的认识毕竟深了一步，开出的药方也正合资产阶级心意，因而被资产阶级捧为“凯恩斯革命”广为传播，成为国家干预和调节经济的有力根据。

资本主义国家对经济干预、调节的形式，随着国家垄断资本主义的发展趋于多样化，基本形式有如下几种：

其一，国有企业与国家所有制经济。资本主义国家所有制经济并非他们自己标榜的是公有经济。国家资本就其本质仍然属于垄断资产阶级。这里，国家作为“总资本家”，以生产资料所有者的身份直接占有和支配一部分生产资料。包括国家直接投资、经营的国有企业和国家占有股票的国私合营企业。国有企业主要通过两个途径形成：一是国有即国家收买私人企业，被收买的常常是大量亏损甚至濒临破产的企业，国家通过高价收买，既避免了资本家的破产，又有利于国家对该部门的控制，二是从国家预算中拨款，直接建立“国营企业”。战前这些企业大都限于公用事业部门和军需部门，战后主要在基础工业和新兴尖端工业部门，也有少量的重要的制造业企业。

国有经济的比例在各国大不相同，西欧的国家所有制经济成分高于美、日。在11个重要部门中，英国、奥地利各国有10个，意大利、瑞典和西班牙各有9个，而日本只有3个，美国只有一个邮政部门，从所雇佣的劳动力占总劳动的比重来看，70年代英国占8.1%，法国7.3%，联邦德国7.2%，意大利6.6%，日本和美国分别为2.8%和1.5%。

其二，国家对私人资本再生产的参与。国家垄断资本主义条件下，私人资本再生产过程已不仅仅是私人资本家自己的事情，国家多方面多形式的参与，已使资本流通方式发生重大改变。

国家对私人资本的参与主要有下述几种活动：一是通过国家投资和发放多种补贴参与不变资本再生产。同家投资于基础设施、基础工业、新兴工业部门和科技领域，替代了私人资本的职能，为其创造出有利的外部生产条件，使私人资本形成一定生产规模而实际预付的资本价值减少，有利于私人资本价值减少，从而有利于私人资本的盈利性生产活动。国家还对私营企业实行直接补贴，即根据资本家的生产状况无偿发放一定资金，如出口产品补贴、农产品补贴、矿产品补贴等。此外，还通过减免税收、加速折旧、提供优惠贷款等给予间接补贴，使资本家减少成本、增加盈利。二是通过对工人的转移支付来参与可变资本再生产。现代资本主义国家的工人收入一部分是资本家直接支付的工资,另一部分是由国家支付的社会费用,包括劳动力的教育培训费用、社会救济与保险、医疗保健等。战后国家的社会费用支出大为增加,有的国家占到工人工资收入的80%左右。这些费用最终来源仍是工人劳动所创造的价值,是劳动力价值的构成部分,不过是把资本家支付的费用由国家出面支付而已。与前不同的是使必要劳动和剩余劳动的划分过程复杂化。私人资本家把一部分劳动力价值以税收或社会保险基金的方式交给同家,这部分劳动力价值通过国家的分配渠道再回到工人手中。这表明可变资本再生产形式已发生了变化。三是参与剩余价值分配与使用。国家已不仅仅以政治国家的身份占有一部分剩余价值来维持国家机器的运转,而且使整个剩余价值的分割比例与使用方向发生变化。国家通过税收来调节剩余价值在国家与企业之间的分配比例,通过税收优惠影响企业的投资率,集中一部分剩余价值用于公共消费和国家消费。现代资本主义国家的财政支出中,最大的两项是公共福利支出和军费、行政费用支出。其中国家的军事订货和采购对剩余价值分配比例的影响很大,成为资本家竭力追逐、争夺的对象。

其三,对国民经济的宏观调节。为了缓解资本主义经济发展中的各种矛盾。资产阶级国家往往依据一定的经济目标,采取一系列的宏观调控措施。经济目标一般包括充分就业、稳定物价、适度经济增长、收入"公平"分配、国际收支平衡、资源合理配置等内容。

通过几十年的发展,资本主义国家逐步形成了一整套宏观经济调节的手段体系,主要包括四个方面:

一是经济法规。这是资本主义经济的规范化调节手段,通过法律形式来确定经济行为准则,对政府部门、企业和个人都具有强制约束力,在国家宏观调节体系中具有特殊的地位。主要资本主义国家对法规建设十分重视,执法守法的意识也比较强烈。而且其法律体系还具有相当的完备性,对各方面的关系都有相应法规,甚至达到繁琐的地步。

二是经济杠杆。大量运用经济杠杆是资本主义宏观经济调控的特色,也是以市场经济关系为基础的国家宏观调控所必然采取的形式。经济杠杆中最重要的是财政政策与金融政策,两者各自具有一系列政策手段。财政杠杆包括税收、财政赤字与盈余、财政投资、财政补贴等多种方式,金融杠杆包括货币供应总量控制、利率汇率调整、存款准备金、公开市场业务等多种手段。两大杠杆的使用形成不同配套,如松紧配合、双紧、双松等,不同组合将有不同政策效果。此外,价格、工资等经济杠杆也在不同程度上被采用。

三是行政手段。在特殊情况下,西方国家也运用直接的行政干预调节经济,如某些重要资源的开发、利用。在对外贸易领域使用更多,如实行进出口限额与配额、进出口审批、贸易歧视等。在必要时政府对价格、工资、外汇、利率等市场要素直接进行干预，如冻结物价、工资。此外还有变相的行政干预，如道义劝说、私人磋商等，日本的“行政指导”尤其微妙而有效，对协调政府与企业的行动发挥了很大作用，在欧美人士眼中，这种方式甚至具有一种神秘色彩。

四是经济计划。第二次世界大战以后，许多西方国家都编制了不同程度、不同范围和不同时间长度的经济计划，他们仿效社会主义国家，设立各种计划机构，并吸收民间多方面人士共同参与计划制定。这些计划一般都具有连续性、指示性或指导性，其主要作用是稳定地传递政府的政策意图和目标，体现国民经济的全局和发展趋向，使私营企业据此调整自己的行动，同时对国有企业具有某种强制力。

西方的经济计划在矫正市场偏差、协调经济主体行动方面起到了一定作用。日本60年代的《国民收入倍增计划》曾超额完成，被公认为是成功之举。但是，资本主义经济毕竟是建立在利益分割与对立的私有制基础上，对经济目标难以认同，计划本身没有约束力。当它与企业私利发生矛盾时，往往被淹没在利己主义打算的冰水中。不可能靠它来消除生产无政府状况，拯救资本主义经济危机。正如法国一位学者指出的，这种指示性计划正陷入两难境地，如果它有强制约束力，则将侵犯企业财产权力，有损害企业活力的危险，如果没有约束力，则难免变成一种“有趣的智力游戏”。

国家垄断资本主义同样也是一个发展过程，在不同的时期具有不同的特点。以国有化而言，西欧曾一度掀起国有化浪潮，英国工党执政时期的经济体制甚至被比较经济学家描绘为“社会主义经济体制”。但随着保守主义思潮的抬头，又掀起一股不大不小的私有化潮流，1979—1985年，西方主要国家共有450亿国有资产被私有化，撒切尔夫人上台后把22个企业高达91亿英镑的国有资产卖给私人，引起世界的注意。但是这并不意味着国有垄断资本主义的逆转。私有化不可能彻底，国家对经济生活的参与、调节不可能取消。国家垄断资本主义的本质不会改变，因为它的产生和确立，并不是由人的主观意志，而是由经济生活的内在规律所决定的。

国家垄断资本主义对资本主义经济具有双重作用。一方面它确实对资本主义生产力的发展起到了一定的促进作用，使战后主要资本主义国家的国民经济在较长时期内得到较快发展，除英国外，其他几个主要工业国都处于中、高速经济增长之列，经济的稳定性也有了增加，经济危机的程度有所减轻，繁荣时期拉长，衰退期缩短。进入80年代后，美国的通货膨胀势头终于被遏止，经济回升，1984年竟达到5%的经济增长率，美国人自我庆幸从“滞胀”的泥沼里爬了出来。同时，通过各种调节措施，阶级矛盾有所缓和，最低收入阶层的生活有了初步保障，两大阶级的冲突减轻了烈度，罢工次数有所减少。出现这种局面的原因固然很多，但国家垄断资本主义的调节作用是重要因素之一。

但是，垄断资本主义的国家调节，毕竟是以维护资本主义制度的生存和发展，保障垄断资本利益为己任的，因此不可能化解经济发展中的各种根本矛盾，也不可能消除两大阶级利益的对立。资产阶级国家一有机会和借口，就要削减社会福利开支，向贫苦人民进攻，就是一个证明。国家经济调节只能缓和危机而不能制止经济危机的周期发生，也无法改变危机运动的基本轨迹，充其量只能治标。而且国家垄断资本主义对经济的干预还引起了一系列副作用。财政赤字、信用问题等造成的通货膨胀和大规模失业，长期困扰着资产阶级及其雇佣学者，资产阶级经济学家曾面对"滞胀"一筹莫展，使经济学本身也陷入危机。美国好不容易看到摆脱"滞胀"的曙光，又因高赤字、高国债、高利率、高外债、高汇率、高外贸逆差而伤透脑筋。资本主义经济总是在重重困境中左冲右突，其根源不是别的，正是现代生产力对束缚其本性的现存制度的反抗，私人垄断过渡到国家垄断，证明了私人垄断资本已无力驾驭现代生产力，只好将这一责任推给国家——总资本家，国家垄断资本也最终将证明同样缺乏这种能力。其真实的历史意义在于，它在为新的更高级社会准备了最完备的物质条件。在历史发展的阶梯上，"从这一级就上升到叫做社会主义的那一级，没有任何中间级。"①

三、现代社会中的资本——雇佣劳动关系

进入垄断阶段以来，资本主义生产的物质条件与社会联系发生了巨大变化。尤其是第二次世界大战后，资本主义经济体系一方面以新的形式向全世界扩展，另一方面不断调整自身结构与功能，以适应新的科技革命所推动的巨大生产力。在这一背景下，资本与雇佣劳动关系具有了新的特点，资本主义剥削形式发生了新的变化。

如果把当代资本主义的现实与马克思《资本论》以及恩格斯《英国工人阶级状况》中的描述做一对比，可以看到这种变化主要表现在以下几个方面：

其一，资本所有权的"弱化"与分散化。由于股份公司的广泛发展，资本所有权与经营权的分离成为普遍现象，资本的筹集、管理、投放、使用成为一种专有职业，由经理人员承担，经理"执行着一切应由执行职能的资本家自己担任的现实职能，所以，留下来的只有管理人员，资本家则作为多余的人从生产过程中消失了"②。现在资本大量集中于金融持股机构。英国最大的四类金融机构（退休金基金会、人寿保险公司、信托投资公司、互惠投资公司）掌握了全国一半以上股票与债券，美国退休金基金一类机构拥有的股票已接近或超过50%。其他发达国家也出现同样趋向。由于工资所得者参加养老金基金会或保险公司的项目，只是为了保障个人消费，与资本所有权没有什么关系，而这些机构买卖证券只考虑投资收益和风险，也不管企业的经营管理，这就发生一种所有权的"弱化"或模糊现象，不像资本个人所有情况下资本家与工人的对

① 《列宁选集》，第3卷. 北京：人民出版社，1972年版，第164页
② 《马克思恩格斯全集》，第25卷. 北京：人民出版社，1974年版，第436页

立那么明显与直接。同时,资本主义股份企业还大量发行小额股票,或者直接将本企业股票以“分红”、“奖励”形式发给本企业职工,使持有股票者大量增加。

其二,劳动折磨的程度有所减轻。第二次世界大战后,发达资本主义国家的工时普遍缩短,实行了5天工作制,每天8小时,还有一定时间的法定假日和带薪休假期。早期资本主义时期那种长期过度劳动甚至活活累死的现象已十分罕见。同时,劳动安全保护得到加强,劳动条件有所改善,在法律上禁止童工,并采取措施保护妇女权益。随着生产自动化的发展和机械手、机器人的使用,劳动强度也有所减弱。

其三,工人参与企业管理,实行所谓管理民主化。从实践经验中,一些资本家也逐渐认识到:社会化大生产如果没有劳动者的主动、直接参与,光靠规章制度的管、卡、压,难以取得良好的效果。他们站在企业管理立场上,努力使工人对企业目标有认同感,培养工人对企业生产过程的主动参与意识。西方管理理论经历了从“x”理论——“y”理论——“z”理论的转变,逐渐承认劳动者作为人的能动性与社会性。在管理实践上,鼓励工人提合理化建议,吸收工人代表参与企业的决策过程。有的国家(像日本)推行终身雇佣制和年功工资制,建立工人与企业“共存共荣”关系。

其四,实行各种社会福利保障制度,建立“福利国家”。从19世纪下半叶起,欧洲一些国家就开始实施某些社会福利保障项目。德国的讲坛社会主义和英国费边社就鼓吹过社会福利。但作为一种完整的体系,“福利经济学”诞生于20世纪20年代,“福利国家论”则于20世纪30年代问世。到第二次世界大战后,一些发达国家逐渐发展起包括社会保险、义务教育、医疗保健、失业伤残保障、社会救济、社会扶助等多种措施在内的社会福利制度。社会福利支出成为最大的国家预算支出项目之一,有的国家社会预算达到总预算的1/3。福利制度的推行,使工人必要劳动与剩余劳动划分的界限复杂化。初次分配的结果受到国家税收制度的调节,再加上福利措施给每个人带来的受益并不相同,因此,单个工人的实际消费支出与他从资本家那里拿到的工资并不完全一致。由于实行了最低工资制和社会福利保障,工人的基本生活有了较多的保证,福利水平从纵向看有较大提高。

战后资本主义国家经济生活与劳资关系中出现的种种变化,总的看来,是使资本剥削带上“文明”、“温和”的特点,更加具有隐蔽性与欺骗性。文明的剥削总比野蛮、血腥的剥削为好,在这个意义上,这种变化是应该欢迎的,是具有进步性的。

但是,我们必须看到,这种变化并非出自资本家的良心发现,愿意给雇佣工人以恩赐,而是一系列客观因素作用的结果:

一是生产力的发展与社会消费水平总体上的提高,使劳动力再生产的条件发生了变化。雇佣工人生产和再生产自身所需要的生活资料范围扩大了,质量也提高了。小汽车在20世纪初是一种奢侈品,而在今天的欧美,则成了普遍的代步工具。电话也曾是社会地位的象征,现在已成了沟通信息,进行正常社会联系的必要手段。资本主义生产需要较高质量的“智力型”工人，这就要求劳动者必须有一定的时间接受教育、培训。劳动时间也就要相应缩短，培训费用在劳动力价值中的比重也随之上升。如果资本家无视劳动力再生产的客观条件，人为压低劳动力价格，不仅要引起劳资关系恶化，而且使资本主义生产因劳动力素质低下而受到阻碍，导致资本家在国内外激烈竞争中处于不利地位，从而损害自己的利益。为资本家自身考虑，也必须改变过去那种对劳动者残酷压榨、竭泽而渔的做法，满足劳动力再生产的正常要求。

二是工人阶级有组织的斗争，促成了资本剥削方式的某种改变。第二次世界大战以来，工人阶级的组织性进一步增强。工会的规模和影响不断增长，成为抵挡资本主义压迫，促使资本家作某种让步的强大力量。有些资产阶级政客和御用文人竭力诋毁工会运动的作用，但也有些比较客观的学者将工会时期与非工会时期作对比，发现在劳动率相同的情况下，工会时期无论是名义工资增长还是实际工资增长，都高于非工会时期。工作时间缩短，工人管理参与权的获得，也都是工人阶级斗争的结果。

三是资本主义国家从资产阶级整体利益和长远利益出发而采取的调节措施，这是资本主义剥削方式改变的又一重要原因。作为单个资本家，他追求的是利润最大化。只要能获得厚利，可以甘冒一切风险。只要劳动者还有一块肉、一根筋、一滴血可供榨取，他都不会放手。这也正是早期资本家的普遍行为。但国家作为“总资本家”、“管理整个资产阶级共同事务的委员会”，却不能容许资本家这种竭泽而渔的榨取。为了资产阶级的共同利益，为了资本主义的长治久安，资本主义国家必须出面调停，在立法、司法、行政等各方面采取措施，尽量缓解阶级矛盾。社会福利措施往往就是基于这一原因经过激烈的议会争辩、讨价还价才确定的。

四是社会主义阵营的外部存在对资本主义构成极大威胁，迫使其作出某些改变。各社会主义国家成立后，都有过一段经济高速增长、民心振奋的黄金时代，而资本主义国家在20世纪40—50年代矛盾重重，陷入危机之中，这些国家的人民也向往社会主义。社会主义制度在10多个国家建立，本身是对资本主义体系的强烈震撼。社会主义经济的巨大成功，更使资产阶级惊惶失措。为了对抗社会主义潮流，他们一方面对社会主义国家进行种种封锁、干扰和破坏，对本国社会主义运动进行镇压；另一方面也要总结经验教训，调整策略，改变统治方式和剥削方式。甚至学习和借鉴社会主义国家的某些做法，如借鉴社会主义的计划，借鉴社会主义的管理方式，吸收工人参加管理等，企图借此来缓解本国的内外矛盾，延缓资本主义的崩溃。

我们还要清醒地认识到，即便有这些变化，也并没有改变资本主义的本性，没有改变资本主义与雇佣劳动关系的本质。在资本主义剥削方法发生变化的背后，我们看到的依然是：

其一，垄断资本统治强化的实质未变。分析资本主义所有制不能仅看法律上的所有权，而是要纵观资本主义的全部经济运动过程和分配结果，看生产资料现实地由谁支配，为谁服务。“给资产阶级所有权下定义不外是把资产阶级生产的全部社会关系描绘一番。”①从现象上看，所有权的归属似乎比较模糊，从实际经济运动的结果来看，图像却很清晰。股份公司的财产是由经理等管理人员在支配使用，但是这种使用却必须符合股东的利益与意志。否则经理就当不下去，而股东是谁？尽管有千万个分散的小股东，但真正操纵企业，决定企业命运的是那些大股东。在股权分散的条件下，资本家只要拥有5%甚至更少的股权就可操纵企业。股权分散恰恰有利于大资本的控制。这无异于动员广大的社会资金来为垄断资本的利益服务。从实际分配状况看，收入与财产正在向极少数大垄断资本家聚集。这种贫富悬殊扩大的事实恰恰说明，“资本民主化”也好，“管理民主化”也好，受益最多的仍是垄断资本，支配社会经济生活的仍是那些超级富豪。

其二，工人阶级受奴役、剥削的阶级地位没变。尽管发达国家的工人工资有所增加，生活水平有了提高，但是，这种提高是以向资本家提供更多剩余价值为前提的，而且工资增长赶不上利润增长，工人的相对贫困化程度加深。如果不仅看在业工人而且同时看失业工人的生活状况的话，工人阶级与资产阶级的社会鸿沟更加拉大。特别是在经济危机时期，工人失业率更是急剧上升，失业成为垄断资本压迫在业工人的手段，从而压低工人工资或者削减工人福利。而在同属于资本主义体系的第三世界国家，工人阶级既受本国资本主义压榨之苦，又受外国资本主义压榨之苦。发达国家用以缓解国内矛盾所花费的资金，有一部分就是从国际超额垄断利润转化而来的。

战后的历史表明，随着物质技术条件的变化，生产中物质要素发挥愈来愈大的作用，劳动条件对劳动的排斥进一步加强，资本主义劳动管理越来越强化和精细，这一切都加深了劳动对资本的依赖，要摆脱资本的枷锁越来越困难了。

其三，两大阶级对立与斗争的基本格局未变。战后以来，随着生产的集中与科技水平的提高，资本主义社会的就业结构发生了变化。白领工人所占比重上升，第三产业就业人数增加，有些资产阶级学者就用“中产阶级”这一模糊概念来概括这种变化，宣扬工人阶级正在中产阶级化，否认无产阶级与资产阶级的对立，鼓吹阶级融合论，这是毫无根据的。白领工人仍属于雇佣劳动者阶级，是工人阶级的组成部分。由于垄断的强化，大批中间阶层在竞争中破产，转而进入雇佣者阶层，造成雇佣工人队伍进一步扩大。

在资本主义剩余价值规律作用下，两大阶级的利益根本对立、阶级斗争与社会冲突也就不会平息。战后工人阶级罢工斗争从来没停止过。资产阶级总标榜自己是全民国家，可是一旦遇到困境，需要损害某些集团的利益以渡过难关时，其阶级立场与倾向就立即表现出来。里根政府为了减少财政赤字，首先就拿社会福利开刀。当时英国

---

①《马克思恩格斯选集》，第1卷．北京：人民出版社，1972年版，第144页

首相撒切尔宣布:现在是国家停止担当保姆角色的时候了,当年即削减47亿美元的公共开支,并提出了取消多种福利的改革计划。英国工党领袖尼尔·金诺克称此为"一种使穷人变得更穷的拙劣、残忍的办法"。这类"高超"的手段当然要激起工人阶级和人民大众的不满。由此而导致美国几十万劳动人民上街游行示威,英国1981年2月在几十个大中城市发生"英国二百年来最激烈的暴乱"。其他资本主义国家削减社会福利,向劳动人民开刀的措施,也无一不引起工人的激烈反抗。

事实证明,无论资本主义经济如何繁荣,无论资本主义剥削形式如何变化,它都不可能消灭贫穷,消灭失业,也就不可能消灭两大阶级尖锐对立的经济根源。要改变工人阶级的依附和被奴役地位,只能消灭资本主义社会本身。

第三节　资本主义的上层建筑

一、资本主义的政治制度

资本主义的政治制度是与资本主义经济制度相适应的政治上层建筑。它是实现资产阶级专政,为资本主义经济基础服务的统治方式与方法的总和。统治方式是包括国家制度、政党制度、选举制度、官吏制度、法律制度等在内的一整套制度体系。统治方法则随资产阶级在不同时期、不同国家的具体政治、经济需要而不断变化,但大致可分为资产阶级民主与法西斯专制两类。

国家制度是政治制度的核心。考察资本主义国家制度,可以从国体与政体两方面来看。资本主义社会里资产阶级是统治阶级,国体也就是资产阶级专政。在某些特殊情况下,资产阶级与其他剥削阶级(譬如新贵族)联合,共同分享统治权,但也是资产阶级占据主导地位,其性质还是资产阶级专政。资产阶级国家政体的具体形式因各国国情差异和社会历史条件不同而呈现纷繁复杂的状况。大而言之,可分为君主立宪制和资产阶级共和制两类。两者的区别首先在于国家元首的不同,就其实际意义看,乃是国家权力在资产阶级的不同代理人之间分割的差别。

君主立宪制往往是资产阶级革命不够彻底,资产阶级尚未独占统治,因而与封建势力妥协的结果。在资产阶级统治地位得到巩固与加强后,这些国家的君主立宪制并不一定取消,而是利用这种形式来实现资产阶级专政,以避免发生政治制度的剧烈改变和社会的过大震荡,从而使君主立宪制成为一种常见的政体。英国、日本、丹麦等国都是君主立宪制国家。君主作为国家的代表,一般拥有任命政府首脑、部长等高级行政官员,批准法案,授予荣誉,统率军队,对外宣战、媾和等权力。由于统治阶级内部阶级力量对比的不同,各国君主的实际权力相差很大。有的国家宪法由君主"钦定",君主不受社会约束，政府在形式上对君主负责，被称为二元制的君主立宪制。有些国家的政府对议会负责，君主的行动受到议会约束，宪法是“民宪”，被称为议会制君主立宪制。目前的君主立宪制国家多数属于后一种，也有的国家兼有两者的特征。

共和制政体是近代资产阶级国家普遍采用的政府形式。从最高权力的归属来看，又可分为议会制共和国与总统制共和国两种。在议会制下，议会是最高国家权力机关，政府由议会中占大多数席位的政党或政党联盟组成并对议会负责。而由选举产生的国家元首只具有“虚位元首”的性质，没有实权。总统制下的总统则拥有国家最高行政权力，直接任命并领导政府，政府是由议会中的多数党组成，它只对总统负责。总统的行政权受社会立法的制约，但不受议会领导，也不对议会负责。人们一般把法兰西第四共和国(1946—1958)作为议会制共和政体的典型，把美国当作总统制共和政体的代表。

作为共和制政体，以上两种类型的共同特点是三权分立，即立法权、司法权、行政权分属不同机构。议会是最高立法机关，司法权由法院独立行使，行政权则由总统或总理、首相领导下的政府掌管。这种权力结构是以资产阶级的“天赋人权论”、“社会契约论”、“分权制衡论”为理论基础的。资产阶级国家学说经由洛克、孟德斯鸠、卢梭等人的发展与完善，形成了一套完整的理论。按照他们的说法，人的平等权利是与生俱来的，在法律面前人人平等，参与国家管理的权利也人人平等。国家不是神的旨意，而是全体人民达成的协议或契约，人民将部分属于自己的权利让渡于某个人或者某一部分人。但权力的过分集中必然造成专制和压迫，因而必须“以权力制约权力”，通过权力在不同机构和个人之间的分配，互相监督，互相制约，从而实现社会的和谐与统一。实际生活中，三权分立在美国表现得最为明显。有的国家如英国实行“议行合一”体制，表现为两权分立。也有主张多权分立的，但基本思想都是权力制衡。

国家的阶级本质决定着国家职能、国家活动的基本方向。无论奴隶制国家、封建制国家和资本主义国家，都是建立在私有制基础上，是少数剥削者对多数被剥削者进行统治的工具。与此相联系，资本主义国家的基本职能也就可以归结为两个方面：一是对内镇压被压迫阶级的反抗，维护和强化雇佣劳动制度，协调资产阶级内部的关系，缓和阶级矛盾和社会矛盾，保证资产阶级的政治、思想统治与经济剥削。二是对外侵略、扩张，扩大商品与资本输出，掠夺其他国家的劳动人民，协调资本主义国家之间的关系，并保护本国资产阶级的利益不受外来侵犯。进入垄断阶段后，资本主义国家对经济生活的干预与调节大大加强，国家职能进一步多样化。联邦德国学者姆斯格拉夫把西方国家职能归结为四个方面：一是资源配置功能，用以纠正市场缺陷；二是稳定经济，调节经济水平的功能；三是收入分配功能，以消除福利分配中的不平等现象；四是制度维护功能，采取措施保证政治、社会制度的正常运转。四个职能中，前三个都直接与经济生活有关。这反映了资本主义国家在经济生活中的作用强化。但是，资本主义国家政体的多样化也好，国家职能的复杂化也好，都不能改变资本主义国家制度的阶级实质，它始终是“资产阶级对无产阶级和劳动人民实行统治的专政机器”。

资本主义政治制度的其他构成部分也同样如此。资产阶级的政党制度，无论一党制还是两党制或多党制，也不论哪一个政党上台执政，都要维护资本主义的基本经济关系，维护资产阶级的利益。尽管资本主义法律制度的具体内容可以不断调整、更新，但最终结果都是一个：维护资本主义社会的稳定和发展，保证资产阶级的统治得以继续。资本主义官吏制度在不同国家、不同时期各有特点，甚至也反腐败，搞廉政，但基本原则和目的相同，选择最得力的代理人，以最有效的方式为资产阶级的利益服务。

资本主义国家的统治方法与其制度构成是紧密相联、互为条件的。资产阶级民主制度，就是资产阶级最常用的统治方法与手段，也是资产阶级大肆吹嘘、自我标榜的一大资本。在与封建专制制度的斗争中，资产阶级首先提出了近代意义的民主口号，以吸引人民群众参加反对封建等级特权和神权的斗争，为资本主义的自由发展开辟了道路。但是，资产阶级夺取政权之后，便把民主作为一种政治手段，用以巩固自己的统治地位。但是，即使用资产阶级自己提出的标准衡量，资本主义民主的理想与现实也相去甚远。

美国南北战争时期林肯总统提出的“民治”、“民享”思想，曾经被视为是最基本的和被广泛接受的民主理想。照此理想，民主国家的政府应当由全体公民直接管理，民主政府应完全按照所有公民的意愿行事。然而，这样的政府从未存在过。哪怕是最先进的民主国家，也不可能是由全体公民直接管理，而只能通过代议制，由公民选出其代表来间接管理。政府也从来不可能按全民意志行事。顶多是按“多数”公民意愿行事。然而，即使这种代议制的、体现“多数人的统治”原则的民主政府也并不多。根据西方学者的研究，第二次世界大战后到20世纪80年代，资本主义世界建立过51个民主政权，其中勉强符合“长期遵循民意”这个理想民主尺度的国家只有21个。

资产阶级民主制度的巨大历史意义在于，它通过在法律上赋予所有人以平等的政治权利，打破了封建贵族的等级特权，用形式上的平等取代了封建主义赤裸裸的不平等。通过赋予人民基本的自由权利，割断了封建宗法的人身依附关系，从而创造出与资本主义雇佣劳动制度相适应的政治制度，并且通过一系列以权力制衡为基点的组织安排和制度变革，实行了资产阶级内部的民主，找到了处理本阶级内部矛盾的有效途径。因此，资产阶级民主制度是实现资本统治的最好的政治形式，同时也为无产阶级提供了借以进行阶级斗争的有利形式，并使无产阶级在这一形式下接受治国的初步训练，为推翻资本主义统治，建立无产阶级民主专政而积蓄力量、积累经验。长期以来，无产阶级利用资本主义民主制度所能提供的政治舞台，进行不懈斗争，争取自己的实际民主权利，迫使资产阶级作出一些让步，使社会发生符合历史前进方向的变革。这是资产阶级所始料不及的，也是他们很不情愿见到的。

但是,资产阶级民主制度的这种历史进步性,始终与其固有的虚伪性、欺骗性交织在一起。一方面叫喊民主口号,挥舞民主旗帜来动员人民,欺骗人民,另一方面又不敢让人民拥有真正的民主权利,因而又要千方百计地限制、缩小乃至取消实行民主对资产阶级的不利后果,解除人民行使民主权利造成的对资本主义统治的威胁。这就是资产阶级民主制度始终难以摆脱的两难境地。随着历史的推移,资本主义民主的虚伪性也就越来越多地暴露出来。一是他们所标榜的民主原则与具体制度设计的相悖。譬如,理论上和根本大法上明确宣称人人都有选举权和被选举权,而在具体规定上,又有种种资格限制,诸如财产限制、性别限制、种族限制、居住年限限制,甚至文化程度限制等,使民主原则与口号对许多人成为一纸空文。二是故意提高行使民主权利的成本,使被统治者望而却步。英、法都规定参加竞选的候选人要交相当数额的保证金,如果竞选结果未达到全部选票的一定比例,保证金就要被没收。仅此一项就足以把绝大多数普通群众的被选举权剥夺得一干二净。至于竞选总统,耗资则以百万、千万计。三是利用法律规定的空隙,要弄种种花招,阻挠民主权利的实施。选举时执政者怕对手太强,就在选区划分上动脑筋,根据"选区地理学"的原理,把对手的选民或过度集中,或过度分散,以减少对手在总体上获胜的机会,为此而不惜把选区划分得奇形怪状,难以理喻。至于营私舞弊、幕后交易、玩弄权术、操纵舆论,甚至装窃听器、搞特务勾当,如此等等,在资产阶级选举和其他政治活动中,均屡见不鲜。四是资产阶级统治遇到现实威胁时,便干脆抛开民主的遮羞布,赤膊上阵,或修改法律,或宣布紧急状态,实行军事管制,甚至转而实行法西斯专政,不少资产阶级国家历史上都经历过这种转变。随着对资本主义民主虚伪性的认识深化,许多人民群众对政治活动日益鄙薄与淡漠,最明显的表现是投票率的降低。譬如美国的国会选举,选民登记率通常不到50%。

资产阶级民主制度的这种虚伪性,来自于其经济基础的私有性。剥削与被剥削的经济地位差别,使得资产阶级与无产阶级无法享有同等的政治权利。资产阶级标榜的全民民主与资本的阶级属性互相矛盾。反映在现实政治生活中,必然是民主的法律规定与民主的实现条件的矛盾,形式上的政治平等与实际上的政治权利不相等的矛盾。

马克思主义对资产阶级民主制度历来主张作历史的、辩证的分析,既肯定其历史进步性和合理性,又揭露其虚伪性和历史过渡性。无产阶级对待资产阶级议会民主制的态度,一要积极利用这种民主权利,二要抛弃不切实际的幻想。列宁曾批判德国共产党人不屑于参加议会选举的"左派幼稚病",并且认为"普选制是测量工人阶级成熟的尺度",同时又曾严厉抨击考茨基沉湎于议会选举,堕落成"议会迷",放弃对资产阶级斗争。列宁的这种思想方法,仍是我们处理资产阶级民主问题的指南。

随着资本主义剥削方式与剥削手法的新变化,当前资本主义政治制度也出现了两个引人瞩目的新现象。一是在资产阶级内部权力分割上,政府的行政权力正在扩大,出现权力向总统或政府集中的趋向。这是资本主义经济生活中垄断强化对政治的客观要求的结果。二是法律规定的人民权力范围有所扩大,从政治权利进一步向经济福利方面延伸。这是实施"福利国家"的一种必然结果。无论这种变化在短期会有什么结果,从长期看和从根本上看,都是资产阶级为了改善剥削制度、巩固资本统治所作的一种选择。如同垄断形式变化不会改变资本主义的经济实质一样,政治统治方式方法的变化,同样不会改变资本主义政治制度的本质,也不会消除两大阶级政治上的对抗。

二、资产阶级的意识形态

资产阶级意识形态是资本主义社会里占统治地位的意识形态,它是资本主义社会现实在政治、法律、宗教、艺术、道德、哲学等方面的抽象反映,属于资本主义社会上层建筑的一个重要组成部分。

哲学世界观构成思想意识形态的基础。资产阶级的经济社会地位决定了资产阶级世界观及全部思想意识形态的两重性。与封建阶级比较,资产阶级是新生产力的代表。资本主义生产是私有制基础上的商品生产,由此形成的是一种以资本所有权与劳动力所有权为基础的契约经济。对于资产阶级来说,要从事生产,一方面必须保证私有财产的合法性与完整性不受封建特权的侵犯,使资本家有剥削雇佣工人的自由;另一方面又要有适合资本剥削的对象,使被剥削者也享有根据契约自觉接受剥削的自由,由此便产生了资产阶级个人主义世界观。要求一切从个体出发,个人享有人身自由和参与经济、政治、社会活动的自由。因此,资产阶级从一开始,就提倡人本主义,反对神权统治,提倡个性解放,反对封建束缚,树立理性权威,反对蒙昧主义和神秘主义,并以民主、自由、平等、博爱的口号吸引人民群众进行反对封建统治的斗争。这种观念无疑是进步的、革命的。但与无产阶级相比较,资产阶级又是统治、压迫阶级,是阻碍社会生产力进一步发展的落后势力。这就使得资产阶级各种思想观念具有必然的局限性,并在一定条件下最终走向反面。

资产阶级思想意识形态的核心是利己主义,它在资产阶级人生观、道德观、价值观等各个方面体现出来。资产阶级人生观以追求个人享乐为最高目的,以唯利是图、自私自利为最大特征,为了追求私利不惜损害他人利益和公共利益。这种观念是早期资产阶级个人奋斗、追求自我利益的强烈表达,其进一步的发展必然把社会拖入尔虞我诈、损人利己的灾难深渊。资产阶级道德观也以利己主义为根本准则,在资产阶级看来,凡使感官快乐的,就是道德的,是善,应该追求,反之就是恶,就应该逃避。在资本主义条件下,货币是社会财富的普遍化形式,要想得到物质享受和精神刺激,满足感官快乐,就必然追求货币和财富,"金钱万能"就成了资产阶级的信条。与此相联系,资产阶级的价值观便表现为功利价值观,凡是有利于个人利益的,就是有价值的。个人价值的体现,首先是个人利益的实现。这种个人主义价值观,必然导致人的价值的扭曲与异化。金钱成为决定人的价值的必要因素与衡量标准，同时也必然导致利益冲突和社会冲突。既然人人都追求自我价值实现，都把个体置于他人和社会之上，人与人的关系就必然变为赤裸裸的金钱关系、利害关系，整个社会就会陷入无休止的争权夺利之中，成为弱肉强食的战场。资本主义社会的种种丑恶、腐朽现象，均由此而产生。

资产阶级的政治、经济、法律思想，也浸透着个人主义。政治制度的设计，以名义上的“天赋人权”、“权力平等”为基础，经济思想也不例外。资产阶级经济学虽然观点纷陈，体系庞杂，学派林立，但都以追求个人利益为共同前提。企业家追求利润最大化，雇佣劳动者追求个人收入最大化，消费者追求消费效用最大化，这些是每一本资产阶级经济学教科书的几大公理性假设。资产阶级是一伙唯财是问，唯利是图的经济人，为了给这种经济人的行为制造理论根据，资产阶级政治经济学的一代宗师亚当·斯密在《国富论》中为他们大唱赞歌，认为经济人同时也是道德人，其所作所为符合“精明”的道德标准，通过市场上的相互竞争，达到利益平等分配，从而符合“正义”的道德标准。不仅如此，在一只“看不见的手”的支配下，个人对私利的追逐会增加整个社会的福利，从而达到“善行”这一最高的道德标准。“他追求自己的利益，往往使他比在真正出于本意的情况下更有效地促进社会的利益。”因此，经济人不仅是道德人，而且是利他的道德人。这样，资产阶级种种损人利己的行为都被抹上了“利他”的色彩，资产阶级无所顾忌地追逐私利也就有了理论根据。“主观上为自己，客观上为他人”成为资产阶级自欺欺人、自我掩饰的道德教条。

资本主义意识形态的产生与发展过程，是一个从进步性向反动性转化的过程。在不同时期、不同国度，资产阶级思想意识形态有不同的表现与特征，其作用形式与后果也不尽相同，应作具体、深入的分析和实事求是的评价。从历史上看，资产阶级的意识形态的形成和发展大致经历了三个阶段，从文艺复兴到启蒙运动是资产阶级意识形态诞生和革命的时期，从19世纪欧洲资产阶级革命取得胜利到垄断资本主义产生是资产阶级意识形态统治的鼎盛时期，资本主义进入帝国主义阶段后，资产阶级意识形态开始腐朽、没落与瓦解。

西欧14—15世纪已经出现资本主义经济萌芽；到16世纪，新兴的资产阶级随着经济力量的日益强大，要求改革政治制度和发展资本主义生产方式的呼声不断高涨。当时，以市民（即新兴的资产阶级）、城市平民和农民为一方，以罗马教会势力和没落的封建贵族为另一方，展开了激烈的斗争。一批代表新兴资产阶级利益的有识之士，打着“复兴古典文化”的旗帜，发起了著名的文艺复兴运动。文艺复兴运动名义上是为了复古（即复兴古代希腊罗马的灿烂文化和艺术传统），实质是旨在创新，即以人性取代神性，以理性取代愚昧，以个性解放取代禁欲主义。总之，以人文主义思想为核心的新的资产阶级意识形态，取代腐朽没落的封建地主阶级的意识形态。随着文艺复兴运动的深入发展，资产阶级进一步从政治上提出建立资产阶级国家的主张。荷兰的斯

宾诺莎主义、英国的经验论和唯理论、法国的启蒙运动、德国的黑格尔哲学和费尔巴哈的人本主义都为资产阶级意识形态的确立立下了汗马功劳。尤其值得一提的是，18世纪法国启蒙运动思想家伏尔泰、孟德斯鸠、卢梭等，他们高举“理性原则”的大旗，无情地批判了封建专制和宗教神学。他们提出的“自由、平等、博爱”等口号奠定了整个资产阶级意识形态的理论基础。这一时期形成的资产阶级的哲学、经济学、文学、艺术、政治、法律理论虽不可避免地具有阶级和历史局限性，但是当时的新兴资产阶级还属于进步的、革命的力量，资本主义的生产方式及其社会制度在那时是适应和促进生产力发展的。因此，这一阶段的资产阶级意识形态具有进步和革命的特征，它为资产阶级革命和资本主义制度的建立做好了充分的思想准备。

经过17世纪荷兰和英国的革命、1789年法国大革命、美国的独立战争和南北战争，到19世纪，欧美的资产阶级终于摧毁了封建贵族的政权，建立了资产阶级的统治。这时，他们面临的首要任务已不再是夺取政权问题，而是如何巩固政权，保卫既得利益。因此，在意识形态领域，资产阶级的哲学、经济、法律、道德、艺术和宗教日益暴露出其为本阶级服务的赤裸裸特性。折中主义和文学上的颓废代替了古典文学和古典哲学思想的狂飙突进。启蒙唯物主义变成了庸俗唯物主义，黑格尔被当成了“死狗”，古典政治经济学被庸俗经济学所代替，康德哲学则通过突出它的主观唯物主义的特征作为新康德主义而复活，实证主义得到了发展，其代表人物在政治领域，一方面大肆宣扬资产阶级的自由主义，以个人“自由”来反对启蒙思想家关于民主、平等以及人民主权的原则，另一方面，极力鼓吹资产阶级的民主原则能够保障全体公民的利益和愿望的实现，资产阶级的政治制度被看成了人类历史上“最完满”的理想国，认为它体现所谓超阶级的全人类的基本价值，如自由、平等、博爱等。在经济理论上，利己主义思想占据了绝对统治地位，“天赋人权”已微不足道，“自由贸易”、“自由竞争”和“自由放任”成了时髦的经济学原则，经济学家的任务已不再是考察资本主义制度能不能真正实现经济、科学技术和文明的不断进步，而要千方百计论证自由竞争制度的合理性，古典经济学所蕴含的辩证思维的合理内核已荡然无存，经济学变成了纯粹供资产阶级经商的理论工具。在伦理道德领域，资产阶级尔虞我诈、唯利是图的道德标准占据了统治地位。资产阶级道德学说将这些道德标准说成是人类最高的道德价值，是超阶级的、中性的。最后，资产阶级意识形态曾经是从冲破宗教神学的禁锢中解放出来的，但是，当资产阶级自己掌握政权后，宗教这一“被压迫生灵的叹息”、“无情世界的感情”，重新沦为统治阶级奴役和麻痹“人民的鸦片”①。

当然，全盘否认资产阶级意识形态的贡献和作用，也绝对不是辩证唯物论的观点。这是因为，资本主义政治经济和社会制度，在历史上曾经对生产力的发展起过巨大的

① 《马克思恩格斯全集》，第1卷．北京：人民出版社，1957年版，第452～453页

推动作用。作为为维护资产阶级统治服务的意识形态，当然也起过一定的作用。同时，正如前面所指出的那样，意识形态是社会存在的理论反映，本身具有相对的独立性。资产阶级意识形态尽管从本质上说是非科学的、唯心的，但是，由于理论发展所具有的抽象的、逻辑的特征，资产阶级的某些哲学和社会学说中通常不自觉地包含某些合理的因素，它们同样属于人类文明的思想宝库。

到了帝国主义阶段，资产阶级的意识形态更加暴露了其腐朽没落的反动本质。垄断资本占据了统治地位，资本主义国家的各种社会矛盾进一步激化。随着资产阶级与无产阶级的阶级利益的不可调和性日益明显，公开的、毫不掩饰的为现存状态辩护也同时发展着。资产阶级上升时期的那种正视现实的、犀利批判的、生机勃勃的精神让位于垂死的哀鸣和赤裸裸的辩护。资本主义社会陷入了“社会病态”和“精神危机”。人与人之间的关系“不是你掠夺别人，就是别人掠夺你，不是你给别人做工，就是别人给你做工，你不是奴隶主，就是奴隶”，“我赚我的钱，其他一切都与我无关”。[①] 文化艺术领域出现了许多畸形、病态的东西。所谓“现代文学”，充斥着荒诞、淫荡、凶杀和颓废，“现代美术”流露出光怪陆离的想像和对命运、前途的绝望。在西方资本主义国家，一方面科学技术相当发达，电子计算机已普及到家庭，人们的文化水平普遍较高；另一方面，人们对现实世界悲观绝望，教派众多，教堂林立，许多人祈求上帝的安抚和天堂的生活，这两者形成了鲜明的反差。面对当代资产阶级意识形态的深刻危机，一些资产阶级的学者试图利用自然科学和技术的发展，来宣扬和推行资产阶级改良主义的思想，他们在政治上开出种种旨在调和阶级矛盾，完善资产阶级民主政治的良方妙药，在经济学上发展凯恩斯主义和经济自由主义，妄想借助于宏观经济政策来解决资本主义经济内在的深刻矛盾。同时积极推行意识形态领域的对外扩张，在向社会主义国家和发展中国家输出资本和转让技术的同时，企图以资产阶级的思想意识腐蚀无产阶级和广大劳动人民，尤其是青年一代。当然，这一切客观上也推动了资产阶级意识形态的进一步发展，使它显得更隐蔽，更具有迷惑性，但这终究改变不了资产阶级意识形态走向没落的必然趋势。

三、资本主义的历史地位与发展趋势

资本主义是人类文明发展史上的一个重要阶段。马克思主义者对这一社会形态历来作科学、历史的评价与分析，既肯定它在促进生产力发展，推动社会进步方面的巨大作用，又实事求是地指明其历史局限性和向高一级社会形态转变的历史必然性。

资本主义制度的历史进步性，首先在于它适应了社会生产力发展的客观要求，把

① 《列宁选集》，第4卷. 北京：人民出版社，1972年版，第354页

人类物质文明推进到新的高度。

马克思恩格斯当年曾依据对自然力的征服、机器的采用、化学在工业和农业中的应用、轮船的行驶、铁路的通行、电报的使用、新大陆的开垦、江河的通航赞扬了资产阶级革命和统治所带来的生产力的巨大发展。从那以后到今天又过去了100多年，经历了第二次工业革命的洗礼，整个世界生产力的发展更是突飞猛进。第二次世界大战后，尤其20世纪70年代以来，在新的科技革命和工业革命浪潮的冲击下，电子技术、核能技术、化学合成技术、空间技术、激光技术、生物工程、海洋工程、高分子材料等许多领域取得了新的突破，相对论、场论、微观物理、生物基因理论等重大理论发展，大大开拓了人们认识世界的视野，科学与技术相结合，多门学科互相渗透、交叉发展，人类的科技宝库迅速膨胀，出现“知识爆炸”局面。科学知识成几何级数增长，必然带来应用领域的日新月异。各种电子化、信息化、高科技化的新型产业不断涌现，大大增强了人类改造世界的能力，特别是电子计算机的研究与开发，速度之快，用途之广，效率之高，令人叹为观止。电脑的应用使整个机器体系和生产组织、管理系统和生活方式都发生了新的变革，大大提高了劳动生产率，并引起了产业结构、企业结构的迅速改组。

现代经济的巨大进步，诚然不能一律归功于资本主义制度，但也无须讳言，发达资本主义国家在这一过程中确实起了十分重要的、主导性的作用。之所以如此，是因为资本主义生产方式中具有推动生产力发展的内在机制：一是商品经济的竞争机制。资本主义生产是私有制商品生产的顶峰，商品经济比之自然经济毋庸置疑有着优越性，残酷的市场竞争如同炼狱之火，焚烧着封建时代懒散懈怠的恶习，根治着自然经济田园诗般的慢节奏、低效率，迫使人们改善条件，提高效能，发挥潜力。二是追求剩余价值的动力机制。这种动力与资本主义社会所倡导的自我奋斗、自我实现的价值观念相结合，与外部竞争环境相耦合，促使资产阶级始终处于一种亢奋状态，置身于西西弗斯式的永不停顿的资本增殖运动之中。投资再投资，赚钱再赚钱，从而带动生产力的更新与发展。三是技术创新机制。资本家为了在竞争中站稳脚跟，获得超额利润，必然要不断研制和采用新技术、新工艺、新材料，这就使得科技研究与应用在经济上成为必要。这种社会需要比100所大学更能促进科技发展。

资本主义的革命性也表现在它对旧的生产关系、旧的社会秩序的破坏上。“资产阶级除非使生产工具，从而使生产关系，从而使全部社会关系不断地革命化，否则就不能生存下去。”①正是这种生死存亡的考验，使得它毫不留情地扫荡了封建社会的等级特权、人身依附、封锁割据等一系列古旧秩序，把一切关系变成了金钱关系、交易关系。它不仅冲破了封建关系在国内的藩篱，建立起统一的国内市场和生产体系，而且跨越国界，走向世界，建立起统一的世界市场，促成了世界各国经济上相互依赖，政治上相

① 《马克思恩格斯选集》，第1卷. 北京：人民出版社，1972年版，第254页

互影响的局面。在资本主义时代，世界变小了，社会联系大大扩展了，各种交往大大增加了。对于人类这个天然具有社会性的群体而言，谁能说这不是一种进步呢？

资本主义的历史作用还反映在它对世界精神文明的贡献上。资产阶级的启蒙思想家们曾以大无畏的精神，猛烈抨击封建阶级的残暴、愚昧，反抗封建神权对人性的束缚与摧残，崇尚科学，弘扬民主，呼唤平等，讴歌自由，坦然地表达人的本能欲望与要求，打破了封建的思想枷锁，在人类思想解放的道路上跨进了一大步。封建桎梏的解除，使得个体的能力与创造性得以发挥，加上客观因素的作用，使得科学技术、文化教育事业在资本主义时期获得巨大进展，呈现出前所未有的繁荣景象，谱写了人类文明史的新篇章。

然而，马克思主义者肯定资本主义的历史进步性，绝非像资产阶级学者那样为资本主义大唱赞歌，掩盖其发展过程中的种种弊病与矛盾，更不是要证明资本主义制度的永恒性。恰恰相反，马克思主义正是以深邃的历史洞察力和严谨的科学分析，指明了资本主义的历史局限性与历史过渡性。

资本主义作为一种以剥削为基础的社会制度，它的每一个进步都包含有自己的反面，它对人类文明的每一个贡献，都与它所带来的破坏性后果紧密联系。这种破坏是双重的。一方面是人和人关系的破坏。资本与雇佣劳动的关系，是资本主义社会的生存基础，资本主义在经济上的成功，是以对工人阶级和劳动人民的残酷剥削和压榨为代价的。它把社会分成为鲜明对垒的两大阶级，一个阶级的无所事事、骄奢淫逸是以另一个阶级的过度劳动、苦苦挣扎为前提，由此必然带来两大阶级的激烈斗争，使整个社会不可能出现他们所鼓吹的那种和谐、统一的境界。此外，资产阶级把一切关系，包括家庭关系、亲友关系都浸入利己主义的冰山雪海之中，这就创造出唯利是图、尔虞我诈的社会环境与气氛，为了一己私利而不惜以种种手段损害他人，损害公众，这种人际关系必然把资本主义拖入摩擦、对抗的深渊。二是人与自然关系的破坏。资产阶级不仅掠夺他人，也掠夺自然，掠夺物。为了赚钱，对资源滥加开采，对森林乱砍滥伐，使得空气污染，环境恶化，水质变坏，生物种类大量灭绝……在资本主义早期尤其如此。近几十年来，资产阶级已经感觉到问题的严重性，在国内开始注重生态环境的保护。可是对于经济落后国家的资源，则仍然进行掠夺和破坏，暴露出资本主义制度的本质。正因为如此，资本主义一直受到来自两方面的批判。考察一下当今的资本主义世界，可以看到一系列互相矛盾的情景：资本主义创造了巨大的财富，同时又因为经济的周期痉挛和高消费的影响，带来社会财富的巨大浪费，资本主义提供了造福人类的物质条件，却又把人类推向社会灾难与混乱之中，资本主义造就了生产、科技、文化教育的巨大发展；另一方面，社会腐败、伦理颓废、道德低下，如此等等，则与经济、文化的发达形成鲜明对照的。资本主义经济繁荣的背后隐蔽着日益加重的社会危机。

进入垄断阶段后，资本主义经济出现迅速发展与停滞不前两个趋势并存的局面，这正是资本主义制度历史局限性在现代的表现。从资本主义经济运行机制本身看，促进生产力发展的那些因素仍然存在并发生作用，因而推动了生产力的发展。但从资本主义制度来看，一系列干扰因素与矛盾，则又使资本主义经济出现停停走走的停滞局面。从根本上说，就是实际生产力大大低于现有资源所能提供的潜在生产力。

需要特别指出的是，马克思主义政治经济学对“资本主义必然灭亡”这一判断，不是根据资本主义的某些弊病而作出的。任何一个社会要找出弊病，都并非难事。弊病都是表象特征，能否反映本质，有待分析说明，而资本主义的灭亡则完全是经济运动的客观结果，是不可抗拒的历史规律，它是从资本积累的客观过程推断出来的。资本积累过程绝对不会止息，资本积累引起资本集中和积聚，这一过程包含着两个剥夺：一是大资本家对中小资本家的剥夺，二是资本家阶级对雇佣劳动者的剥夺。这种剥夺造成的最终结果，将使社会成员两极分化加剧，资本和财富向少数资本家集中，另一极是无产阶级贫困的加剧。与此同时，工人阶级队伍随着生产社会化的发展而日益壮大，组织性、觉悟性不断提高，对资本家的反抗与斗争也不断增加，成为资本主义制度的掘墓人。资本主义基本矛盾发展的必然结果，就是使生产力“达到了同它们的资本主义外壳不能相容的地步。这个外壳就要炸毁了。资本主义私有制的丧钟就要敲响了。剥夺者就要被剥夺了”。①

自从马克思作出这一论断以来，已经有不少国家推翻了资本主义制度，建立了社会主义社会，马克思的论断已经得到历史证明。尽管历史规律的作用体现需要假以时日，但历史发展规律本身不会消失，现代资本主义发展史，就是一部生产力反抗生产关系的历史，当资本主义所能容纳的生产力全部发挥之后，必将导致对资本主义自身的否定，从而“在协作和对土地及靠劳动本身生产的生产资料的共同占有的基础上，重新建立个人所有制”。② 历史必将彻底证明：“资产阶级的灭亡和无产阶级的胜利是同样不可避免的。”③社会主义正是在这个历史的进程中应运而生。

① 《马克思恩格斯全集》，第23卷. 北京：人民出版社，1972年版，第831页~832页

② 《马克思恩格斯全集》，第23卷. 北京：人民出版社，1972年版，第263页

③ 《马克思恩格斯选集》，第1卷. 北京：人民出版社，1972年版，第263页

第四章 社会主义原理

科学社会主义理论是马克思恩格斯对未来社会的一种理想建构，作为社会认识论的一个重要内容，它是马克思主义原理的又一个重要组成部分。社会主义社会是人类社会发展的崭新阶段，它的建立与发展，一方面仍然遵循着社会基本矛盾运动的内在逻辑，表现为不可抗拒的历史过程；另一方面又积淀着千百年来人们为之奋斗的美好向往和追求。因此，社会主义社会必然在质态上超越资本主义社会。人们对社会主义社会的认识，经历了从空想到科学，从理论到现实的发展过程。社会主义社会的产生与确立是科学社会主义学说的伟大成功，但不是科学社会主义理论的终结。今天处在实践探索中的社会主义社会从全球范围看还处于它曲折发展的阶段，即便在一些发展较好的国家也还有待于通过改革而自我完善，因此，人们对社会主义社会的认识也有待于进一步深化。

第一节 社会主义社会的产生

一、社会主义理论的历史发展

科学社会主义作为一种严密的理论形态，它的产生与发展无疑是社会化大生产的产物，它与资本主义社会的基本矛盾运动及由此派生的无产阶级与资产阶级的阶级斗争具有直接的联系。但是，和任何思想理论一样，社会主义理论的产生与发展，又必须遵循人类认识的发展规律，必须吸纳和继承人类以往创造的思想遗产。

社会主义作为一种社会思潮，其原始形态可以追溯到很早的时代。事实上，在人类思想的宝库中，我们可以发现许多关于社会建构的精辟见解和天才猜测，其中既有对不合理的私有制社会的尖锐抨击、深刻解剖，及由此产生的对原始共产主义社会的怀恋，也有对未来理想社会的憧憬和对建设新的社会秩序的各项原则的具体探讨。这些凝结着人类智慧的天才思想，在事实上已经孕育着人类关于社会主义认识的某些规定和合理因素，在广义上构成科学社会主义理论的思想渊源。

空想社会主义作为社会主义的比较系统的理论，起源于16世纪初期，其标志是1516年英国人莫尔《乌托邦》一书的发表。空想社会主义产生于资本主义生产方式已经产生但又未获充分发展的物质条件基础上。当时建立社会主义的主观条件与客观条件均不具备。因此，空想社会主义作为尚未成熟的无产阶级要求、利益和愿望的直接或间接的理论表现，仅仅停留于愤怒地谴责资本主义和虚构未来社会主义理想社会的美妙方案，必然具有空想的性质。

从空想社会主义的形成到科学社会主义的产生，经过300多年时间。在这期间，资本主义生产方式的发展大致经历了家庭手工业、手工工场和机器大工业三个阶段。与此相适应，空想社会主义的发展变化也可以划分为三个历史阶段：

第一阶段是16—17世纪的空想社会主义。主要代表人物有英国的莫尔、意大利的康帕内拉和德国的闵采尔。莫尔的《乌托邦》和康帕内拉的《太阳城》两部巨著是空想社会主义的奠基石。闵采尔则积极投身于社会实践，试图建立"千载太平天国"的社会理想。但是，在这一历史阶段，资本主义还处在原始积累迅速发展的萌芽阶段，封建制度虽然逐步瓦解但仍支配着社会生活，个体农业和家庭手工业乃是社会生产的主要形式，资产者和无产者都只是处于早期形成阶段。空想社会主义者虽然创造性地提出了许多富有特色的思想和主张，而在总体上却不可避免地打上小生产者思想的烙印，程度不同地存在着平均主义的情绪，对理想社会也只能进行空想的描写。

第二阶段是18世纪的空想社会主义。这时的空想社会主义已由"空想描写"的阶段向把理想社会法律化的新形态转化，主要代表人物有法国的摩莱里、马布利和巴贝夫。摩莱里的代表作是《自然法典》，他设想通过法制，使社会井然有序。马布利的代表作是《论法制或法律的原则》，他设想通过法律威力和立法者的智慧，限制私有制，改造现存社会。巴贝夫则继承了闵采尔传统，亲身组织和领导了"平等派"运动，拟定了未来共产主义制度的基本轮廓，提出了阶级斗争、人民革命、人民专政和过渡时期的思想。但是，这三个空想社会主义者都身居法国，而这一时期的法国还是以封建土地所有制和小农经济为基础的封建专制国家，无产阶级还未完全形成。因此，他们的思想和理论主要还是破产后落入无产者队伍的小生产者利益与情绪的反映，同样带有绝对平均主义以及禁欲主义色彩，被恩格斯称之为"苦修苦炼的，禁绝一切生活享受的，斯巴达式的共产主义"①。

第三阶段是19世纪的空想社会主义，也可称为批判的空想社会主义。它是空想

① 《马克思恩格斯选集》，第3卷. 北京：人民出版社，1972年版，第406页

社会主义的最高级形态。其主要代表人物是法国的圣西门、傅立叶和英国的欧文。圣西门善于思考，富有远见，在一系列著作中系统阐明了空想社会主义思想，成为“工人阶级代言人”。傅立叶的所有著作，几乎每一页都折射出对资本主义制度讽刺和批判的思想。而欧文不仅把对资本主义批判提到了新的理论高度，而且始终坚持社会主义工业、农业、商业的试验，是一名坚定不移的空想共产主义的实践家。在这一时期，由于英国的工业革命和法国资产阶级大革命的发生，资本主义已经得到很大发展，无产阶级和资产阶级矛盾已开始转化并上升为社会的主要矛盾。在这种历史条件下，空想社会主义便不再采用虚幻的文学描写形式和法律条文的形式，而是采用理论论证的方法来说明资本主义社会的不合理性和未来理想社会的合理性，同时在内容上也摆脱了平均主义和禁欲主义的局限。因此，这一时期的空想社会主义作为正在成长的无产阶级的先声，已构成科学社会主义的直接理论来源。所以马克思恩格斯认为，科学社会主义“是依靠圣西门、傅立叶和欧文这三位思想家而确立起来的”①。

但是，空想社会主义作为一种“和不成熟的资本主义生产状况，不成熟的阶级状况相适应的”，“不成熟的理论”，它的历史局限性却是明显的。这一局限性主要表现为：其一，它不能从社会经济存在的角度揭示资本主义生产方式的内在痼疾，而只限于从人道主义角度，用抽象的善与恶，好与坏来评价资本主义，并简单地把资本主义作为坏东西加以抛弃，未能揭示资本主义灭亡的经济必然性。其二，它对于无产阶级寄予的只是感性的同情和怜悯，企求以救世主的姿态给予受苦受难的无产阶级以施舍和恩赐。而未能充分从无产阶级的经济地位入手，认识和了解无产阶级的阶级本性和历史使命，因此找不到推翻资本主义并用社会主义取而代之的现实力量。其三，它不懂得只有通过阶级斗争和采取革命手段才能实现对资本主义的根本批判，才能建立新的社会主义社会，一味幻想用改良的办法，取得统治阶级和资产者的同情，因而必然要四处碰壁，使空想幻灭。其四，它对于未来社会的理想构建，缺乏客观必然性依据，往往建立在抽象的正义原则和纯粹理性的推演上，因而人为构想的成分浓重，想入非非的因素甚多。

当然，空想社会主义毕竟是进步的思想体系，是空想社会主义者亲身革命实践的体验和总结，是他们理论研究的天才成果。在空想社会主义思想体系中，既有对以往社会主义思想因素的吸纳和继承，又有对变革着的社会历史时代的认识和解剖，它的理论贡献和历史功绩是不可磨灭的：其一，它对资本主义生产方式和私有制的弊病，对其给劳动人民带来的痛苦和灾难进行了尖锐抨击和深刻批判。他们一致认为“私有制是一切罪恶之母”，是“黑白颠倒的世界”，是“复活了的奴隶制”。因此，否定私有制，使人们在财产公有的基础上达到公平分配生活资料和获得幸福，是他们共同的结

① 《马克思恩格斯选集》，第2卷. 北京：人民出版社，1972年版，第300页

论和追求。这一宝贵思想直接给予马克思主义创始人以深刻的启迪。其二,它在否定资本主义社会和私有制基础上,提出了各种社会改革方案,对未来社会作出了种种描绘和设想。归纳起来大致有:在经济上实行财产公有,人人都要劳动,产品按劳分配或按需分配,有人甚至提出用统一组织社会生产办法来代替私人生产的无政府状态。在政治上,反对压迫,反对封建等级制度,主张民主政治,公职人员由人民选举产生,不能享受任何特权并随时接受人民监督。一些人还提出了废除领导职务终身制,男女平等,婚姻自由之类的卓越见解。在文化教育上,他们提出消灭旧的分工和城乡对立,发展科学、艺术,普及社会教育,实行生产劳动与儿童教育相结合。很显然,这些设想和描绘,虽然具有猜测和幻想的性质,但实际上已触及社会主义社会的某些基本特征。其三,他们还努力探寻人与社会结合的最佳方式,企求在合理的社会结构和完善的人际关系上达到社会的和谐,在个人与社会利益结合的基础上真正实现有利于个人发展的社会理想。譬如,法国的空想主义者德萨米就极力倡导,把幸福、自由、平等、博爱和公有制这些基于人的本性的内在要求,引申为社会生活的基本原则和调节社会机体的一般机制,指出只要遵循和实现这些原则,便能保证一种最完善的协作形式的产生。其四,空想社会主义的思想,还始终贯彻着人道主义的精神,体现着人类渴望建立没有压迫与剥削,没有等级与特权,人与人之间平等的理想社会的基本要求,它以一种浪漫主义的关怀关注着人的命运和现实幸福,突出着人的生存与发展的权利,力求使人的需要得到全面的承认和尽可能的实现。

但是,空想社会主义用抽象人性来解释社会及其发展,企求凭借教育、道德、理性等精神力量来消灭资本主义,依靠人性的自我完善与复归来拯救人类和社会,只能是一种善良的想像。因此,空想社会主义可以给无产阶级以启示,并在推进社会前进和社会主义理论的历史发展中起着积极的作用。但空想社会主义始终不能成为指引无产阶级革命的思想指南。相反,由于空想社会主义的内在局限,它不仅不能在无产阶级与资产阶级的日益展开的阶级斗争中得到修正和完善,相反却越来越失去了原有的阶级基础和革命性质,最后蜕变为小资产阶级和资产阶级的社会主义,它折中、庸俗,缺乏革命性,严重阻碍着无产阶级革命运动。因此,无产阶级革命实践的发展,急迫地需要和呼唤着一种崭新的革命理论的产生。社会主义理论正是由此从空想发展为科学的。

事实上,科学社会主义理论产生于19世纪40年代的欧洲并不是偶然的。科学社会主义是资本主义生产状况和阶级状况成熟的必然结果,是当时社会经济、政治、思想诸种条件和因素相互作用的产物。同时,它也是马克思恩格斯的伟大创造。

在经济上,当时西欧几个主要资本主义国家,已经完成或正在进行产业革命,大机器生产和资本主义生产关系已经牢固确立,并居于社会经济的统治地位。但是随着资本主义的发展,资本主义生产方式固有矛盾日益激化,并且已经出现“在周期性的循环中愈来愈危及整个资产阶级社会生存的商业危机”。这就表明，资本主义生产方式已经无法控制和驾驭自己呼唤出来的“魔鬼”，即社会生产力了。“生产力已经强大到这种关系所不能适应的地步，它已经受到这种关系的阻碍。”①因而，它必然要求改变和打破现存的生产方式。这就为科学社会主义产生提供了客观的经济条件。

在政治上，“资产阶级不仅锻造了置自身于死地的武器，它还产生了将要运用这种武器的人——现代的工人，即无产者。”②资本主义社会不仅使社会阶级对立简单化了，使整个社会日益分裂为两大敌对的阵营，分裂为两大相互直接对立的阶级即资产阶级和无产阶级，而且它还使无产阶级日益认识到自己的阶级地位和历史使命，日益趋向联合。19 世纪 30—40 年代爆发的两次法国里昂工人起义和持续 12 年之久的英国工人的宪章运动，以及 1844 年德国西里西亚纺织工人起义，都提出了夺取政权，消灭私有制的要求，并采取了武装斗争的最高形式，它事实上标志着无产阶级已作为独立的政治力量登上了历史舞台。这就为科学社会主义产生提供了社会政治条件。

在思想上，社会化大生产开拓了人们的视野，促进了哲学和社会科学的发展。人们已经有能力审视和总结人类优秀的思想文化成果，把对于社会的认识形成科学理论。而马克思和恩格斯创立的唯物史观与剩余价值学说，更使人们能够把社会发展一般规律和资本主义社会的特殊运动规律结合起来，揭示资本主义社会的特殊本质和发展过程，确立无产阶级的阶级地位和历史使命，指明社会主义代替资本主义是历史的必然。这就为科学社会主义产生提供了思想条件。

如果说 19 世纪 40 年代欧洲的经济、政治、思想文化状况，还只是为人们对于社会历史作出全面了解，为科学社会主义形成提供了客观可能，那么，马克思恩格斯的艰苦实践和天才创造，则使这种可能变成了现实。马克思恩格斯亲身参加了当时阶级斗争实践，把理论研究与无产阶级革命斗争的需要紧密结合，并在这种结合中认识和改造客观世界，改造和完善主观世界，从而既完成了由唯心主义到唯物主义、由民主主义到共产主义的两大转化，又完成了使社会主义由空想发展为科学的伟大历史任务。《共产党宣言》精辟、透彻地分析了资本主义社会形成、发展的历史过程，论证了无产阶级进行革命和建立自己政党的必要性与合理性，庄严宣告资产阶级的灭亡和无产阶级的胜利同样是不可避免的。因此它是科学社会主义产生的标志。这正如恩格斯指出的：“我们这一世界观，首先在马克思的《哲学的贫困》和《共产党宣言》中问世。”③

科学社会主义理论的形成，是人类社会主义认识的第一次历史性飞跃，它为全世界无产阶级革命运动提供了完备的社会认识论理论。科学社会主义与工人运动相结

① 《马克思恩格斯选集》，第 1 卷. 北京：人民出版社，1972 年版，第 257 页
② 《马克思恩格斯选集》，第 1 卷. 北京：人民出版社，1972 年版，第 257 页
③ 《马克思恩格斯选集》，第 3 卷. 北京：人民出版社，1972 年版，第 49 页

合,使无产阶级由"自在阶级"变为"自为阶级",使无产阶级革命斗争由自发斗争阶段进入自觉斗争的新阶段。

科学社会主义产生以后,立即面对着欧洲无产阶级革命风暴的检验和洗礼。马克思恩格斯亲身经历和指导了1848—1849年的欧洲革命和1871年3月的巴黎工人起义,并对其进行了科学的理论总结。马克思还先后写下了《法兰西阶级斗争》、《波拿巴政变记》、《法兰西内战》等重要著作,系统阐述了无产阶级革命和无产阶级专政的学说,特别是明确提出了无产阶级革命必须打碎资产阶级国家机器,建立工农联盟的重要论断。巴黎公社失败后,马克思恩格斯又在与巴枯宁主义、拉萨尔主义、蒲鲁东主义和杜林的假社会主义的斗争中,在总结国际共产主义运动新经验和研究资本主义新特点的基础上,进行了精深的理论研究。马克思发表了《哥达纲领批判》、《资本论》,恩格斯写下了《反杜林论》等著作。这些著作使马克思主义理论得到了系统的全面的发展。其中关于资本主义到社会主义必然有一个过渡时期,在整个过渡时期必须坚持无产阶级专政,共产主义社会必须经过低级和高级两个阶段,这两个阶段既有自身特征又具有内在联系等思想,极大地丰富了科学社会主义的理论宝库。特别是《资本论》一书,是一部"叙述科学社会主义的基本的主要的著作"①。它的发表标志着科学社会主义的最终确立。

19世纪末20世纪初,资本主义进入帝国主义阶段,以伯恩施坦为代表的修正主义思潮以时代的变化和资本主义发展中出现的一些新特点为借口,试图全面修正马克思主义,否定科学社会主义。在这种情况下,以列宁为代表的马克思主义者力挽狂澜,坚持和捍卫了马克思主义的基本理论,并且以俄国革命实践经验为依据,创造性地研究了新时代出现的新情况和新问题,正确制定了俄国革命的理论与策略。在这期间,列宁写下了《怎么办?》、《进一步,退两步》、《社会民主党在民主革命中的两种策略》等著作,全面论述和丰富了马克思主义的建党学说和民主革命的理论、策略,提出了无产阶级在民主革命中必须掌握领导权,建立工农民主专政和实现革命转变的理论,对科学社会主义的发展具有极其重要的意义。正是由于以列宁为代表的俄国马克思主义者的革命实践和理论创造,科学社会主义在俄国率先付诸实践并得到伟大成功。俄国十月社会主义革命的伟大胜利,冲破了资本主义的阵线,使社会主义从理论发展为现实。这是人类社会主义运动全新的历史性飞跃。

二、社会主义社会产生的根本途径

马克思恩格斯设想的社会主义社会以生产资料公有制为基础,是对私有制的彻底

---

① 《列宁选集》,第1卷.北京:人民出版社,1972年版,第50页

否定。因此，社会主义社会不能在私有制内部孕育和成熟，它的产生作为对资本主义社会的历史取代，也不能简单重复以私有制为基础的各个社会形态相互更替的历史过程，而必须经过深刻的无产阶级革命。也就是说，无产阶级革命是社会主义产生的根本途径。

无产阶级革命是代表现代化大生产发展要求的无产阶级联合其他劳动群众，反对资本主义生产方式直至最后消灭一切剥削阶级和剥削制度的革命斗争。与以往一切社会革命相比，它具有许多新的特征：

其一是深刻性和彻底性。作为社会主义革命的主体和领导者的无产阶级，是人类历史上最伟大最革命的阶级。它既是大工业本身的产物，代表着现代化生产发展的方向，具有远大的前途，又为社会化大生产所陶冶，最有组织性、纪律性，并能团结一致。同时，无产阶级又处于社会最低层，它只有推翻一切私有制，解放全人类才能最后解放自己。这就决定了只有无产阶级才能成为资本主义社会的掘墓人和社会主义社会的创造者，无产阶级革命比历史上任何一次革命都要深刻和彻底得多。

其二是群众性和广泛性。正是由于无产阶级革命不是企求用一种剥削形式代替另一种剥削形式，不是以一种私有制更换另一种私有制，而是以消灭一切形式的剥削制度为己任，因此无产阶级革命必然激起广大人民群众追求自由民主的强烈激情和愿望，最大范围地发动和组织群众形成浩浩荡荡的伟大革命力量。所以，马克思恩格斯说："至今发生过的一切运动都是少数人的运动，或者都是为少数人谋利益的运动。无产阶级的运动是绝大多数人谋利益的独立自主的运动。"①这也就决定了无产阶级革命是人类历史上最具群众性和广泛性的人民革命运动。

其三是自觉性和主动性。从根本来说，人脱离动物界时就是作为自由自觉的主体，为着一定目的而行动的。但是，这并不意味着人类的一切社会历史活动都是自觉的和主动的。社会历史活动自觉性的根本特征，不仅要求活动本身与参加活动的个人目标相适应，而且更重要的是要求活动本身与参加活动的全体社会成员根本利益相一致，与社会发展规律相一致。因此，在社会历史发展中就不能单从个人意识、从单个人孤立局部的行动的角度，而必须从社会意识的角度，从社会整体实践活动的总和去综合考察人的活动的自由自觉性。在这个意义上，我们说以往发生的变革社会的一切革命活动，虽然也都是社会自发过程的中断，并表现为先进的革命阶级反对腐朽的统治阶级的自觉革命，这种革命或者是少数剥削阶级为本阶级的私有制而进行的活动，或者是劳动阶级被迫进行的自发反抗。但从总体上讲，在这些革命中人民还只能是处于被动状况，并且往往被利用而成为改朝换代的工具。同时，这种革命往往只存在于社会动荡和社会新旧经济关系交替的短暂历史过程，只不过是对社会生产关系作出些局

① 《马克思恩格斯全集》，第4卷. 北京：人民出版社，1958年版，第477页

部的调整，或对在旧社会机体内业已自发形成的新的经济关系加以承认和确立。它不可能主动地存在于新的经济关系的形成过程中，变成这种经济关系的部分和某个环节，而是在政权变换和新的经济关系一旦确立之后，便自行宣告结束。社会由此又恢复到自发的发展过程。然而，无产阶级革命却不是这样，它不仅由于自身革命的性质，符合广大人民群众的利益和社会发展的趋势，因而可以激发起人民持久的主动的革命激情，而且它还贯穿于社会主义社会改造和建设的整个历史过程，使社会主义社会始终充满活力，生机勃勃地自觉发展。因此，无产阶级革命是人的自由自觉本性在社会历史领域的深刻表现，是社会发展规律与人的自觉性与主动性的内在结合。

在广义上，无产阶级革命包括无产阶级反对资产阶级和资本主义制度所从事的一切活动，其中主要有经济斗争、政治斗争和思想斗争。这三种斗争形式，互相联系，互相补充，缺一不可，但都以夺取政权这一根本问题为目标。因此，从狭义上讲，无产阶级革命的基本内容就是通过革命斗争，推翻资产阶级统治，建立无产阶级专政，以社会主义代替资本主义，实现社会制度的变革。

无产阶级革命作为变革资本主义的根本途径，可以依据时代的不同历史条件和不同国家阶级力量对比的实际状况，采取不同的方式。这其中最主要的是暴力革命与和平发展的两种方式。马克思恩格斯首先十分重视暴力革命在实现资本主义向社会主义转变过程中的伟大历史作用。这是因为资产阶级与历史上一切反动统治阶级一样，不会自动退出历史舞台，总是要建立和强化庞大的国家机器，用国家机器来维护自身的统治，镇压无产阶级和人民群众。事实上，在人类历史上自从阶级产生以来，从来就没有过不经过暴力革命而获得政权的先例。无产阶级革命要消灭一切剥削阶级，彻底摧毁私有制，它所遇到的阻力之大和反抗之激烈，无疑是以往一切革命所不可比拟的。因此，它所要付出的代价和牺牲也会是巨大的。无产阶级和人民群众任何时候都不能幻想资产阶级会拱手交出政权，也不能因为害怕牺牲而不去大胆承受革命胜利前的“阵痛”。无产阶级必须义无反顾，武装自己，随时准备用暴力夺取政权。所以，马克思恩格斯始终认为，无产阶级革命的目的，只有用暴力推翻全部的现存制度才能达到，“暴力是每一个孕育着新社会的助产婆。”①列宁则更明确指出：“资产阶级国家由无产阶级国家（无产阶级专政）代替，不能通过‘自行消亡’，根据一般规律，只能通过暴力革命。”②现在世界上已经建立起来的社会主义国家，无一例外都是通过暴力革命夺取政权的。不过，由于各国所处具体历史条件不同，所采用的暴力革命的具体方式也就有所不同。其中主要有三种方式：一是城市工人阶级首先发动起义，然后把革命推向农村夺取全国政权的道路；二是先在农村建立革命根据地和革命武装，以农村包围城

① 《马克思恩格斯选集》，第2卷. 北京：人民出版社，1972年版，第256页

② 《列宁选集》，第3卷. 北京：人民出版社，1972年版，第188页

市,最后夺取全国胜利的武装斗争道路;三是在国内外革命武装力量配合下建立无产阶级专政的道路。

马克思主义认为,暴力革命的发生具有深厚的经济根源。但是暴力革命又不是一种纯粹的经济过程,除必要的经济条件外,它的发生还需要其他的客观条件和主观条件。革命的客观条件主要是指阶级矛盾的发展和阶级力量的对比和由此造成的革命形势。革命形势是革命的客观条件的总和,只有当由社会基本矛盾所引起的种种社会矛盾达到极其尖锐的程度,形成了全国性的危机即革命形势成熟的时候才会爆发革命。列宁把革命形势的主要特征归结为:“(1)统治阶级不可能照旧不变地维持自己的统治,‘上层’的某种危机,即统治阶级的政治危机,给被压迫阶级的愤怒和不满造成一个爆破的缺口。光是‘下层不愿’照旧生活下去,对革命的到来通常是不够的,要革命到来还须‘上层不能’照旧生活下去。(2)被压迫阶级的贫困和灾难超乎寻常的加剧。(3)由于上述原因,群众积极性大大提高,这些群众在‘和平’时期忍气吞声地受人掠夺,而在动荡时期,整个危机形势和‘上层’本身都迫使他们去进行独立的历史性的发动。”①同时,仅有革命的客观形势,还不一定会引发暴力革命。在国际共产主义运动的历史上,不乏大好革命形势被葬送的先例,原因就是缺乏革命的主观条件。革命的主观条件是革命阶级的内在因素,主要是指无产阶级革命队伍内部的觉悟程度和组织程度。譬如,是否建立起一个成熟的无产阶级政党,就是无产阶级革命主观条件是否成熟的集中表现。只有在无产阶级政党的坚强有力领导下,无产阶级才能具有统一的意志和钢铁般的团结,才能吸引和团结一切可以团结的力量,抓住有利的革命形势,推翻腐朽的反动统治,从而建立无产阶级的社会主义政权。

当然,由于社会历史发展的极其复杂性,无产阶级革命也可能采取和平的方式。无产阶级如果可以用和平方式建立社会主义社会,那是最好不过的事情。马克思从来反对无视革命形势和社会历史条件的变化,把暴力革命绝对化的观点。在他看来,拒绝多样化的革命形式,完全否认革命有和平发展的可能性是错误的。各国的无产阶级革命,究竟应当采取什么方式,是各国无产阶级政党和人民群众自己的事情,应当由他们独立自主地去探索和解决,去实验和选择,并最终接受社会实践的检验。

从历史经验看,无产阶级革命究竟采取何种方式,在很大程度上并不取决于无产阶级本身,而是取决于反动统治阶级的态度和选择。恩格斯指出过这一点:“如果旧的东西足够理智,不加抵抗即行死亡,那就和平地代替;如果旧的东西抵抗这种必然性,那就通过暴力来代替。”②

---

① 《列宁选集》,第2卷.北京:人民出版社,1972年版,第620页

② 《马克思恩格斯选集》,第4卷.北京:人民出版社,1972年版,第212页

三、社会主义在落后国家的实现

马克思恩格斯对社会主义革命的基本设想是希望整个欧洲在同时发生并取得胜利。后来的现实情形使他们改变了最初的想法。于是，从实现无产阶级革命的条件来说，马克思恩格斯既考察了工业发达、资本主义充分发展的国家，也考察了工业较不发达、资本主义还未能得到充分发展的国家。特别是在马克思恩格斯的晚年，他们依据巴黎公社的革命实践，从巴黎公社的失败和世界革命中心不断转移的过程中，提出了社会主义革命有可能在一个国家内首先发生和取得胜利，并且特别关注经济上比较落后国家的革命和向社会主义过渡的可能性。

落后国家首先实现社会主义，作为一种历史的现实并不是社会历史发展过程中的偶然和"偏轨"，而是资本主义向社会主义过渡的一定发展阶段上的必然现象。马克思恩格斯依据历史唯物主义关于社会基本矛盾运动的学说，揭示了资本主义社会生产资料私人占有和生产社会化的内在对抗性，并认为这种对抗性将随着生产力的发展而急速加剧，最终导致无产阶级革命。因此，一般说来，无产阶级革命应该首先发生在资本主义高度发达的国家，故而马克思恩格斯对于英国等发达资本主义国家爆发无产阶级革命，曾经寄予了殷切的期望。但是，无产阶级革命毕竟不是纯粹的经济演进。列宁说过："如果认为只要社会经济发展的条件使变革完全成熟了，革命的阶级就会有足够的力量来实现变革，那是错误的，人类社会的安排对于先进分子并不会这样合适，不会这样方便。"①

由于复杂的社会历史条件和阶级力量对比状况，马克思恩格斯关于无产阶级革命在发达国家首先取得胜利的预言没有能够实现。然而，这并不意味着马克思恩格斯关于无产阶级革命的理论没有实现。没有实现的只是马克思恩格斯关于无产阶级革命的一个方面的论断。马克思恩格斯关于无产阶级革命的论断还有另外方面的内容，即社会主义也可能在经济上比较落后的国家首先变成现实。

事实上，早在 19 世纪 40 年代，马克思恩格斯在《共产党宣言》中就设想过，德国的资产阶级民主革命，可以成为无产阶级社会主义革命的直接序幕。当时，德国还存在封建制度，还存在相当数量的小生产，产业革命只是刚刚开始，工人人数只有 70 万，仅占全国人口的 1/50。但是，当时德国的阶级斗争十分尖锐，阶级矛盾、民族矛盾以及各邦之间的矛盾错综交织，无产阶级已成为独立的政治力量，共产主义同盟在德国境内建立了大约 30 个小组或支部，从而"形成了一个强有力的核心，这个核心关于本

① 《列宁全集》，第 4 卷. 北京：人民出版社，1959 年版，第 353 页

阶级解放的思想更加清楚得多，而且更加符合现存的事实和历史的需要”①。因此，马克思恩格斯并没有拘泥于经济发展这个唯一因素，而是认为德国革命将具有比英国更有利的条件，认为共产党人应该把自己的主要注意力集中于德国。基于同样原因，马克思恩格斯也预言过还存在着2/3以上农民的法国革命，认为法国的革命具有明确的无产阶级性质，“这是现代社会中两大对立阶级间的第一次伟大战争。这是为保存或消灭资产阶级制度而进行的战斗。”②

可见，马克思恩格斯关于无产阶级革命的理论，既注重于经济的发展，又不局限于经济因素，总是把革命理解为各种社会因素综合作用的结果，即认为一个国家是否具备无产阶级革命的条件，不仅取决于它的经济发展水平，而且要全面分析它的政治、文化和上层建筑各方面的情况。恩格斯说：“经济状况是基础，但是对历史斗争的进程发生影响并且在许多情况下主要决定着这一斗争的形式的，还有上层建筑的各种因素。”③“并不是只有经济状况才是原因，才是积极的，其余一切都不过是消极的结果。”④由于资本主义国家经济、政治发展的不平衡性，历史的发展就不可能是直线式的，必然是迂回曲折的，有时甚至出现“超越”或“跳跃”。一些经济上比较发达的国家，仍然停留在资本主义发展轨道上；而一些经济上比较落后的国家，包括处在资本主义前阶段的国家和刚刚踏上资本主义发展道路的国家，只要近代工业有一定的基础和发展，具有无产阶级革命的客观形势和主观条件，也可以向社会主义过渡。也就是说，进行无产阶级革命，并不一定要等到资本主义高度发展之后，等到“最后一个小手工业者和最后一个小农都变成资本主义大生产的牺牲品的时候，才来实现这个变革”。⑤据此，马克思恩格斯曾经预言，俄国革命将成为西方无产阶级革命的信号，俄国的农村公社可以直接过渡到高级的共产主义公有制，而处于半殖民地、半封建社会状况的中国革命将把火花抛到现代工业体系即将爆炸的地雷上，促成欧洲大陆的政治革命。列宁正是依据了马克思恩格斯关于无产阶级革命的这一理论，明确提出无产阶级革命有可能在一国首先取得胜利和经济上落后国家有可能超越资本主义阶段进入社会主义的理论。俄国十月革命和中国革命的胜利，都完全证实了马克思恩格斯和列宁关于无产阶级革命理论的科学性和真理性。

其实，落后国家首先进入社会主义具有客观必然性。早在20世纪初，列宁就明确指出：“经济政治发展的不平衡是资本主义的绝对规律。由此就应得出结论：社会主

---

① 《马克思恩格所选集》，第1卷. 北京：人民出版社，1972年版，第506页
② 《马克思恩格斯选集》，第1卷. 北京：人民出版社，1972年版，第415页
③ 《马克思恩格斯选集》，第4卷. 北京：人民出版社，1972年版，第506页
④ 《马克思恩格斯选集》，第4卷. 北京：人民出版社，1972年版，第506页
⑤ 《马克思恩格斯选集》，第4卷. 北京：人民出版社，1972年版，第312页

义可能首先在少数或者甚至在单独一个资本主义国家内获得胜利。"①列宁的基本思路是:资本主义发展到帝国主义阶段后,不仅未能从根本上解决自身固有的内在矛盾,而且会进一步导致这些矛盾尖锐化。因而帝国主义是无产阶级革命的前夜,无产阶级革命将从理论的研究变成直接的实践。

列宁认为从方法论的角度看,实现无产阶级革命,虽然需要一定的社会化大生产的基础,需要一定数量的无产阶级及自觉程度的发展。但是,为什么不可以反过来,由无产阶级先夺取政权,并利用它来发展社会生产力和文化教育,壮大无产阶级,为建设社会主义创造必需的条件呢?当然,这样做需要一定的条件,即革命时机是否成熟。当时俄国不仅存在着社会生产力发展与资本主义的矛盾,存在着帝国主义的腐朽性、寄生性与沙俄贫困落后的状况并存的现状,而且存在着农奴制残余与资本主义发展的矛盾。沙皇制度把帝国主义各种最坏的因素集中起来,并使之变本加厉了。所以,列宁认为落后的俄国可以超越西方发达资本主义国家,首先进入社会主义社会。由此可见,一些经济上落后的国家首先进入社会主义社会,虽然包含着人的革命能动精神,但绝不是纯粹人为的产物,虽然体现着社会历史发展的特殊性,但又始终服从和依附于世界经济的发展和无产阶级革命的全局,是一种符合规律性的可以认识和解释的社会历史过程。

经济上落后国家的无产阶级革命理论在今天显示了特别重要的意义。当今世界,特别是在西方发达资本主义国家,正发生着一场新的技术革命。诚然,这种革命不可能从根本上解决资本主义内部生产力与生产关系、经济基础与上层建筑的内在矛盾,但确实产生一个所谓资本主义发展的"黄金时代"。因此,无产阶级革命仍然具有客观必然性。但是,我们也应当看到,这一革命的兴起,又确实使西方发达国家的科学技术和生产的技术基础发生急剧变革,促进了社会生产力的发展,并且相应地引起劳动就业结构、地区经济结构、生产组织以及国际经济关系的重大变化,引起社会生活的新的变化,从而在客观上缓和了资本主义社会的矛盾,推延了无产阶级革命的历史进程。再加上资产阶级已经积累了几百年的统治经验,能够比较熟练地运用资产阶级民主制度、传统思想文化及其他相应的经济利益的手段,来麻痹或消解无产阶级的斗争。这样,在以后相当长的一段时期内,西方发达资本主义国家的无产阶级革命也还只能是处于积蓄力量的准备时期。这种情况就不能不使人们更加注目于经济上落后国家的无产阶级革命。这些国家不仅由于生产力发展落后而导致了社会本身的种种矛盾,而且直接承受了发达资本主义国家经济发展转移的诸多恶果。在帝国主义国家以全球化为借口的残酷掠夺和控制下,这些国家经济趋于更加畸形、片面的发展,从而事实上构成了帝国主义世界经济体系中新的薄弱环节,因而有可能成为新时期无产阶级革命

---

① 《列宁选集》,第2卷. 北京:人民出版社,1972年版,第709页

的突破口。

正是从这个意义上，我们可以说，由落后国家首先发生无产阶级革命的理论，至今仍具有重要的现实意义。但是，也应当指出，这种情况相对于人类社会整个历史发展进程，仍具有相对性。它没有也不可能改变人类社会总的发展程序，没有也不可能改变历史唯物主义关于社会基本矛盾运动的学说。可以预言，资本主义发展过程中出现的矛盾缓和，只是暂时的。西方发达资本主义国家不可能无休止地把自身的祸水倒给不发达国家，资本主义社会的内在矛盾也必然有一个总的爆发。因此，人类社会经由资本主义过渡到社会主义、共产主义社会，是任何社会力量也无法改变的。

第二节　社会主义社会的一般规定和基本特征

一、社会主义社会一般规定

马克思恩格斯创立的科学社会主义学说，本质上是一个发展中的学说，而不是一个凝固的模式。1866 年，英国费边社的负责人请恩格斯为他们出版的《什么叫社会主义》一书撰写关于社会主义社会特征的论文。恩格斯不仅写信表示无法完成这一写作任务，而且庄重地指出："无论如何应当声明，我所在的党没有提出任何一劳永逸的现成方案。我们对未来非资本主义社会区别于现代社会的特征的看法，是从历史事实和发展过程中得出的确切的结论；脱离这些事实和过程，就没有任何理论价值和实际价值。"①可见，马克思主义创始人从来就是依据严格的历史规定来建构自己的学说，从不奢望超越实际的社会条件对未来社会作出具体的规定，并用来束缚未来社会主义者的手足。

但是，这不意味着科学社会主义学说，只不过是一系列零散的毫无逻辑联系的单个命题或结论。事实上，系统研究和把握马克思恩格斯关于科学社会主义的相关论述，我们可以发现他们对于社会主义社会的严格界说和一般规定：

其一，动态地把握社会进化的总体过程，把社会主义社会视为社会演进的崭新阶段和人类文明的结晶与升华。马克思曾经从社会历史发展的纵向过程来考察，以生产力、生产关系、人的发展为标尺，对人类社会作出多元的划分，从而分析比较社会主义社会与以往社会制度的质的区别。但是，无论马克思从何种角度或侧面对人类社会进行何种划分和审视，都极其令人鼓舞地描绘了社会主义社会的美好蓝图，都立足于社会历史发展的进步趋势，揭示出社会主义社会超越于以往社会的一般规定。综合这些

① 《马克思恩格斯全集》，第 36 卷. 北京：人民出版社，1974 年版，第 419 ~ 420 页

基本规定,我们可以看到,社会主义社会,不仅继承和发展了资本主义社会发展起来的社会化大生产的物质基础,创造了更高的劳动生产率和更高的社会劳动组织,而且生产资料已从资本家手中转化为全社会共同占有,劳动者与劳动资料达到了真实的结合,从而重新恢复了劳动者对劳动成果的本体占有。社会已经可以从自身需要和可能出发有计划地组织整个社会的生产,个别劳动与社会劳动复归统一。与此同时,社会物质产品得到极大丰富,社会总产品在扣除生产方面的消耗和社会共同需要之后,以劳动为尺度在劳动者之间合理地分配消费品。在社会主义的发达阶段,由生产资料公有制和计划经济导致了直接的社会生产和直接的分配,商品和货币将不复存在。由私有制产生的阶级对立和阶级差别将消失,国家也因此失去自身存在的必要而逐步消亡,人们不仅实现了同旧的私有制关系的彻底决裂,而且实现了同反映这种关系的一切传统的私有观念的彻底决裂。正是在这个意义上,社会主义社会是人类文明长期积聚进化的产物,是迄今为止最完美、最合理的社会制度。

其二,系统把握社会主义社会的整体规定,把社会主义社会视为经济、政治、文化高度发达和内部结构和谐的社会有机体。人类社会应该是一个多层次的生气勃勃的有机体结构。社会有机体自身存在的状况,它自身内部各要素的相互关系及这种关系是否符合人与自然关系的本性和内容,也即社会有机体自身是否处于和谐状态,是社会价值评价的重要尺度。社会主义社会作为一种新型的社会制度,它之所以超越于以往任何社会制度,不仅在于它在各个具体的物质、经济、文化要素上达到更高的发展程度,而且在于这些要素的相互关联、相互组合达到了和谐的状态,达到了新的历史高度。恩格斯指出,社会主义社会“将是一个以各个人自由发展为一切人自由发展的条件的联合体”①。在这个联合体中,曾经顽固地破坏社会有机体内部有序关系的私有制已不复存在。人们消除了根本利益的冲突和对抗,在社会物质生产领域内实现了联合的个人对生产力总和的真正占有。而且,人们在物质生产领域所取得的进步,必然扩展到社会有机体的各个层次和方面,从根本上改变社会有机体的内部关系。人类自身经历亿万年历史演变和几千年社会实践沉淀的潜能素质即精神的、肉体的、生理结构方面的潜在力量第一次被全面唤醒,并取得了充分发展的现实可能性。人们从此可以作为社会生活的真实主人,平等、自由、理智地相互协作,共同主宰自身的命运,并通过理性的探索和思考,揭示自然与社会的发展规律,自觉建构和完善有利于自身发展的社会结构和组织形式,使人的社会结合方式更趋合理,使社会有机体各层面和各要素的关系更趋和谐,从而构成了自我控制、自我完善的弹性开放系统。这样,社会主义社会就在自身的整体结构上,完全处于自觉的状态,保证了社会有机体自身和谐有序的持续发展。

---

① 《马克思恩格斯全集》,第4卷.北京:人民出版社,1958年版,第491页

其三，对共产主义社会两个阶段的划分及两个阶段的联系与区别，作出经典式的表述。确认社会主义社会是共产主义社会的第一阶段（即低级阶段），是刚刚从旧社会产生出来的还不够成熟的共产主义社会；共产主义社会的高级阶段即人们通常说的共产主义社会，是在社会主义基础上已经发展了的社会。共产主义社会的第一阶段和高级阶段，既有自身特殊的质的规定，又有内在的一致性。它们是人类社会发展中同一社会形态的成熟程度不同的两个阶段。

马克思恩格斯关于社会主义社会的设想主要以当时经济上发达的西方资本主义国家为背景和依据。因此，在指导经济上比较落后国家的社会主义实践时，必然会有些误差，需要作出修改和补充。同时，马克思恩格斯关于社会主义社会的设想，只是一种理论上的抽象和概括，不是实施社会主义社会的详细方案。社会主义实践的具体内容比理论显然要丰富得多。由于社会主义社会国家的原有社会历史条件和文化价值取向的不同，社会主义国家的具体形式以及经济生活、政治生活、社会生活乃至具体组织方面存在着差异和不一致性，因而在社会主义发展中完全有可能经历不同的途径和方式，形成各具特色的社会主义模式。从政治领域来看，各个社会主义国家都应坚持劳动人民当家作主原则，但却可以采取人民民主专政、联邦自治、苏维埃等不同的具体形式；而从经济领域看，又可以依据所有制结构、决策结构和调节结构等方面的特点建构不同的经济模式。忽视各民族、地区、国家社会历史发展的特殊性，企求把社会主义学说在局部地区的成功上升为绝对不变的真理和固定模式，一体化地强制推行于其他地区、民族和国家，无疑是有害的。各国的马克思主义者完全应该也必须创造性地把科学社会主义学说和本国的实际结合起来，建设具有本国特色的社会主义，才能创造出社会主义事业生气勃勃、千帆竞发的大好局面。

但是，一种社会形态，作为社会发展的一定阶段具有内在的质的规定性，它的全部存在过程又必然地具有共同的特点。只要这一社会形态本身还存在，无论它在发展过程中经历什么变化，表现为何一阶段或具有何种民族与地区的特色，它的本质始终是不应该改变的。同样，社会主义社会作为一种统一的制度，不论存在多少具体表现形式，都内含着共同的本质、基本特征和原则。马克思恩格斯关于社会主义社会的设想，无疑是用科学的方法对这些共同本质、基本特征和原则的理论概括。作为社会主义社会一般规定的逻辑再现，这些设想具有真理性的指导意义。任何国家只要一旦确立了社会主义制度，就应该具备并始终恪守社会主义社会的一般规定，而不允许借口民族、地区和国家的特殊性，任意偏离社会主义社会的基本规定。

因此，对于社会主义社会国家来说，要坚定不移地坚持社会主义的方向和道路，保证本国沿着科学社会主义学说方向健康地向前发展，必须严肃而辩证地解决两个相互联系的课题，即：一方面要洞悉和尊重本国的特殊国情，善于总结本国社会主义实践的经验和教训，力求探索出一条符合实际的具有本国特色的社会主义建设的发展道路；

同时另一方面又必须不断深化认识并且在实践中切实遵循社会主义的基本规定和基本原则，始终坚持社会主义的基本立场和共产主义的远大理想。没有这方面的坚持，也就在实际上否定了社会主义。

二、社会主义社会的基本特征

第二次世界大战后，有十几个国家相继建立了社会主义制度，社会主义已经由一国实践发展为多国实践，由单一的苏联模式变化为多种模式。马克思恩格斯关于社会主义社会设想的理论，在社会主义的伟大实践中得到检验、修正、丰富和发展。因此，我们完全可以从理论与实践的角度，总结各个社会主义国家成功的经验和失败的教训，进一步认识并确定社会主义社会的如下基本特征：

其一，发达的生产力和较高的劳动生产率。社会主义社会的产生，是一定社会经济运动的结果，是以高度发达的生产力为物质基础的。没有这个物质基础，就没有真正的社会主义。马克思恩格斯在《共产党宣言》中就明确指出，社会主义社会的产生，必须以资本主义社会创造和积聚的生产力为物质前提，并且表现为以生产力为根基的社会经济条件客观运动的必然结果。马克思恩格斯创立的科学社会主义学说，摒弃了以往社会主义理论诉诸上帝、神灵或人的理性，企图用道德和良知来改进世界的呓语，突出了社会经济条件对于社会主义社会的决定性意义。诚然，社会主义社会的建立，内含着人的自觉能动性。但是，这种能动性永远也不可能超越社会生产力发展的一般规定。所以，恩格斯指出，大力提高社会生产率，发展社会生产力，"过去和现在都是一切社会的、政治的和智力的继续发展的基础。"①当然，对于社会发展而言，其进步标尺应该是综合性的。单一生产力的发展，往往并不能直接地转化为社会的全面文明。但是，生产力的发展又毕竟是决定社会前进的根本性因素，它在任何时候和任何情况下，都是一种无条件地起进步作用的根本力量。

从社会发展的宏观过程来考察，历史表现为社会形态不断变革和相互更替的发展过程。这种过程又不仅仅是状态的改变，而是由低级向高级的螺旋上升。决定着社会变化的动因和评价社会进化的主要尺度，只能是生产力及其发展的内在连续性。社会主义社会之所以能取代资本主义社会，归根到底在于它作为生产力发展的一个更高阶段，在生产中应用或者能够应用更进步的生产工具，具有容纳生产力更大发展的可能性。尽管由于社会发展的复杂性、不平衡性，在一定历史时期内，某些社会主义国家所能继承的只是前一社会形态的落后的生产力发展水平，因而未能迅速发展与其相适应的生产力。但是，这只能是一种历史发展的特殊过程，具有暂时性和偶然性。事实上，

① 《列宁全集》，第 4 卷. 北京：人民出版社，1958 年版，第 241 页

社会主义国家应该尽可能快地利用自身的优越性创造更高的劳动生产率，发展生产力，在经济上也确立对资本主义社会的优越性。如果忽略这一问题的严峻性，便会有损于社会主义的形象。

我们承认，从社会主义社会有机体的横向关系来考察，社会主义社会对于资本主义社会的优越性，应该表现在经济、政治、文化等各个领域。但是，这些领域的优越性，归根到底仍然需要由生产力的发展来说明和验证。因此，即使是在社会主义条件下，离开生产力这一发展中心，主观任意地改革社会经济、政治、文化生活的内容和形式，无论是表现为保守还是超越，均是违背社会发展规律的。我国社会主义现代化建设历史进程中的任何变革，都应该绝对地遵循这个不以人的意志为转移的铁的法则。超越或背离这个法则，任何工作，任何口号，任何运动，不论有什么样的借口都是错误的，都只能是对社会主义历史进程的反动。也因此，我们可以深刻地理解邓小平理论中坚持“生产力标准”思想的非凡意义。

其二，生产资料公有制和无产阶级专政。在马克思主义的理论中生产资料公有制是社会主义社会具有决定性意义的特征，社会主义社会必须以生产资料公有制占统治地位为前提。所以，列宁说，社会主义按其实质就是把土地、工厂等即全部生产资料变为全社会的财产，取消资本主义生产，按照总计划进行有利于社会全体成员的生产。

历史唯物主义认为，一种生产方式的社会经济本质，并不直接取决于它的技术和组织方面，而是取决于表现为所有制关系的生产关系类型。正是在这个意义上，马克思把生产资料所有制关系称为“最深的秘密”，视作整个社会结构的基础。因此，社会主义社会虽然必须以大机器生产为物质基础，但是离开生产关系的根本性变革，单纯的生产力发展，并不能导致社会具有社会主义性质。社会主义社会和资本主义社会的区别在于，前者并不只是建立在大机器工业基础之上，而且必须确立生产资料公有制的统治地位。忽视生产关系的性质，把生产力、科学技术革命对人类发展的影响绝对化，就有可能迷惘于社会主义和资本主义在生产发展中的某些表面上的相似，而混淆两者在社会制度上的本质区别。事实上，不管资本主义社会生产力如何发展，生产集中化和社会化水平如何提高，只要生产资料资本主义私人占有制依然存在，国家权力还掌握在资产阶级手中，它与社会主义就必然是对立的。

生产资料公有制对社会主义社会的意义，还在于它作为整个社会的基础，使整个社会生产领域实现了劳动者与生产资料的重新结合，使劳动者能够以主人翁的积极态度，创造性地参与社会生产过程，从而使社会生产服从于自身的目的和不断增长的社会需要，并且严格地依据劳动所得享受社会财富，从根本上导致整个社会生活的深刻变革。

马克思在论述社会主义的分配方式时指出，由于实行按劳分配，“每一个生产者，在作了各项扣除之后，从社会方面正好领回他所给予社会的一切。他所给予社会的，就是他个人的劳动量。"①这种以劳动为尺度的分配方式虽然反映了社会主义社会在经济、政治、文化各方面的历史局限,但是,按劳分配却完全有别于并超越于按资本、土地和劳动力价值的分配方式,消灭了依靠剥削别人劳动来生活的不公平现象,使不劳动者不得食的基本原则得到实现。因此,按劳分配的真正实现,就能够保证劳动人民从物质利益上关心自己的劳动成果,鼓励、刺激和巩固他们的革命激情和劳动积极性,保证劳动纪律的加强,劳动时间更合理的安排,劳动生产率更加提高,最终促进社会生产的不断发展。

社会主义公有制一般有两种形式,一种是合作制(集体所有制),另一种则是生产社会化比较彻底的全民所有制(国有制)。应当指出的是,并不是任何国有制都具有社会主义性质。在现代资本主义条件下,由于资本主义国家对社会生产的渗透和干预,生产社会化过程加速,国家所有制也非常普遍。但是,这与社会主义公有制在本质上是不同的,因为国家政权仍旧掌握在资本家手中。在这里,区别国家所有制社会本质的一个基本标准,只能是政权的阶级实质和作为生产资料所有者的国家本身的阶级实质。只有在无产阶级及其领导下的劳动人民群众真正掌握了国家政权,即建立了新型的无产阶级专政,真正掌握了自己的命运从而能真正占有生产资料和支配社会生产过程的时候,生产资料的国家所有制才具有社会主义的性质。因此,在社会主义条件下,生产资料公有制和无产阶级专政应该是密不可分的。坚持无产阶级专政、坚持人民群众在政治、经济、社会生活中的广泛民主权利,是保证生产资料公有制社会主义性质的根本性前提。

其三,社会主义精神文明。社会主义精神文明,广泛地反映着社会生活的各个方面,体现着社会主义制度和社会主义生活方式的内在优越性,适应着社会主义向共产主义发展的必然趋势,具有自身全新的内容并构成社会主义社会的本质特征之一。社会主义社会作为一种崭新的社会制度,它与以往社会形态的本质区别,在这里正是通过精神文明的性质,通过精神文明所反映的社会进步和人的发展状况表现出来的。

毫无疑问,社会主义精神文明的基础仍是社会生产力,是物质文明。没有高度发达的社会生产力和物质文明,也就不存在社会主义精神文明。然而,发展社会生产力,建设比较发达的物质文明,资本主义社会也能做到。只是由于资本主义社会不能消灭生产资料私有制,因而也就不能消灭社会发展过程中人与人关系的对抗性因素以及由此决定的对抗性的处世观念。现代资本主义社会,由于物质生产和科学技术方面取得了不小的成绩,资本主义的民主政体高度集中了资产阶级几百年所积累的统治经验,对于社会经济、政治、文化的发展,发挥了重要的管理和调节作用。但是,现代资本主义社会并没有消除自身的根本矛盾和痼疾,也不能从根本上消除资本主义所必然面临

① 《马克思恩格斯选集》,第3卷.北京:人民出版社,1972年版,第10页

的政治、经济、文化的深刻危机，不能消除精神文明发展过程中的消极因素。随着资本主义社会物质生产的发展，资本主义社会的精神文明特别是其中的道德观念却日益贫乏和沉沦，金钱至上，个人至上，自私自利，尔虞我诈，几乎成了社会实际通行的行为准则，抢劫、诈骗、贩毒、强奸、凶杀以及两性关系混乱、家庭破裂等不文明现象司空见惯。这是资本主义社会无法摆脱的社会精神危机。

与此相反，社会主义社会由于实现了生产资料公有制，导致了经济基础、上层建筑和人们之间相互关系的历史性变化，消除了社会机体内部的对抗状态。人民群众作为社会主体不仅以主人翁姿态能动地参加社会活动，而且可以在根本利益一致的基础上协调统一自己的行动。社会发展被纳入到人的有目的的控制之中，社会由此进入自觉发展的新阶段。“一直统治着历史的客观的异己的力量，现在处于人们自己的控制之下了。只是从这时起，人们才完全自觉地自己创造自己的历史，只是从这时起，由人们使之起作用的社会原因才在主要的方面和日益增长的程度上达到他们所预期的结果。”[①]“于是，人才在一定意义上最终地脱离了动物界，从动物的生存条件进入真正人的生存条件。”[②]正是在这个基础上，社会主义的新型文明和文化才得以形成和发展起来。

社会主义社会的发展，给予精神文明建设以深远的影响，并使其具有如下本质特征：一是随着社会关系中阶级对抗的消除，表现在社会意识形态中的对抗也逐步消失，统一的社会主义意识逐步形成，反映社会发展普遍规律的科学世界观——马克思主义，已成为全社会精神文明建设的指导力量。二是随着科学文化知识的普及和提高，人民群众共同创造、共同享用精神文明成果，精神面貌和自身素质发生了深刻的变化。正如恩格斯指出的那样，社会主义社会将“通过消除旧的分工，进行生产教育、变换工种，共同享受大家创造出来的福利，以及城乡的融合，使社会全体成员的才能得到全面的发展”。[③] 社会逐步形成统一的社会主义生产生活方式，劳动、生活、休息的物质条件日益丰富和完善，社会主义的道德和法律规范着人们的行为，精神生活充满着科学、健康、向上的力量。三是社会主义精神文明既是社会主义优越性的本质体现，它一旦形成又成为引导社会前进的强大精神力量，为人们的生活、创造、自我教育展开广阔的精神天地，推动着人们沿着历史发展的必由之路，去建设更加民主、自由的美好未来。

其四，人的全面发展。明确承认人是最高的社会价值，庄严地确立人的全面发展的战略目标，切实地运用社会生产力发展的巨大成果服务于人自身的完美塑造，这是社会主义社会的又一个重要本质特征。历史唯物主义认为，社会的任何进步，在实质上都是把人的世界和人的关系还给人自己，最终都可以归结为人的本质的全面发展和

---

① 《马克思恩格斯选集》，第 3 卷. 北京：人民出版社，1972 年版，第 323 页

② 《马克思恩格斯选集》，第 3 卷. 北京：人民出版社，1972 年版，第 323 页

③ 《马克思恩格斯选集》，第 1 卷. 北京：人民出版社，1972 年版，第 224 页

进步。恩格斯指出:"一定历史时代和一定地区内的人们生活于其下的社会制度,受着两种生产的制约,一方面受劳动的发展阶段的制约,另一方面受家庭的发展阶段的制约。劳动愈不发展,劳动产品的数量,从而社会的财富愈受限制,社会制度就愈在较大程度上受血族关系的支配。"①这就是说,人的进化同时受着两种生产即社会物质生产和人类自身生产的支配,而这种被支配的程度又是和社会的生产力水平和生产关系性质相联系着的。因此,人的全面发展和社会的发展状况具有内在同一性,是一个以生产力发展为依据的不可逆转的自然历史过程。原始社会,没有压迫和剥削,人是生产过程的主人和产品的占有者,物的存在服从于人的支配,因而比之于其后的剥削阶级社会,它要显得崇高得多。但是,由于生产力发展水平的极端低下,原始社会的人并不是那么完美,而是相当贫乏、野蛮的,在政治、宗教、种族限制方面都显得极其狭隘。在资本主义条件下,人的发展出现了二律背反式的悲剧:一方面,由于社会化大生产的确立,形成了"普遍的社会物质变换,全面的关系,多方面的需求以及全面的能力的体系"②,为人的全面发展提供现实物质基础。另一方面,狭隘的资产阶级占有形式,却颠倒了人与物的关系,"生产表现为人的目的,而财富则表现为生产的目的"。③ 这显然是不合理的。

马克思因此设想未来的社会"自身登峰造极的时期……是它自己完成这样一种形态的时期,在这种形态下,它和生产力最高限度的发展相一致,因而也就和个人最丰富多彩的发展相一致"。④ 社会主义生产的高度社会化和日益成熟的社会关系体系,一方而使人摆脱了狭隘的自然血缘和人身依附关系,容纳吸收了人类以往创造的巨大生产力,从而使人结束了原始的丰富和个性片面化抽象发展的历史悲剧,以人与人之间新型的关系取而代之,以新的精神面貌和更合理的人际关系适应着社会的发展。另一方面,社会主义社会还能够对人类自身的生产过程,即人的自我繁衍和生养,如同对物的生产进行调节一样,进行自觉的调节,从而能够更加合理地协调人与物质资料生产及人与人之间的关系,促进人的自然身体和社会关系的健康发展。这样,社会主义将使全体社会成员,不仅得到物质生活的满足,而且作为自由地支配决定自己命运的主体立足于社会,不仅由于社会地位的提高而实现了自我存在的价值,而且由于对于社会和自然盲目力量的合理控制和自身主动性的充分发挥,他们对于社会和集体的贡献越来越明显地得到实现。社会主义创造了新的生活,也就同时创造了具有丰富个性,各方面能力得到全面发展的一代新人。"因此,它是人向作为社会的人即合乎人

① 《马克思恩格斯选集》,第4卷.北京:人民出版社,1972年版,第2页
② 《马克思恩格斯全集》,第46卷(上).北京:人民出版社,1979年版,第104页
③ 《马克思恩格斯全集》,第46卷(上).北京:人民出版社,1979年版,第486页.
④ 马克思.《政治经济学批判大纲》,第3分册.北京:人民出版社,1979年版,第167页

本性的人的自身的复归是彻底的、自觉的,保存了以往发展的全部丰富成果的。”①

但是,社会主义社会,仍然是人类自身发展的一个阶段,它并不能使人的发展超出客观必然性的限定,而只是在社会发展的更高阶段上,运用已经积累起来的社会文明,来解决人类的一些更高的目的和任务。在预见社会主义、共产主义人的全面发展时,马克思曾经提出了如下的基本原则:一是人的肉体生存的自然需要虽然是永恒的,不断丰富发展的,但却是有限的,人们更关注自身的精神需要。二是未来时代的人将是具有高度文明素质的人,需求结构已发生重大变化,物质生活消费将退居次要地位,精神生活领域将不断开拓。人们最重视的是自由时间——闲暇时间和个性全面发展的时间。三是社会成员的全面发展将成为社会的主要财富及其最大的生产力。这样,在社会主义社会,人的全面发展仍然服从着自身的内在历史规定。一方面,社会的发展仍然是以人的发展为客观基础,人的全面发展不会也不可能超越经济决定论原则,而必须以社会文明的实际积累,以生产发展、科技革命及相应的精神文化的充分发展为前提。离开社会主义社会本身的客观条件去奢谈人的全面发展,势必重蹈用超社会原因解释人类状况的唯心主义覆辙,因而失去了马克思关于人的全面发展学说的本意。另一方面,社会主义社会将自觉地使社会财富的积累,日益服从于人的全面发展。人们将能以社会发达的物质、精神条件为依托,遵循社会发展的历史必然性,使人的全面发展这一美好的理想变成活生生的现实。

置身21世纪,随着当代科技革命在全球的展开,生产劳动本身的科学化、智力化,世界经济文化的密切联系和一体化趋势正在积极地推进。毫无疑问,社会主义国家将利用和发挥制度的力量,促进自己的人民适应能力的增强,以迅速敏捷、灵活地适应外部世界的变化,不断实现群体和个体才华的全面造就。特别重要的是,要积极能动地融合世界文明精华,不断加强对自然和社会的认识力量与改造力量,在改造客观世界的过程中,改造主观世界,从而创造一种崭新的人类主体,即社会主义社会新人的全面生成。

第三节　社会主义社会的发展

一、社会主义发展的阶段

人类的社会发展如同自然界一样是一个永恒发展的过程。但是,这种发展过程又依自身基本矛盾发展所表现出来的基本特点划分为若干社会形态。而每一社会形态

① 马克思:《1848年经济学—哲学手稿》.北京:人民出版社,1979年版,第73页

又可再细分为若干历史发展阶段。因此,历史唯物主义历来要求在研究社会发展时,坚持历史主义原则,具体研究某种社会"在历史上怎样产生,在发展中经过了哪些主要阶段"①,从而严格区别本质上不同的各个阶段,冷静地探讨这些阶段产生的条件,从而科学地把握它的发展进程。

社会主义社会是一个活的发展着的社会机体。早在资本主义社会的母体中,社会主义便已经由于资本主义生产方式的矛盾而积累了自身赖以产生的客观物质条件。但是,只有在无产阶级夺取政权,建立了社会主义的生产关系之后,它才能作为一种崭新的社会制度得以确立,从此开始了自身向共产主义高级阶段过渡的漫长的发展历史。很显然,这一漫长的历史道路,同样是渐进的、有阶段性的。也就是说,社会主义制度在物质和精神方面的成熟是一个逐步积累的过程。在这个过程中,无疑有一定的里程碑、交界点,也有不同的阶段和需要努力解决的特殊矛盾和任务。要保证社会主义社会的正常发展,完成由社会主义向共产主义的提升,不仅必须以恢弘的气魄,从总体上把握社会主义社会发展的一般过程和规律,而且必须形成对社会主义社会自身发展过程中各个必经阶段及其主要特点和主要任务的正确认识。如果缺乏对于社会主义发展阶段的科学判断,就有可能操之过急,盲目冒进,主观任意地超越客观必然阶段,或者在历史条件已经成熟的时候,不能及时提出和解决已经存在的问题。这种指导思想上的失误,不论表现为"左"的或右的形式,毫无例外地都会造成社会主义社会发展的偏轨,造成社会主义社会有机体的内在损伤,从而影响社会主义制度本身优越性和生命力的发挥。

因此,充分认识社会主义社会发展的长期性、复杂性和阶段性,并相应地确立社会主义社会发展各阶段的基本任务和路线、方针、政策,从来是无产阶级及其政党所必须面对的极其重要的任务。

应该看到,在社会主义社会发展的过程之中,各个具体阶段之间,并不存在突然的断裂和鸿沟,它们之间总是相互渗透,相互交织,存在着新旧质之间的相互内含和交替。因而,各阶段之间的界限是有条件的、相对的、变化的。马克思指出:"社会史上的各个时代,正如地球史上的各个时代一样,是不能划出抽象的严格的界限的。"②同时,建立了社会主义制度的各个国家,由于经济发展的起点、历史传统和文化价值取向的不同,由于国内阶级力量对比及国际环境的复杂影响,还由于无产阶级政党及其领袖的素质、认识水平及个性特征的差异,它们在社会主义发展中所经历的阶段并不是完全同一的。因此,要对社会主义社会发展的每一个具体特殊历史阶段作出统一的、具有普遍性意义的严格划分,在实际上是有困难的。列宁就指出过,俄国在社会主义

① 《列宁选集》,第4卷.北京:人民出版社,1972年版,第43页

② 《马克思恩格斯全集》,第23卷.北京:人民出版社,1972年版,第408页

历史进程中所经历的各个阶段,并不一定必然地适用其他国家。"俄国的特点使这一过渡更加复杂,那些特点在大多数文明国家内是没有的。因此在欧洲,这些过渡阶段将是另外一种样子,这不仅是可能的,而且必然如此,所以,把全部注意力集中在俄国的特殊的过渡阶段上从理论上说是错误的,因为这些过渡阶段对我们来说是必需的,但对欧洲来说未必是必需的。"①同样,对于世界其他各国来说,也未必就是必需的。

但是,这绝不是说,无产阶级及其政党在社会主义社会发展阶段上可以放弃自觉认识的责任而陷于自发性和随意性。无产阶级及其政党完全可以依据社会主义社会机体自身成熟程度,对于社会主义社会发展的关键性环节和比较重大的转折点作出明确规定和划分。由于这种划分舍弃了各民族、地区、国家的特殊性,基于社会主义社会的一般发展规律,因而对于所有社会主义国家又都具有普遍的意义。衡量社会主义社会成熟程度的标尺应该是具有整体性的,它包括生产力、生产关系、社会结构、政治组织、文化和思想各个领域的发展状况,以及在这些领域中各种矛盾解决和暴露的程度。而在这个综合性的标准体系中,作为社会进步最高标准的生产方式的成熟程度,无疑具有决定性的意义。

马克思主义经典作家关于社会主义社会发展阶段的认识,经历了由抽象到具体,由预测到逐步实现的历史进程,其本身也是一个有待实践而逐步深化的过程。

马克思恩格斯对于未来共产主义社会的发展和特征问题做过大量论述。虽然这些论述,大多是对共产主义形态的描绘和预测,但仍然明确指出了共产主义社会两个发展阶段的区别。这两个阶段的思想最早可以追溯到马克思的《1844 年经济学—哲学手稿》、恩格斯的《共产主义原理》以及马克思的《资本论》(第三卷手稿和第一卷)等著作。而在《哥达纲领批判》中,这一思想趋于成熟,并得到明确的表述。按照马克思恩格斯的设想,共产主义社会建立和发展的过程包括三个阶段:其一是过渡阶段。这是在无产阶级专政条件下从资本主义向共产主义社会的第一阶段即社会主义阶段的过渡。也就是通过社会主义革命消灭生产资料的私有制,建立生产资料的公有制,消灭人剥削人的现象的阶段。其二是共产主义的初级阶段,即社会主义社会。这个阶段,在生产资料公有制基础上,生产力摆脱了资本的桎梏得到了长足的发展,从而为人的全面发展提供了物质条件和精神条件。同时这个阶段又是刚经过长久的阵痛从资本主义社会里产生出来的,在经济、文化和精神诸方面都还带着它脱胎出来的那个旧社会的痕迹。其三是共产主义社会的高级阶段,即本来意义上的共产主义社会。这个阶段,物质的和精神的生产已达到很高水平,社会完成了由按劳分配到按需分配的过渡。这是共产主义在它自身基础上已经发展了的阶段。列宁继承和发展了马克思恩格斯关于共产主义社会发展三大阶段的思想,并且依据十月革命后苏联建设社会主义

① 《列宁选集》,第 3 卷. 北京:人民出版社,1972 年版,第 480 页

的历史经验,认识到社会主义社会阶段发展的长期性和阶段性,意识到在原先经济上不发达的国家,经过过渡时期建立的社会主义社会,刚开始不可能是完全的,达到完备形式的,而只能是社会主义社会的初级阶段。以毛泽东、邓小平为代表的中国共产党人进一步概括了中国和其他社会主义国家的实践,对于像中国这样原先经济上落后国家进入社会主义社会阶段后发展的长期性和两个阶段,作出了更为明确的论述。尤其是邓小平的社会主义初级阶段的理论正指引着中国不断走向新的发展阶段。

根据经典作家的描述和社会主义运动的客观实践,我们在理论上可以把社会主义社会发展的各个阶段作如下的划分:

其一,资本主义社会向社会主义社会的过渡。马克思指出:"在资本主义社会和共产主义社会之间"①,"有一个从前者变为后者的革命转变时期。同这个时期相适应的也有一个政治上的过渡时期,这个时期的国家只能是无产阶级的革命专政。"②过渡时期的主要任务和达到的必然结果是社会主义制度的确立。诚然,由于社会物质条件及其相关诸因素成熟程度的不同,各个社会主义国家处于过渡阶段的时间有长有短,有自身特有的形式。譬如,由前资本主义关系超越资本主义而过渡到社会主义的国家,作为共产主义社会形态形成的一种特殊过程,就必须经历比较长的过渡时期,以便更好地积聚进行社会主义建设的物质的、经济的、社会的、政治的和文化的前提。所以,列宁指出:"由于历史进程的曲折而不得不开始社会主义革命的那个国家愈落后,它由旧的资本主义关系过渡到社会主义关系就愈困难。"③但是,不论是在什么物质技术基础上建立起来的社会主义国家,都不能超越、取消作为共产主义形态形成必经时期的过渡阶段。

过渡时期之所以对于任何社会主义国家均具有普遍的必然性,是由社会主义革命的性质和建设社会主义制度的特殊过程所决定的。社会主义革命的根本任务是要实现社会由私有制向公有制的质变,而私有制的废除是对整个以私有制为基础的剥削阶级社会的全盘否定。这是翻天覆地的社会变革,它不可能为任何旧的社会制度所容忍,不可能为任何寄生于私有制的阶级和政治势力所容忍,因此它不可能在旧的社会母体内自发进行和完成。这样,在社会主义革命胜利之后,无产阶级及其政党就必须在一段时间内,利用上层建筑特别是国家政权的力量,打退被推翻的剥削阶级的反抗,排除各种旧的习惯势力和传统,自觉地建构社会主义的经济基础。正是在这个意义上,过渡时期在政治上的重要特征就是适应和服务于经济转变的需要,实现和坚持无产阶级专政。同时,由公有制取代私有制,并不是凭借人的主观意志可以一下子实现

① 《马克思恩格斯选集》,第3卷.北京:人民出版社,1972年版,第21页
② 《列宁选集》,第3卷.北京:人民出版社,1972年版,第454页
③ 《列宁选集》,第3卷.北京:人民出版社,1972年版,第454页

的乌托邦式的幻想，而是必须借助于成熟的物质技术条件和群众的实际发展水平。所以，马克思恩格斯指出，过渡时期的必要性在于，“群众的发展是不能命令的。它受到群众生活条件发展的制约，因而是逐步前进的。”①“正像不能一下子就把现有的生产力扩大到为建立公有经济所必要的程度一样……即将来临的无产阶级革命，只能逐步改造现社会，并且只能在废除私有制所必需的大量生产资料创造出来之后才能废除私有制。”②

因此，过渡阶段是社会的革命过渡状态。在这期间，资本主义的经济基础已被摧毁，社会主义的生产方式和上层建筑正在确立，整个社会结构已主要地显示出社会主义的基本特征。但是，社会主义经济基础还未奠定，资产阶级作为阶级还存在，多种经济成分存在，谁战胜谁的问题并未解决，社会的主要矛盾是阶级斗争。所以，列宁指出：“过渡这个词到底是什么意思呢？它在经济上是不是说，在这制度内既有资本主义的也有社会主义的成分、部分和因素呢？谁都承认是这样的。”③“这个过渡时期不能不兼有两种社会经济结构的特点或特征。这个过渡时期不能不是衰亡着的资本主义与生长着的共产主义彼此斗争的时期。”④

其二，社会主义社会的初级阶段。社会主义社会初级阶段，虽然并不是任何社会主义国家都必须经历的阶段，但对于原先经济上比较落后的社会主义国家却具有普遍的意义。一般来说，原先经济上比较落后的社会主义国家，在经历了过渡时期之后，社会主义作为一个完整的社会体系，作为共产主义形态的第一个阶段便已经确立。从此，社会已经建立起社会主义所固有的物质技术和经济基础及相应的上层建筑。社会主义的经济规律和其他社会规律已经在全社会范围内发生作用。但是即使这样，社会主义社会在初期发展中还必然保留过渡时期的残余，保留着旧社会的“胎记”。也就是说，还不能马上直接进入马克思恩格斯所设想的完全的社会主义，而只能是初级形式的社会主义社会。

社会主义社会初级阶段，按照列宁的理解，就是新的、还没有生长出来的、还没有巩固基础的社会主义。换句话说，过渡时期结束后建立起来的社会主义社会，还不完全合格，还未完全建成，还没有完全成熟，还需要巩固社会主义的物质基础，不断进行社会主义社会的经济、政治、文化建设。因此，社会主义初级阶段既不同于社会主义经济基础尚未奠定的过渡时期，又不同于已经实现社会主义现代化的阶段。依据当代社会主义实践的经验，社会主义社会在其不发达的初级阶段大致有如下几个方面的特

① 《马克思恩格斯全集》，第42卷. 北京：人民出版社，1979年版，第387页

② 《马克思恩格斯选集》，第1卷. 北京：人民出版社，1958年版，第219页

③ 《列宁全集》，第27卷. 北京：人民出版社，1958年版，第310页

④ 《列宁选集》，第4卷. 北京：人民出版社，1972年版，第84页

征:

一是经济领域里基本上建立了社会主义的物质技术基础,但仍未建立起完备的现代化大工业和科学技术基础。生产力水平在整体上还比较低,生产力发展的不平衡性和多层次性客观存在,生产社会化程度还比较低,工业化的任务尚未全部完成。由此产生了生产大型化和小型化,集中化和分散化并行共存的态势。从事分散手工劳动的人口和农业人口在总人口中占有相当大比例,地区与地区间经济发达水平也相差甚远。与此同时,由于生产资料公有制的主体地位已确立,社会主义经济基础已经居于统治地位。但是,公有制程度不高,具有内在的不完全性。这不仅是说,在公有制体系内部,全民所有制和劳动群众集体所有制同时并存,而且还说,在公有制之外,还必然存在多种经济成分,譬如劳动者个体所有制和社会主义条件下国家资本主义所有制(中外合营经济)以及私营经济(民营经济)等。"各尽所能,按劳分配"的社会分配原则已经在全社会确立,但并不完全和充分,不能自始至终贯彻于一切领域和方面;社会承认的劳动差别,还只能是在权力和机会不完全平等条件下的劳动差别。而且,按劳分配也不是全社会唯一的分配原则,社会也还有条件地允许按资金分配、按经营成果分配等。在这同时,商品、货币仍然存在,商品经济需要得到充分发展,以利于组织社会生产。市场机制对于社会生产调节具有积极的作用。总之,社会主义社会初级阶段的生产方式还未充分成熟,生产力与生产关系的发展均存在"二重性"状况,两者之间的关系也未能得到充分协调。

二是政治领域里消灭了剥削阶级和人剥削人的制度。无产阶级专政的国家机关仍然保留着政治职能,但社会职能日趋扩大,逐步向"半国家"、"非政治国家"转化。人与人之间形成了民主、平等、团结、互助、友爱、和谐的新型关系;社会主义民主在实质上、原则上已经形成,并且逐步法制化。但是,社会上仍然存在封建主义和资本主义的残余影响,存在一定范围、一定程度上的阶级斗争。占主导地位的非对抗性矛盾与对抗性矛盾并存,占主导地位的社会主义思想与非社会主义思想并存。社会政治领域内不安定的因素还会有很多。社会主义民主与社会主义法制还有待于进一步完善和健全。

三是思想文化领域里马克思主义作为全社会居于主导地位的科学世界观,已成为统一各阶级、阶层和个人认识、行为的理论基础。人民群众的思想道德素质与科学文化素质已有相当的提高,适应社会经济基础的发展。但是,从总体上讲,人民群众的科学、文化水平还有待于提高,资本主义腐朽文化、封建主义的遗毒还有一定的消极影响,愚昧、野蛮和种种违反科学、政策的落后现象还大量存在,论资排辈、平均主义等压抑人们进取心和创造性的陈腐观念还有市场。

因此,社会主义社会的初级阶段,虽然在制度上已具有社会主义的一般规定和本质特征,并且已开始显示出社会主义的生命力和优越性。但是,它在自身发展的成熟程度上又确实与完全成熟的社会主义存在差别和距离。如果对此缺乏清醒的认识和实事求是的分析，就有可能忽视社会主义社会发展的长期性、阶段性，急于在经济、政治、文化各方面条件尚不成熟的时候，盲目地向共产主义社会过渡，从而引出一系列“左”的政策和失误，造成社会生活的动荡。这方面的教训，在国际共产主义运动史上屡见不鲜。

其三，社会主义社会的发达阶段。在发达阶段，社会主义体系及各个领域的成熟程度明显得到提高，社会主义的基本特点和原则表现得更为充分。这个阶段的基本特征是，社会主义基础进一步巩固发展，共产主义诸因素逐渐积累，从而最后完成向共产主义最高阶段的过渡。因此，列宁称这一阶段为最终胜利和巩固了的社会主义，它在共产主义形态形成的历史过程中占有特殊的地位。

关于社会主义社会发达阶段的基本特征，马克思恩格斯以及列宁都作过论述和规定。概括起来，大致有如下一些：一是建立了完备的现代大工业和新的科学技术基础，社会生产、科学技术文化的发展达到了很高的水平。二是生产资料归全社会所有，社会主义生产关系臻于成熟，整个国民经济全面有计划的发展，“各尽所能，按劳分配”的原则真正贯彻到社会各个领域。三是剥削阶级残余已被彻底消灭，国家镇压职能大大缩小，国家和社会逐步融为一体，转化为非政治国家。高度完善与发达的社会主义民主与法制已经建成。四是社会经济、政治、精神文化以及社会生活的组织形式全面进步，社会主义管理及经营方式和方法达到科学化、民主化，人民群众的积极性、创造性得到持久调动和有效发挥。五是由于上述原因，社会主义新人得到全面塑造。个人全面发展的各项条件得到完善，社会主义制度优越性真实而全面地得到体现。

关于社会主义社会发达阶段的上述基本特征，还有待于在社会主义社会发展的实践中进一步验证、完善和具体化。但是这些特征表明，社会主义社会发达阶段与社会主义社会不发达阶段相比，确实更能体现社会主义制度的本质，更有能力解决社会发展中出现的新问题和提出的新任务。当然，这并不是说，达到这一阶段的社会主义社会所应解决的基本任务已经完全解决，事实上，社会主义社会的发达阶段仍然存在着应该解决的许多重大问题，在向共产主义形态的过渡中还面对着巨大的困难。不明确这一点，则容易拔高社会主义社会发达阶段的标准，从而混淆社会主义社会发达阶段与共产主义社会的界限，或推延社会主义由不发达阶段向发达阶段的进化。因此，社会主义社会发达阶段的确立和建成，虽然是一个自觉的历史发展过程，但这一过程仍然不可以随心所欲地任意规定，不能人为地加以遏止和超越，同样需要建立在社会物质条件与人民群众能动活动历史统一的基础之上。认真研究和合理确定社会主义社会发达阶段的期限、质的特殊性，把握其应该完成的基本任务和主要使命，应该是无产阶级及其政党必须认真解决的重大课题。

二、社会主义社会发展的动力及必然趋势

马克思主义把人类社会的发展看成是其自身各种要素、规律相互作用的结果。也就是说，社会的发展与进化，不应该只是某种要素或规律单独发生作用的结果，而必然取决于推动社会前进的各种因素、规律交互渗透和融为一体而形成的历史合力或动力体系。列宁指出，马克思考察了每一社会形态“一切矛盾趋向的总和”，估计了“历史发展的全部合力”，又指出：“以科学态度研究历史的途径，即把历史当作一个十分复杂并充满矛盾但毕竟是有规律的统一过程来研究的途径。”①

历史唯物主义认为，作为社会发展的动力，不仅应该包括意志合力，即无数单个人利益、需要、情感在相互冲突，相互交错中聚合而成的一个总的平均数，一个总的合力，而且还应该包括产生、影响、制约意志合力的多种社会条件，即一定数量的生产力总和、环境、人和自然、人与人之间在历史上形成的关系以及前一代人留下的政治传统、思想资料、社会心理和习惯等。在社会动力体系的诸多因素中，经济因素是最有力的、最原始的、最有决定性的；但是其他诸如政治的、文化的以及个人意志的因素也对社会历史产生影响。由于人的意志及其产生的社会条件本身都是不断发展变化的，社会发展的动力必然是一个开放的动态的关系。在不同的社会历史发展阶段，社会动力体系内各因素的存在状况及它们的相互组合方式和变化速度及其对社会的作用也都有所不同。因此，运用系统方法，通过对作用于社会发展的动力体系各因素全面的、历史的、动态的考察，从整体上把握社会动力体系及其变化，将有助于人们科学地认识和预测社会发展的规律和过程，更加自觉、能动地支配与驾驭历史的进程。和一切社会形态的发展一样，社会主义社会的历史发展同样源于由各种社会因素组合的动力体系的推动。不过，由于社会主义社会的特殊本质的内在规定，社会主义社会动力体系的结合和存在方式及其作用于社会发展的机制又与以往一切社会有着本质的区别：

其一，社会主义社会实现了社会动力体系的最佳结合。从社会动力体系的纵向结构来看，一般包括如下要素：一是自然因素和社会因素。它处于社会动力体系的第一层次。由于人的实践而被纳入人的主体视野和活动范围的事物及现象，都受到社会规律的支配和影响，并在社会关系的范围内发挥职能，可以统归为社会因素。而在这个范围以外的自在存在的一切则可归为自然因素，它们是作为历史过程的自然前提而存在的。但是，这种划分只具有相对的性质。这是因为社会与自然本来就是密不可分的。作为社会因素存在的现象与事物，它本身同时具备自然的性质和内容，不过这种因素已被社会所吸纳、改造，构成社会因素的自然基础。而作为自然因素存在的因素

① 《列宁选集》，第2卷.北京：人民出版社，1972年版，第586页

与现象,也不能始终保持纯粹的自然构成状态,它只有在人的生存活动关系体系中发挥职能时,才具有作为自然因素的意义。二是物质因素和精神因素。这是社会因素的两大方面,处于社会动力体系的第二层次。物质因素主要包括物质生产实践,生产力、生产关系及其相互作用。精神因素主要包括精神活动、精神活动体现者和作为精神文化的各种社会意识形式及它们的相互作用。物质因素与精神因素都是人的自觉活动的表现,不过两者在与人的意志和人的活动的关系上存在着程度上的差别。同时,两者在物质实践关系范围内的职能也有直接与间接之分。因此,物质因素与精神因素的划分虽然是相对的,但这种划分却又是可能的。介于物质因素和精神因素之间的还有属于社会、政治关系范围内的各种组织和动力,譬如阶级、社会集团、政党、国家及它们的构成和相互作用,对于社会发展也具有重要的作用。社会因素除了有物质因素与精神因素的划分之外还可从人的对象化活动的角度划分为客观因素和主观因素两大方面。这种划分显然是与社会活动中主体与客体的不同区分及相应属性密切相关的。

从原则上讲,社会动力体系作为一种多层次的整体结构,它在具体社会形态中所实际发挥的功能作用取决于两个方面的条件:一方面体系内各种因素自身的存在和发挥效能的状况。具体地说,各种因素是否成熟,能否得到全面、充分、合理的开发和利用。另一方面体系内各种因素的组合方式,也就是说体系能否在服从整体运转的总体规定下,有效和有比例的发挥各因素的特殊功能,从而减少内耗和磨损,使社会发展获得最大动力。

在社会主义社会以前的社会形态中,由于社会发展的内在局限,社会动力体系内的各种因素或者是未能得到充分开发,或者是被盲目开发而导致畸形化发展,相互之间的比例和均衡关系经常被人为破坏,彼此压抑,彼此抵消。在这种情况下,社会虽然在总体上仍在发展,但付出的代价太大。在原始社会,人们以血缘关系和宗主神权作为维系社会机体及社会动力体系的纽带,顶礼膜拜于神秘的自然力,社会机体有序程度极低,社会动力体系各因素相互隔离,联系十分稀少。社会各部落之间的相互争夺,经常造成社会的骚乱和分裂。这就导致了原始社会发展的缓慢和最终的瓦解。私有制社会凭借国家的强力协调,较好地维持了社会机体及其动力体系的有序和均衡。但是,私有制的本性同时又不断地破坏着社会的安定和统一。封建制的自然经济结构使无数个体经济相互拒斥,相互封闭,使整个社会陷于支离破碎的状态。由此而产生的封建割据和连年战乱,正是延缓封建社会发展进程的重要原因。资本主义社会依靠商品化经济和发达的科学技术,加强社会的广泛联系和社会动力体系的组织程度。但是,资本主义掠夺利润的本性,损人利己的竞争和由此造成的人际关系的冷漠,又经常使社会陷于危机,陷于无政府的盲目发展状态。只有在社会主义条件下,社会动力体系的各种因素才能得到解放,并被自觉纳入社会总体运行轨道而得到充分而合理的开发利用。在社会主义社会的发展中,动力体系的平衡也会被打破,动力体系内各因素之间也会产生矛盾和冲突。但这并不具有根本对抗的性质,完全可以通过社会的宏观控制,通过建立健全各种社会调节机制的途径得到合理解决。从此,社会动力体系取得了最佳结合方式,始终置于社会主体的自觉控制与管理之下,以文明、有序、健康、持续的和谐方式向前发展。

其二,社会主义的社会动力体系效能得到极大增长,社会历史呈现出加速度的发展过程。从社会发展的观点看,社会动力体系可分为一般历史动力和特殊历史动力。一般历史动力基源于一切社会形态共有的基本要素及其相互关系。譬如,社会与自然,生产力各要素,生产力与生产关系,生产力水平与社会要求,物质因素与精神因素,客观因素与主观因素,等等。因而一般历史动力系统反映了人类社会永恒的、必需的生存条件和内在机制,体现着人类社会发展的统一性、连续性、继承性,适应于一切社会形态。诚然,一般历史动力并不能脱离具体社会形态而单独存在,而必须与特定的社会历史条件相结合取得自身存在的历史方式。但是,又不能由此把一般历史动力与它所借以实现的历史形式混淆起来,否认一般历史动力的存在。一般历史动力是不可能被消灭的,这对社会主义社会也是如此。借口社会主义社会发展的特殊性,无视或不尊重一般历史动力及其对社会发展的作用,必然要犯历史唯心主义的错误。社会主义社会比以往一切社会形态的优越之处,并不是可以取消或任意改变一般历史动力,而只是为它的发展提供广阔的社会背景和社会条件,即为它的自身实现提供了最合理的形式。特殊历史动力仅仅表达了一定社会形态的特殊品质,即特殊的社会生存条件,体现着人类社会发展的间断性、历史性,因而也只能适应于特定的社会形态。马克思主义经典作家在谈到特殊历史动力时,一般有两种意义:其一是指一般历史动力的特殊形式,即变体的特殊动力。其二是指作为相对独立的特殊动力,它不能归结为一般历史动力的变体。承认特殊历史动力的存在,是以承认特定社会形态的特殊生存条件和特殊发展规律为依据的,它表示每一社会形态的动力体系在本质上是不相同的。混淆一般历史动力和特殊历史动力的界限,就有可能导致对社会发展条件和规律的破坏。譬如,阶级斗争作为阶级社会解决社会基本矛盾的必然形式,无疑是阶级社会发展的直接动力。但是,阶级斗争并不是人类社会永恒的社会现象,它不能上升为一般历史动力而适应于社会发展的各个阶段。在社会主义历史条件下,一般历史动力取得了自身生存和结合的合理社会条件,新的特殊动力取代了以往社会的特殊动力,加入到新的社会动力体系之中,于是,形成了在本质上全新的社会主义社会动力体系。

在具体社会形态下,一般历史动力总是通过特殊动力的中介、补充而发生作用,并且在统一的发展过程中相互渗透,共同作用于社会发展。一般来说,由于社会的进步和人类自身的发展,动力体系的各种因素及其发生的社会条件,处于不可逆转的自然历史过程。社会发展必然经历由低到高的螺旋式上升过程。动力效能的增长是一般的历史特点。但是,只有在社会主义历史条件下,由于社会动力体系内含的自然与社会，物质与精神，客观与主观方面的诸种因素发生了质的变化，譬如作为社会动力体系核心的社会基本矛盾，已不具备对抗的性质，作为社会主体的人民群众建立了新型的人际关系，达到了政治上、精神文化上的团结和一致，作为人的本质的劳动活动逐渐摆脱了外在的强制性，开始复归为人的第一需要，人民群众的文明素质大为增强，蕴藏着的主体性、创造性高度发挥，所有这一切都导致社会主义的社会动力体系始终在符合社会进步的方向上，为社会发展提供源源不绝的动力，从而有效地加速社会历史发展，成为社会主义制度优越性的重要证明。

社会主义社会的伟大实践导致了整个社会生存条件的巨大变化，从根本上改变了社会动力体系存在和发展的条件，使人类在改造世界的实践中获得更大的自由。但是，社会主义社会及其动力体系运动仍然是一个需要不断发展和完善的历史过程。由于社会历史条件及人的主观因素的诸种限定，社会主义社会动力体系的存在和运转方式，一开始不可能处于完美状态，而必须以社会实践为参照系，逐步加以调整和改革。因此，科学认识和掌握社会主义社会动力体系的特点和发展规律，并借助于社会主义改革努力探寻和最终构建社会主义社会动力体系的最佳形式，加快其发展节奏，发挥其功能，对于社会主义社会发展，无疑具有重大理论意义和实践意义。同时，也正是在这个意义上我们说，社会主义改革本身也就构成社会主义社会发展的重要动力。

社会主义改革的基本内容，是在坚持社会主义制度的前提下，调整与改革生产关系及上层建筑领域中不适应生产力发展的环节和方面，改革一切不适应于社会主义发展的社会结构和社会调节机制中的薄弱环节，克服妨碍社会发展的消极因素，并尽可能化消极因素为积极因素，其中主要是经济体制和政治体制改革。依据当代社会主义运动的实践，要维持、促进社会主义社会动力体系的正常运行，维持社会主义社会的有序发展，必须致力于如下几个方面的工作：

一是多层次、多角度、全方位地发掘社会主义社会机体中的一切积极因素，形成社会主义现代化建设全面发展的总体布局。社会主义社会不仅首先要明确地把生产与需要的矛盾作为社会的主要矛盾，通过生产与需要的相互刺激和相互作用，推动社会的前进；而且要以物质生产与经济发展为中心，妥善解决物质生产和经济发展过程中的人与自然、人与社会、人与自身的多维关系，满足不断发展与丰富着的人的物质与精神需要，建立和健全调节与控制社会生活与社会发展的各种机制，逐步形成以经济建设为中心，经济体制改革、政治体制改革、社会主义精神文明建设同步进行，和谐统一的整体发展态势。

二是有计划、有步骤、有秩序地进行经济体制、政治体制改革。经济体制改革的任务，是在坚持与发展社会主义公有制的前提下，打破束缚经济发展的僵化体制，协调生产的社会化的现实程度与社会主义公有制的具体形式以及经济体制之间的矛盾；社会主义经济整体上的统一性、计划性和各企业或经营者的独立性、自主性之间的矛盾；在人民内部根本利益一致基础上的各种具体利益之间的矛盾;社会主义的经济基础的发展程度和上层建筑体系的各个环节、各种形式、体制之间的矛盾等。通过经济体制改革,逐步建立起具有本国特色的充满生机活力的新体制,迅速发展社会生产力,逐步改善人民的物质文化生活。政治体制改革的任务是在坚持无产阶级专政的根本前提下,加强社会主义民主与法制建设,保证人民群众积极参加国家和社会事务的管理,加强群众对领导机关的监督,发挥人民当家作主的积极性和创造性,克服权力过分集中、官僚主义等弊端,提高政府工作效能,保持社会安定团结,创造社会主义现代化建设持久稳定环境,通过政治体制改革,在全社会造成既有民主又有集中,既有自由又有纪律的社会主义政治文明。

三是加强社会主义精神文明建设,大力发展科学文化教育事业,提高人民的道德水平,全面完善人的素质,充分发掘人民的主体性创造作用。社会是人们历史活动的产物。社会动力体系及其全部因素有赖于人的活动才能发挥作用。人的文化水平与道德状况具体化为社会发展的精神因素,不仅本身是社会动力体系的有机构件,而且还通过人的活动渗透于社会动力体系的其他有机部分,成为协调它们相互关系并促使它们提高运转效率的内在机制。所以,马克思主义在强调物质动力对于社会发展决定作用的同时,也历来重视精神动力的伟大作用。社会主义社会的自觉发展,作为一种理想和理论,如果没有得到科学论证,没有为人民群众所掌握,没有深入到群众意识中去,就不可能在实际中得到贯彻和实现。

社会主义的改革是一项长期、复杂、艰巨的任务,是社会主义制度和动力体系的自我调整与自我完善。因此,它既要依靠共产党的坚强领导和马克思主义的科学指导,始终保证社会主义的方向,又要依赖人民群众的广泛而持久的积极性和人民群众的智慧与才能,勇于探索,大胆实践,开拓前进。社会主义改革的成功与否,不是是否适应某种先验的图式和原则,而是看其是否符合社会历史发展方向和客观规律,是否有利于生产力提高和完善人的素质,也即是否有利于社会的整体发展。恩格斯指出过这一点:“所谓‘社会主义社会’不是一种一成不变的东西,而应当和任何其他社会制度一样,把它看成是经常变化和改革的社会。”①否定社会主义社会需要改革,看不到社会主义社会优越性的全面发挥是一个过程,既有可能把现实社会主义拔高和美化,从而故步自封,也有可能在社会主义社会的现实矛盾和暂时困难中惊慌失措,动摇自己的信念。

马克思指出:“人们借以进行生产、消费和交换的经济形式是暂时的和历史性的形式。随着新的生产力的获得,人们便改变自己的生产方式。”②这个人类社会发展规律,不仅在宏观上适应于社会形态的更替和上升,而且在微观上适用于同一社会形态

① 《马克思恩格斯全集》,第37卷.北京:人民出版社,1958年版,第443页

② 《马克思恩格斯选集》,第4卷.北京:人民出版社,1972年版,第322页

发展过程中不同阶段的更替和上升。社会主义社会向共产主义社会的发展,就是在同一社会形态自身基础上进行的,是由社会基本矛盾运动导致的旧质的逐渐灭亡和新质的逐渐积累的过程。因此,社会主义社会向共产主义社会的过渡,是具有客观必然性的不可抗拒的历史过程。

马克思主义经典作家曾经对共产主义作过多方面的论证和描述。共产主义作为一种思想体系,是关于无产阶级解放的学说,是产生和指导现实共产主义运动的指导思想和理论武器。共产主义运动是消灭一切不合理的社会制度和社会现象的现实运动,是把人类引向共产主义制度的历史过程。而共产主义社会是通过共产主义运动达到的制度化表现。马克思曾经用诗情画意般的语言概述了共产主义社会的基本特征:"在共产主义高级阶段上,在迫使人们奴隶般地服从分工的情形已经消失;从而脑力劳动和体力劳动的对立也随之消失之后;在劳动已经不仅仅是谋生的手段,而且本身成了生活的第一需要之后,在随着个人的全面发展生产力也增长起来,而集体财富的一切源泉都充分涌流之后——只有在那个时候,才能完全超出资产阶级法权的狭隘眼界,社会才能在自己的旗帜上写上:各尽所能,按需分配!"①同时,在共产主义社会,由于社会生产力的极大发展和社会生产方式的科学化与智力化,社会的旧式分工,阶级与国家都必然消亡,从而作为一种历史的陈迹成为过去。人的全面而自由的发展取得了坚实的物质基础,不再是一种理想和愿景,而是作为一种客观现实构成共产主义社会的内在特征。正是在这个意义上,马克思又指出:共产主义社会是"以每个人的全面而自由的发展为基本原则的社会形式"②。

共产主义作为社会进步和人的发展都达到一种新的发达状态的社会,是人类为之奋斗不息的伟大理想。社会主义社会的建立,标志着人类在通往共产主义理想的伟大历史进程中,已迈出了决定性的一步,已开辟了一条坚实的道路。但是,要实现社会主义向共产主义的过渡,还需要艰苦的、长期的奋斗,需要创造共产主义社会制度赖以确立的社会历史条件,即我们要努力使社会具备共产主义理想社会的各种本质特征。正是因为这样,我们要看到共产主义社会的实现并不是脱离社会运行轨迹的幻想天国,因而始终将其作为一种现实的有规律的表现为一种自然历史进程的运动,从而以乐观的态度和坚定不移的信念,为共产主义事业的早日胜利和共产主义社会的早日实现而奋斗不息;同时,我们又要清醒地认识到,在全世界范围内实现共产主义还有很长的道路,甚至还会有迂回曲折,因而要有百折不挠的思想准备。因此,我们要在共产主义理想的感召和指引下,扎扎实实、兢兢业业地为共产主义大厦的最终落成添砖加瓦,辛勤工作。当代中国在邓小平理论和"三个代表"重要思想的指导下,积极进行的改革开

---

① 《马克思恩格斯选集》,第 3 卷. 北京:人民出版社,1972 年版,第 12 页

② 《马克思恩格斯全集》,第 3 卷. 北京:人民出版社,1958 年版,第 516 页

放和现代化建设就是朝着这个伟大目标的迈进。正如全世界都已感受到的那样,我们已取得了前所未有的成就。一切有志青年都应树立起共产主义理想,积极投身于建设有中国特色社会主义的伟大事业中来,并从中实现自我的价值、人生的价值。

第五章 人的自由与全面发展原理

人的自由和全面发展既是马克思社会认识论所描绘的一种理想状态，也是马克思主义理论的逻辑归宿和实践指归。马克思主义扬弃了以往理论诸如“人就是自由”、“人是目的”之类命题的抽象性，而是通过对自然规律、社会规律和人自身存在和发展客观规律的一般揭示，把人的活动的自由理解为对这些必然规律的认识和改造。这样，我们对主客体关系中人与自然、人与社会、人与自身的关系的真、善、美的把握，就为人“按照自己的本质去估价这些关系，真正依照人的方式，根据自己的本性的需要，来安排世界”①，亦即为人的自由全面发展奠定了现实与逻辑的基础。人类追求的由必然王国向自由王国飞跃的理想正是由此开始了自己真正现实的历程，而这同时也就是向共产主义社会迈进的伟大历史进程。

第一节　从必然到自由

一、必然和自由

就最一般的意义而言，自由是同受限制对立的。人只有摆脱了外在力量的限制，才会感到自由。因此，自由就是对外在限制的摆脱。哲学家们对于自由的这种一般含义是普遍认同的，但是，究竟如何才是摆脱外在限制以及如何才能摆脱外在限制的解释上却存在着根本分歧。而且，这种分歧最为集中、最为鲜明地表现着基本哲学观上的对立。

在哲学史上，哲学家们对自由的理解遵循着两种不同的思维方式：一种是使主体

① 《马克思恩格斯全集》，第1卷．北京：人民出版社，1956年版，第654页

服从于客体,即主体通过对客体的顺从而摆脱外在限制,获得自由。一种是赋予主体的精神以无限的能动性,即主体依靠在精神上摆脱外在限制而获得自由。前者是旧唯物论哲学的自由观,后者则是唯心论哲学的自由观。

旧唯物论把自由理解为人对必然的认识与绝对的服从。旧唯物论认为,客观世界存在着严格的因果必然性,人每时每刻都要受到因果必然性的制约,但人可以凭借理性的力量认识必然,服从必然,消除必然对人的外在强制,获得自由。这种自由观虽然肯定必然对人的客观制约性,肯定了认识必然对于人获得自由的意义,但却不懂得自由不仅在于认识必然,而且在于通过实践支配和驾驭必然。只有将对必然的认识纳入到服务于人的需要的轨道,使之成为行动自由的前提,它才成为自由的一个必要环节。而且即使是对必然的认识本身,离开了人的实践也是无法达到的。因此,旧唯物论的自由观是建立在机械的因果决定论基础上的消极被动的自由观,它要求主体只是适应客体、顺从客体。这不过是把客体的外在强制原封不动地变成了主体的内在自制,仍然是一种严格的限制,谈不上什么自由。这种自由观说到底就是宿命论。所以 18 世纪法国唯物论者霍尔巴赫说:"人在他的一生中没有一刻是自由的。"可见,旧唯物论抹煞了主体的能动性,也就是抹煞了自由本身。而只有马克思主义哲学才克服了旧唯物论自由观的片面性。它立足于积极能动的社会实践的观点阐明人的自由的本质。它认为,自由是一个主体性范畴,是人的主体性力量最充分的体现。"人不是由于有逃避某种事物的消极力量,而是由于有表现本身的真正个性的积极力量才得以自由。"①人如果失去人的主体性,只是顺从客体,或者只是消极地逃避外在限制,是不会有自由的。诚然,人不能不顺应客体,不能不受外在限制。但是,人又能够运用自己的实践力量去打破外在限制。这才是人的自由之所在。

人既受外在的限制又能运用自己的实践力量打破外在的限制,表现了人作为主体的受动性和能动性的统一。马克思主义哲学正是从这种统一中去考察人的自由问题的。所以,恩格斯说:"自由不在于幻想中摆脱自然规律而独立,而在于认识这些规律,从而能够有计划地使自然规律为一定的目的服务。"②毛泽东作了更为简练明确的概括:"自由是对必然的认识和对客观世界的改造。"③

唯心论则把主体抽象化为一种创造客体的精神实体,认为客体只是主体的创造物,也就是说客体对主体的外在限制只是一种外观、一种假象,它在实质上正是由主体所统摄、控制的,因此主体是绝对自由的。这种自由论贯彻到底就是唯我论。存在主义者萨特把这种自由观表述得淋漓尽致。萨特的自由观是以否定决定论为前提的。

---

① 《马克思恩格斯全集》,第 2 卷. 北京:人民出版社,1957 年版,第 167 页

② 《马克思恩格斯选集》,第 3 卷. 北京:人民出版社,1972 年版,第 153 页

③ 《毛泽东著作选读》,下册. 北京:人民出版社,1986 年版,第 833 页

它虽然包含着反对宗教神学、揭露理性主义局限性的合理因素，但却根本否定了事物的客观必然性，抽掉了自由的客观根据。萨特说："自由没有本质。它不隶属于任何逻辑必然性。"既然自由不以必然性等外在力量为根据，它就具有了本体的意义。在他看来，人的存在是自为的、自由的存在。存在主义宣称人存在先于本质，即是说人的自由先于本质。萨特把人的自由提升到摆脱客体的高度，就使自由成了无根据、偶然的东西，成了不受任何外在力量限制的绝对化的东西。他认为人的自由就是意志选择的自由，这种选择是绝对自主的，是无条件、无限制的。

马克思主义自由观固然肯定意志选择的自由性，认为这是人的意识的主体能动性的体现，但马克思主义自由观否定人的自由选择的无根据性、无限制性。马克思主义认为，自由是以必然为根据的，正是由于事物有客观必然性可循，人的意识才能有预见性；也正是由于客观必然性提供了选择的可能性，人的意识才可能有选择的自由性。必然性既是自由的限度，也是自由的根据。人只有在必然性提供的可能性范围内进行选择才有自由。诚然，选择体现着主体的意志、愿望和欲求，是主体内在尺度的运用，是要求客体服从于和服务于主体。但是，主体的内在尺度必然同外在尺度即客体自然的尺度相结合，必然在把握外在尺度的基础上才能运用。这就要借助于对事物的认识。只有认识了事物的客观必然性，才能把握内在尺度可能运用的范围。否则，选择就不是自由的，而只是盲目的。所以，恩格斯说，"人对一定问题的判断愈是自由，这个判断的内容所具有的必然性就愈大。"①这也就是说：包含必然性愈大的判断，就愈是自由的判断。所谓自由的判断就是自由的选择，即"借助于对事物的认识来作出决定的那种能力"②，它体现着把握事物外在尺度和运用主体内在尺度的统一。

因此，马克思主义的科学自由观既克服了旧唯物主义的消极被动性，又超越了唯心主义试图摆脱客观性限制的幻觉。概括地说，马克思主义哲学在自由与必然关系问题上的基本观点，主要包括如下几条基本原则：

其一，主体意志的自由不仅是可能的而且是必然的。在人类思想史上，自由自古以来就被认为既是人类进行一切活动的前提，又是人类活动所追求的目的。所以马克思在《1844 年经济学—哲学手稿》中也把自由规定为"人的类特性"③。这个思想无疑是精辟和深刻的。

作为人们活动前提的自由，既包括一定历史时代为人们提供的按自己的目的和志愿行动的可能性，也包括人独立地按自己的愿望在这些可能性中作出决定并采取行动的能力。在这其中，社会历史时代提供给每一个主体按自己的意愿行动的可能性，是

---

① 《马克思恩格斯选集》，第 3 卷. 北京：人民出版社，1972 年版，第 154 页

② 《马克思恩格斯选集》，第 3 卷. 北京：人民出版社，1972 年版，第 154 页

③ 《马克思恩格斯全集》，第 42 卷. 北京：人民出版社，1979 年版，第 96 页

指一种外在的自由。这是人们既得的由一定历史条件所决定的自由,它包括有利于人们在活动中实现自己目的和愿望的各种条件,尤其指一定社会经济政治制度和社会环境。显然,缺乏外在的自由,会使人的活动处处受限制,特别是在专制社会中的人只能被动地听任环境的差遣,在人的心灵中被强制地注入低贱、卑微、奴性、盲目、服从等不自由的品性。人独立地在社会历史提供的可能性中作出决定和采取行动的能力则是指主体内在的自由。这是人作为主体的一种意志的自由,也就是说,这是人们在行动中的一种凭自己意愿进行选择的自由。意志自由作为人的存在的根据是人的本质所内蕴的。所以内在的自由作为意志自由对人活动起着指导性的作用,因为这是人作为主体的一种自决能力,它使人可以在任何事物面前说"要"或者"不要",它给予人反抗命运和环境的坚毅精神和内在力量。从这个意义上可以说,没有意志自由,就没有人类的实践活动。

意志自由或称主体的内在自由之所以是必然的,因为这正是人类与动物界区别的根本所在。人为了摆脱各种自然界的、社会的和人本身某些生物秉性的奴役,在自身内部理性的觉悟和启迪下,必然要通过自己的社会实践活动去实践自由的目标。这是人的一种"类的特性",也是人之为人的标志和尊严。也因为这样,人类才对自由抱有非常神圣的牺牲精神。那种"不自由,毋宁死"、"若为自由故,生命和爱情皆可抛"的崇高的牺牲精神,本身就体现着人类为维护自由的无上尊严。

显而易见,无论是外在的自由,还是内在的意志自由,都是通过人的活动才实现的。这种活动就表现在自然、社会和人自身三大领域,也就是说,人类要以真、善、美的认识和价值相统一的角度去建构并实践科学理想、社会理想和理想人格。在这些活动中,意志自由具有最广泛的活动天地。这些活动从本质上讲的是"人为自然立法"、"人为社会立法"和"人自己为自己立法"。尤其是在"人自己为自己立法"这种追求理想人格的过程中,意志自由表现得最为充分。它没有外在的强制力量的参与、干涉,因而特别强调主体内在信念,特别强调意志的自由选择。在追求理想人格的实践中,意志自由就表现为主体人在理想与现实、善与恶、美与丑之间有作出抉择并采取行动的自由。特别重要的是,主体的这种意志自由正构成我们每一个人创造我们自己历史的活动前提,也是确认个人行为历史责任的内在根据。

其二,客观必然性限制主体的意志自由。实践表明,人的自主活动又要受主体以外的客观必然性的制约。从理论上分析,这种必然性表现为两种不同的形式:其一是自然和社会发展的客观规律的限制。因此,存在主义认为的"人就是他打算成为的存在"、"人是绝对自由的"的说法是根本错误的。其二是反映客观必然规则的社会政治、法律、道德等规则、法则的限制。这事实上是人类自由活动中所必然遵循的更直接、更普遍,同时也更体现社会活动的必然性。社会政治、法律及道德规则之所以也是一种必然性的东西,这是因为从根本上讲它正是人类社会和自然界最一般的客观规律的体现,体现着“天道”和“人道”的统一。

在人类创造历史的实践活动中,外部必然性对意志自由的限制主要通过如下两个途径实现:其一,当历史条件、社会环境还未提供主体意志选择的客观可能性时,行动主体就不能对行为进行“要”或“不要”的自由抉择。特别是当人类对自然规律、社会规律惘然无知或知之甚少时,人类活动的自由显然是不可能的。其二,当人们在进行这种自主从而是自由的选择时,由于选择了与真、善、美相背离的假、丑、恶的行为时,这时社会的政治、法律、道德则作为一种必然规则便要通过社会的强制力量以及外在的社会舆论和人内心的信念、良心的机制从而限制人类主体的自由。

其三,人类创造历史的活动表现为在自由和必然之间进行选择的一种活动。人类与动物相区别的一个显著标志是人具有意志自由的能力,但人类既可以正确地使用这种能力,以它为中介达到对自然、对社会和对自身认识和改造的理想境界,也可以滥用这种能力,把任性地表现这种能力当作“自由”,从而使自己沦为必然性的奴隶。尤其是在自我人生理想的追求中,如果我们任性地把意志自由理解为随心所欲,那么,我们就会成为自己人性中恶劣情欲的奴隶。从表象上看,当个人把历史必然性、社会需要以及行为后果的责任弃置一旁,任凭自己一时的好恶去进行选择,这种我行我素、随心所欲的表现似乎十分自由,然而这种自由却是一种毫无规定性、主观的空虚自负,故而黑格尔称之为“虚假的、形式的自由”。

因而,自由在于对必然的认识,意志自由就在于对客观存在的必然性进行认识并依照这个认识而行动。行为主体是否自觉地认识和把握客观必然性具有重要的意义,因为它是获得自由的认识论前提。没有主体对客观必然性以及作为这些必然性展开的诸如群体和个体关系、社会发展的需要与自我发展的需要等关系的正确认识,即使社会历史提供最大限度的自主选择的自由,行为主体往往惘然不知所措,根本无法获得真正的自由。当然,意志自由的获得固然需以对客观必然性的认识为前提,但又不能停留在认识的阶段。显然,正确的认识只为自由提供理论上的可能性。要使自由获得直接的现实性,就必然在认识必然性的基础上发挥自由意志,通过实践中的积极选择,来实现真、善、美的科学理想、社会理想和人格理想,从而真正达到自由的境界。

这样,要正确地把握主体的自由问题,不仅要看到人的自由是以认识必然为前提,同时还要看到在实践选择的过程中也必然处处遵循这种必然性。逻辑与历史的考察表明在意志自由的选择过程中客观必然性往往以历史责任表现出来。所以自由与责任不可分。自由应该被理解为负责任的状态。自由包含责任,责任体现自由。正是从这一点出发,我们又可以认为自由的境界同时要选择历史责任,这是人的主体性的内在标志之一,也是实践活动的主体不能轻松自由地在现实生活之境漫游而注定要背负历史重担的原因。当然,每一个行为主体对自己自由创造历史所应承担的历史责任,又是有一定限度的。这个“度”是由客观条件所提供的选择性,以及由社会生产关系规定的行为主体应履行的义务决定的。否则,历史责任又会沦为一种异己的力量而迫使实践主体丧失自由。

所以,我们的结论是,自由选择是人类实践活动的主旨。每个人都是自由选择的主体,真或假、善或恶、美与丑都是人运用自己的意志进行自由选择和创造的结果。人通过自由选择创造历史和塑造自己。人正是在这个自由选择中,从而也是在对客观必然性的认识和改造中不断实现自己的生存价值,从中体验到自己生命中真、善、美的蓬勃生机的。

二、必然王国向自由王国的飞跃

从根本上说,人是社会的人,人的自由是受社会关系制约的。人在社会领域的自由就是人成为自己的社会关系的主人。人在自然领域的自由,也是人作为社会的一员,凭借社会文化的力量而争取的,这种自由实现的程度和具体状况都取决于社会关系的状况。因此,自由不是标志着个体存在的状态,它在本质上是一种社会状态。所以马克思主义哲学的“必然王国”和“自由王国”的范畴,就是揭示不同社会状态之本质的范畴。“必然王国”是指人被物化的社会关系所支配即人受物支配的社会状态,“自由王国”是指人支配自己的社会关系即人支配物的社会状态。马克思主义哲学借助于这对范畴,正确地阐明了自然和社会这两个领域内自由的联系和区别,从而深刻地揭示了社会历史领域自由的实质。

在马克思主义看来,人类在长时期里一直生活在“必然王国”之中,在社会历史的领域内谈不上真正的自由。在生产资料私有制的条件下,特别是在资本主义条件下,由于生产的日益社会化使人们的社会联系日益扩大和加强,而生产资料的私人占有制却使人又根本无法驾驭自己的活动所造成的社会关系,这种社会关系以一种物的形式反过来反对人们本身,把人们置于它的统治之下。整个社会充斥着疯狂的“生存斗争”,社会生产的无政府状态占据统治的地位。在这种社会状态下,不仅劳动者不自由,剥削者也掌握不了自己的命运。所以只有摧毁资本主义的生产方式,废除生产资料的资本主义私有制,才能使人类从这个“必然王国”中摆脱出来。恩格斯预言:一旦社会占有了生产资料,产品对生产者的统治将随之消除,社会生产的无政府状态将得到克服,疯狂的“生存斗争”将会停止,人的生存条件将由人自己支配和控制,人们自由的社会结合将变成他们自己的自由行动,一直统治着历史的客观的异己力量将处在人们自己的控制之下。“只是从这时起,人们才完全自觉地自己创造自己的历史;只是从这时起,由人们使之起作用的社会原因才在主要的方面和日益增长的程度上达到他们所预期的结果。这是人类从必然王国进入自由王国的飞跃。”①这也就是从一种社会状态向另一种全新的、合理的社会状态的过渡，即由受历史必然性统治的状态向人支配历史必然性的状态过渡，由人受社会关系支配的状态向人支配社会关系的状态过渡。

马克思进一步揭示了“自由王国”的实质，他指出：“事实上，自由王国只是在由必需和外在目的的规定要做的劳动终止的地方才开始；因而按照事物的本性来说，它存在于真正物质生产领域的彼岸。”②因此，物质生产的领域始终是一个必然王国，“在这个必然王国的彼岸，作为目的本身的人类能力的发展，真正的自由王国，就开始了。”③所以，在马克思看来，物质生产的领域是一个自由的必然性的王国。人类要维持和再生产自己的生命，总要花费一定的时间进行生产物质资料的劳动。这是一种永恒的自然必然性，不以社会形式的变换为转移。人在这个领域内的自由也会不断扩大，但是，这个领域内的自由只是对于自然必然性而言的自由，是通过摆脱来自自然力量的外在限制而获得的自由。诚然，人与自然之间的物质变换是以人与人之间的社会关系为中介的，实现这个领域的自由必然依赖于社会关系的改造，但是，社会关系的改造只是实现这个领域内的自由的社会条件，只是在一定程度上保障人在这个领域内自由地实现自己的自由。因此，仅仅物质生产领域本身尚不能表明一种自由的社会状态，不能充分体现人的自由的性质和程度，谈不上“自由王国”。真正的自由王国只能是存在于物质生产领域的彼岸，它的实际内容就是人类能力的发展成为目的本身。而人类能力的发展成为目的本身，就是人不再屈从于任何外在目的，人成了人本身的主人。人能够自己给自己做主，这当然是人的自由的最高体现。人的发展是受社会关系制约的，这些社会关系实际上决定着一个人能够发展到什么程度。从历史与现实看，作为一种外在的限制强加于人、妨碍人的能力的发展成为目的本身的，主要是不合理的、盲目的社会关系。因此超越这种社会关系，人才能最终获得自由。

因此，所谓人成为人本身的主人，首先是人成为自己的社会关系的主人。人驾驭自己的社会关系是保证人的能力自由发展的前提条件，人的能力的自由发展只是人驾驭自己的社会关系后的必然结果。人的能力的发展是否成为目的本身以及在任何程度上成为目的本身，是从人的发展的角度所表现的社会状态，因而也就成为人在社会领域人的自由的首要的、基本的标志。所以，把人类能力的发展是否成为目的本身看作社会历史领域自由的基本标准，是马克思主义的一个基本思想。马克思和恩格斯在很多地方都反复阐述过这一思想。马克思指出，未来的理想的社会是“以每个人的全

---

① 《马克思恩格斯选集》，第3卷. 北京：人民出版社，1972年版，第323页

② 《马克思恩格斯全集》，第25卷. 北京：人民出版社，1974年版，第926页

③ 《马克思恩格斯全集》，第25卷. 北京：人民出版社，1974年版，第927页

面而自由的发展为基本原则的社会形式"①;一切民族最后都要达到"在保证社会劳动生产力极高度发展的同时又保证人类最全面的发展的这种经济状态"②。马克思恩格斯还指出:"代替那存在着阶级和阶级对立的资产阶级旧社会的,将是这样一个联合体,在那里,每个人的自由发展是一切人的自由发展的条件。"③他们讲的未来的"社会形式"、"经济形态"、"联合体"等等,就是"自由王国",实际上也就是指的共产主义社会。因此,"自由王国"只是未来共产主义社会的哲学表述,或者说是指人类在共产主义社会里真正实现真善美理想和理想人格的自由与解放的状态。

第二节　自由的真、善、美规定

一、自由的认识论规定

既然获得自由的关键不在于摆脱外在规律和外在必然性,这样,在社会历史活动中欲使客观规律、客观必然性不再成为主体争取自由的阻碍因素,其第一步便是认识规律,认识必然,即认识客体存在和发展的本质。这是认知的符合,即思想对客体的本质和规律的反映。它是自由的第一个要素,亦即是自由的认识论规定。在这个认识过程中客体及其蕴含的规律与必然性,以信息的形式被主体吸收和改造,整合、贮存在人的认知过程中。也就是列宁所说的"尚未被认识的'自在之物'转化为已被认识的'为我之物',盲目的、尚未被认识的必然性、'自在的必然性'在转化为已被认识的'为我的必然性'"④的过程。

实际上,在人类认识世界和改造世界的活动中,由于人的主体性地位的确立,客观规律与客观必然性潜在地就是主体的要素与环节。即使是人所特有的某些心理和行为规律,它们同外部世界的规律也有着不同程度的同一性。恩格斯就曾经说过:"外部自然界的规律"和"支配人本身的肉体存在和精神存在的规律","这两类规律,我们最多只能在观念中而不能在现实中把它们分开"⑤。可见,规律以及由其决定的客观必然性,本来就是主体活动的潜在要素与环节,只是尚未显现,即尚未被主体意识到而已。在主体认识的发展和深化过程中,主体既认识了外在的规律和必然性,也认识了自身的规律和必然性,还认识到这两者的同一或统一,从而充分地意识到客观规律就

① 《马克思恩格斯全集》,第23卷.北京:人民出版社,1972年版,第649页

② 《马克思恩格斯全集》,第19卷.北京:人民出版社,1964年版,第130页

③ 《马克思恩格斯选集》,第1卷.北京:人民出版社,1972年版,第273页

④ 《列宁选集》,第2卷.北京:人民出版社,1972年版,第191页

⑤ 《马克思恩格斯选集》,第3卷.北京:人民出版社,1974年版,第153页

是主体的要素，而不是与认识本身绝对对立的异己力量，因此它对主体的制约，就是主体的自律。

认识客观的规律与必然性，对于主体达到自由境界具有重要的作用。这个作用就体现在它是主体意志自由的认识论前提。恩格斯说："意志自由只是借助于对事物的认识来作出决定的那种能力。因此，人对一定事物的判断愈是自由，这个判断所具有的必然性就愈大；而犹豫不决是以不知为基础的，它看来好像是在许多不同的和互相矛盾的可能的决定中任意进行选择，但恰好由此证明它的不自由，证明它被正好应该由它支配的对象所支配。"①在此，恩格斯论述了意志自由与必然性的关系，并指出了主体的意志有三种品质：果断、武断和优柔寡断。优柔寡断和武断都是由于不了解事物发展的客观必然性造成的。在面对问题与情势发展的多种可能性时，优柔寡断者无法确定他在所面临的多种可能性中，哪一种是符合其需要并且能够以必然性作根据从而有实现的可能性，因而总是犹豫不决，踌躇再三，最后只得依据某种偶然的因素任意作出选择。而这就从优柔寡断滑向了武断。在马克思主义唯物史观的基本观点看来，意志自由是以自主、自决、自律为特征的，而犹豫不决者缺乏的正是自主、自决的能力。一事当前，手足失措，无以应对，其不自由是显而易见的；而武断者的任意选择，貌似自由，实则"被正好应该由它支配的对象所支配"，因而也不是自主、自决、自律，而是他决、他律。其不自由最突出地表现在鲁莽行事所招致的恶性结果上，所以意志自由是以对必然性的认识为前提的，"人对一定的问题的判断愈是自由，这个判断的内容所具有的必然性就愈大"。此刻的主体通过对客观规律与客观必然性的认识，已将它们转化为主体自身的要素，因此，据之所作出的决断，就是自主和自决。由于主体已获得了关于规律与必然性的充分认识，因而能够从他面临的多种可能性中，分辨出能够实现而且最有利的可能性，迅速地作出决断。显然，在人类的活动中，对必然性的认识越全面、越深刻，决断就越迅速越正确，主体的自由度也就越大。

所以，正确地认识必然性是人类获得自由的认识前提，我们只有在承认必然性的基础上对它加以正确的反映，才能科学地预见行动的结果，才能为自己确定的行动目标设计最佳的实现方案，从而获得真正的自由。因此，自由的这一认识论规定构成自由的第一要义，马克思主义哲学对自然、社会和人类自身存在和发展普遍规律的揭示无疑为人类自由的获得提供了最深刻的认识论前提。

二、自由的价值论规定

马克思主义哲学强调认识世界和改造世界的内在统一。因而在自由的理解上绝

① 《马克思恩格斯选集》，第3卷.北京：人民出版社，1974年版，第154页

不会只停留在认识必然规律的层面上，而是要进一步指出，自由的更重要的含义还在于它的价值意蕴，所以，人类自由的真正获得还必须在实践活动中对自然、社会和人自身进行的改造过程中才能体现出来。

因此，自由的价值规定就体现了强烈的主体性、主观性和功利性，即人要在认识客观必然规律的基础上对自然、社会、自我进行价值改造。在这里，自由一方面体现在必须对客观必然规律有自觉的认识，并能自觉遵循这个客观必然性；另一方面，自由更体现在依据一定的物质手段对客观自然规律加以利用，从而对客观世界进行改造。自由的价值论规定的这两重内涵，前者通常就表现为主体对客体及规律的顺应，后者则表现为主体对客体及规律的利用和改造。

其一，主体对客体及规律的顺应。主体在实践活动中对客体及其必然规律的顺应是自由的价值论意蕴中的第一层含义。显然，如果没有这种顺应和遵循，并在行为实践中表现出自律的品性，那么主体的自由也就丧失了。这是马克思主义唯物论与意志主义在理论上的主要分水岭所在。

因此，在人类活动的进程中，当我们认识到遵循规律是行动获得成功的前提的时候，我们就会自觉地把对规律的认识，转化为主体的行为规范和行为准则，并根据这些规范和准则来调控自己的行为。这是主体的自我约束，因而是自律。这种自律行为具有两个特征：其一是以对规律的认识为基础的，行为准则是行为者自己确立的，至少是认同的；其二是行为者对这些准则的遵循是自觉自愿的。用康德的一句名言来说就是“自己立法”，不过此处的“法”已不仅仅是康德所说的道德律令，还泛指各类行为准则和行为规范。而且立法的根据也不是“先验的自我”，而是客观规律和客观必然性。

自律相对于他律而言，相对于被外在的异己的力量逼迫和约束而言，是自由的。当然，主体自己确立的行为规范如果是错误的，也就是说，当它遵循和顺应的规则并不反映客观必然性，那么这种自律又不是自由的。如禁欲主义者可以说是典型的自律者，但他们却不是自由的人。自由者必定是自律者，而自律者未必是自由者。所以，只有在行为规范充分体现了客观规律的情况下，以这些规范为指导的行为者才是自由的。这是因为只有在准则与规范符合规律的情况下，由这些准则和规范所规定的行为方式和活动程序，才是最节省脑力和体力的，并能获得最佳效果，因而也是最优的。

特别需要指出的是，主体对规律的顺应，不仅包括对外部规律的顺应，而且也包括对主体身心规律的顺应。主体自身的规律在其为主体所意识到之前，也是作为一种异己的力量在支配着主体的身心的。盲目的生理规律和心理规律往往以情欲的形式，支配着主体的行为，由此产生了情欲与理性的矛盾。这个矛盾只有通过理性对主体身心规律和主体与自然、他人、社会的关系的正确把握，才能得到妥善的解决。因此，自由在这里包含着情欲和理性之间关系的合理协调。自律也包括理性对情欲、身心的调节与控制。杜林曾经把自由定义为理智和情欲两者的合力或平均值，这个观点曾遭到了恩格斯的批判，但恩格斯不是批判杜林对理智和情欲之间矛盾的陈述，而是批判他忽视了这一矛盾所蕴含的客观必然性，因而无法正确地阐明意志的自由。①

当然，尽管我们主张自由是自律而不是他律，但我们并不能把自律与他律绝对对立起来，而是要把他律作为一个环节包含在自律之中。自己立法，自己遵守，固然是自律，但是要立法就要有根据。这个根据不是天意或康德所谓的“先验自我”，只能是客观规律即客观必然性。因此，主体自己确立的行为规范对主体的约束，归根到底是客观必然性对人的约束，所以这种自律又是他律，是自律和他律的辩证统一。自由中的自律与他律的这个统一的关键在于外部的规律已经以认识和规范的形式，内化为主体自身的要素。由于主体的行为规范根源于客观规律，因而它们在与其相关的领域内，具有康德所要求的普遍的有效性。但是，这种普遍的有效性并不是来自康德所谓的“先验”，而是根源于客观规律的普遍性，根源于主体的认识和行为规范同规律的一致性。

其二，主体对客体及规律的利用和改造。主体在认识和遵循规律的基础上，利用一定的手段去改造客体，使之按主体的目标和计划发生相应的变化，这是自由的价值意蕴的第二层含义。同时也是主体达到自由境界的显著标志。如果说对规律的顺应，体现的主要是自由的某种受动性的话，那么，对规律的利用和对客体的支配与改造，则充分体现了自由的主动性、能动性和创造性，这也是人与动物的根本区别所在。

改造自然的过程，是主体根据自己的需要，参照一定的规律，并运用相应的工具，使之发生形态或品质的变化的过程。在这个过程中，重要的是要把改造自然所必须凭据的内在尺度和外在尺度，即主体的价值目标和自然规律全面地结合起来。所以，马克思说：“动物只是按照它所属的那个尺度和需要来建造，而人却懂得按照任何一种的尺度来进行生产，并且懂得怎样处处都把内在尺度运用到对象上去。”②人类对规律的认识，使得人类懂得按照任何一种的尺度，即自然界各个领域的不同规律来进行生产，但在某一具体的场合，根据何种规律或尺度进行生产，则要根据主体确立的价值目标即内在尺度来选择和确定。主体的行动计划、方案、蓝图、理想等就是主体的内在尺度和客体的外在尺度有机结合的产物。按照这种主体目标去改造客体，成功地使之发生符合主体价值目标的变化，这是主体达到自由境界的主要标志。这样，人就支配了自然，成了自然的主人，而“自在”的自然则转变为“为我”的自然，外部自然界就成为满足人类生存和发展需要的世界。

由于改造客体的主要目标是根据主体的价值需要和事物本身的规律来制定的，因此，在主体按计划改造客体的活动中，自始至终贯穿着根据对规律的认识来调控主体

---

① 参见：《马克思恩格斯选集》，第3卷．北京：人民出版社，1972年版，第153页

② 马克思．《1844年经济学—哲学手稿》，北京：人民出版社，1979年版，第54页

行为的自律。但这种调控和自律，是主体根据自己的价值目标来进行的，所以它不仅是对规律的遵循，而且也是对规律的支配和利用。因此，在这里，对规律的服从和对规律的支配这两个非决定者认为不可调和的方面，达到了辩证的统一。

所以，马克思主义哲学认为，规律本身是不可违背和改造的，但却是可以利用的。人类正是在认识和利用自然规律的漫长岁月中，以自然之道（规律）、之力、之物反过来作用于自然之身，逐渐地成为自然的主人。

特别值得指出的是，主体对客体的改造不是赤手空拳地进行的，而是一个制造和使用各种工具作用于客体的过程。因此工具的制造和使用对于自由的实现具有至关重要的意义。动物不能够制造和使用工具，因而只能消极、本能地适应自然。而人则是通过制造和使用工具作用于自然，才能使之按人的需要发生变化。人的体能是极其有限的，而且受许多自然的必然性所支配。但是通过各种动力装置和传动装置，这类可以使各种自然力，如风力、水力、电力、核力，反过来作用于自然之身。这一现象被黑格尔称作“理性的狡诈”、“理性的威力”。显然，在新技术革命蓬勃发展的今天，工具不仅能够弥补人体、人力之不足，还可以协助人类从事某些复杂的智力活动。如各种各样的电子计算机，尽管不能完全代替人脑，但却能够突破人脑智力活动在某些领域的局限，在很短的时间内完成人们需要几年、几十年甚至几百年才能完成的某些繁难的计算或其他智力活动。而各种各样的机器人更是达到了“智力”和“体力”的结合，既能“劳力”又能“劳心”，使人类对自然界的改造，达到了空前的水平，从而使人类的自由也由此获得了长足的发展。

可见，工具的使用对于人类获得自由具有重大的意义。但是，工具的制造和使用，也是一个认识和利用规律的过程。这是因为工具的制造和使用，除了要符合对象和主体的规律之外，还必须符合自然界的其他有关规律，如蒸汽机的设计和制造，就必须根据能量守恒定律。正是通过对自然和人自身规律的日益充分的认识和利用，使得标志着人类生产力水平的生产工具日益先进和完善，从而牢固地奠定和强化着人对自然界的支配地位。正是在这个过程中，人类的自由在数量和质量上均获得了空前的提高。

三、自由的美学规定

如果说，自由的认识论规定要求自由在实践活动中绝对不能违背客观事物及其规律，要充分体现自由的客观性原则，自由的价值论规定则要求自由在实践活动中要处处遵循主体自身的利益目的，因而要充分体现主观性原则的话，那么自由的美学规定则要求自由表现为客观性与主观性的融洽与和谐。也就是说，美在这里表现为人的本质力量对象化的感性显现。这其中一方面是人作为主体的内在本质力量构成美的内涵，另一方面是这种本质力量对象化即客观化的感性显现构成美的形式。所以，马克思说“劳动创造了美”,“人不仅在意识中那样理智地复现自己,而且能动地、现实地复现自己,从而在他所创造的世界中直观自身”①,从而产生了自由自在的情感愉悦。

所以,美是一种自由的情感体验,主体在创造客体的过程中实现了一种“自我享受”:“对人的现实性的占有,它同对象的关系,是人的现实性的实现,是人的能动和人的受动,因为按人的含义来理解的受动,是人的一种自我享受。”②因此,自由的美学规定既不同于自由的认识论规定,在认识论规定中,自由只注重对客观必然性的认识和遵循,它仅仅是把握对象的存在与发展规律;也不同于自由的价值论规定,在价值论的规定中,自由关注的只是人的需要、利益、价值等形式表现出来的主体性原则,它仅仅反映主体的本质性力量。美学规定中的自由反映的是与客体感性形象相联系的主体本质力量,体现主体与客体、主观与客观之间的融洽与和谐。所以,自由作为一种审美活动,既是客体性原则,又有主体性原则,自由在这里是一个主体的本质力量作用于客体,从而使人的本质力量以感性悦人的形式凸现出来的过程。

康德曾正确地揭示过美与自由的不可分割的联系性,但他却认为,自由的美感之所以是自由那是因为在这个审美过程中超越了功利的束缚。所以,在他看来自由的审美世界应摆脱利害关系。其实,康德在这里不自觉地把自由的认识论规定、价值论规定和美学规定三者的统一关系割裂了。正如任何美感都不可能是超功利只具有纯粹形式的意义那样,自由在审美层面上的含义也不可能是无功利的,作为人的本质力量的感性显现,自由在这里恰恰也是一种基于认识客观规律基础上的价值活动,只不过这个价值活动以感性的形式表现出来而已。正是从这个意义上,马克思提出了“劳动创造了美”的著名命题。

因此,不能把自由的美学规定作形式主义的理解,自由的审美境界依然是为满足人的需要而服务的。人类正是通过对规律的认识和利用,使自然界按人的价值目标发生变化,生产出各种产品,以满足自己的需要。伴随着需要的满足,主体在审美心理上会有相应的欣慰或愉悦的感受。如果主体的活动受挫或失败,他的活动及其结果便无法满足主体的需要,有时还会给主体造成损害,与此相应,主体在审美心理中就会有不愉快或痛苦的体验。在前一种情况下,主体感到自己是自由的,在后一种情况下,主体则感到不自由。当然,需要的满足和相应的审美心理效应,不等于自由,因为它们也可以由其他因素引起,但自由一定包含着人类的各种需要的充分满足和相关的审美心理效应。康德把自由界定为不计任何功利的纯粹的自由,这是他的先验主义哲学在自由观上的体现。自由不等于功利,不是任性放纵、物欲横流,但它必定包含着功利的因素,包含着人欲和人化物欲的合理满足。如果自由不包含人类各种需要的充分满足,

① 《马克思恩格斯全集》,第 42 卷,北京:人民出版社,1979 年,第 97 页。

② 《马克思恩格斯全集》,第 42 卷. 北京:人民出版社,1979 年版,第 124 页

自由就没有意义。所以建立在实践基础上的人的物质与精神需要的满足，以及相应的审美心理效应，是自由美学意蕴的真谛所在。

马克思曾对人的需要做过多种不同的划分，其中一种是把人的需要划分为“维持和再生产生命的需要与发展能力的需要”。他认为，人类为了生存和繁衍而进行的物质生产劳动，“始终是一个必然王国”①。只有在物质生产领域的彼岸，在以人的能力的全面发展为目的的活动领域中，才存在着真正的自由王国，自由从中才真正达到美学的境界。所以，在马克思看来，当劳动仅仅是满足主体生理需要的手段的时候，它并不是体现和发展人的“类特性”的自由自觉的活动。唯有劳动能满足主体的享受之审美需要时，人的自由才真正完美地实现。为此，马克思对物质生产活动的重要性和局限性有过非常深刻的论述。一方面，他指出满足人类物质生活需要的物质生产活动，是全部人类历史的基础，是其他一切活动赖以存在的前提。另一方面他也非常客观地告诉我们，如果这种生产活动仅仅是满足生产者肉体需要的手段，那就是一种沉重的负担。在私有制条件下，它常常采取异化劳动的形式。马克思认为：“异化劳动把自由活动贬低为手段，也就是把人的类生活变成维持人的肉体的生存手段。”②他曾对异化劳动的种种特征做过详尽的阐述，其中之一是：作为人区别于动物的本质特征的劳动，不仅不能使人感到快乐，而且变成了折磨人的苦役。人类对自由的审美境界的追求，正是对异化劳动的积极扬弃。所以，自由的规定要求人的自由活动固然要遵循客观规律和体现人的价值需求，但与此同时它更要求人的实践活动具有如下的特点：

其一，这种活动是建立在生产力高度发展、物质需要已得到充分满足的基础上的，以满足兴趣和爱好，以发展能力和自我实现为目的的。人们自由参加感兴趣的活动的需要已成为压倒其他一切需要的首选需要，这就是马克思所说的“劳动已经不仅仅是谋生的手段，而且本身成了生活的第一需要”③的意思。这里的劳动指的是广义的劳动，它既包括以满足个人肉体需要为主要目的的物质生产劳动，也包括科学研究、艺术创造等非生产性活动。劳动成为生活的第一需要同自我实现或能力的全面发展成为第一需要是同义的。人们不仅在劳动的成果中，而且在劳动的过程中感到满足和快乐。劳动者在劳动过程中觉得负担、在有劳动结果后才感到快乐的分离现象已不复存在。“生产劳动给每一个人提供全面发展和表现全部的即体力和脑力的能力的机会，这样，生产劳动就不再是奴役人的手段，而成了解放人的手段，因此，生产劳动就从一种负担变成一种快乐。”④

① 《马克思恩格斯全集》，第25卷. 北京：人民出版社，1974年版，第927页

② 马克思.《1844年经济学—哲学手稿》，北京：人民出版社，1979年，第54页。

③ 《马克思恩格斯全集》，第3卷. 北京：人民出版社，1975年版，第12页

④ 《马克思恩格斯选集》，第3卷. 北京：人民出版社，1972年版，第33页

其二，由于生产力的高度发展，社会必要劳动时间大大缩短，人们可以自由地参加各种各样的活动。这时，把人死死固定在某个狭小领域的旧式分工已被合理分工所代替，工作、工作的变换已成为可能和现实。“任何人都没有特定的活动范围，每个人都可以在任何部门内发展，社会调节着整个生产，因而使我有可能随我自己的心愿今天干这事，明天干那事……”①正是通过活动、劳动的变换和相应的再学习、再教育，人的各方面的天赋和才能才得到了充分的表现和发展。因此，在全面发展的基础上，个人将形成全面而富有个性的思想、需要、专长和活动方式。“这种个性无论在生产上和消费上都是全面的，因而个性的劳动也不再表现为劳动，而表现为活动本身的充分发展”②，即表现为最富于创造性的自由自觉的活动。这时，劳动及其成果真正地成了人之本质的内在确证。

其三，人的能力的全面发展，从自由与必然的关系这一角度看，意味着主体对自然、社会及人自身的各种规律有愈来愈全面、深刻的把握，意味着主体不仅对物质生产活动，而且对科学、艺术、教育等精神性活动之规律有日益广泛与深入的把握。这种把握标志着人对自然、社会和个人自身的支配地位的确立，标志着人成为世界的主体。显然，能力片面发展的主体，熟悉的只是某一狭小领域，因而他的自由也是限制在一个小圈子里，超出这个圈子，他就失去自由。而全面发展的主体则能够纵横驰骋、自由翱翔于外部世界。一切自然力、一切社会力能为我所驱，为我所用，个人与他人、与社会、与自身存在也就达到完美的和谐。于是，主体和客体就实现双重双向的有机统一，进入了“从心所欲，不逾矩”（孔子语）的天人合一境界。这既是自由的美学境界，同时也是自由的最高境界。

第三节　自由在自然、社会、人自身中的实现

一、科学理想的实现

自由作为人与自然关系上的这样一个理想追求，主要就表现为科学理想的建构和实践上。或者说，人作为主体对自然界这一客体所表现出来的自主、自决、自律就体现为对科学进行理想的理论建构和实践追求。

马克思主义哲学从诞生的那一天起就非常关注作为人与自然矛盾关系根本解决之最重要途径的科学活动。恩格斯在马克思墓前的讲话中这样说过：“科学是一种历

① 《马克思恩格斯选集》，第 1 卷. 北京：人民出版社，1972 年版，第 37 ~ 38 页

② 《马克思恩格斯全集》，第 46 卷（下）. 北京：人民出版社，1979 年版，第 287 页

史上起过推动作用,革命的力量。任何一门理论科学中的每一个新发现,即使它的实际应用甚至还无法预见,都使马克思感到衷心喜悦,但是当有了立即会对工业,对一段历史发展产生革命影响的发现的时候,他的喜悦就完全不同了。"①对于这一点,贝尔纳在《科学的社会功能》一书中曾有一个中肯的结论:"马克思主义和科学的关系在于马克思主义使科学脱离了它想像中的完全超然的地位,并且证明科学是经济和社会发展的一个组成部分,而且还是一个极其关键的组成部分。"

19 世纪中叶,科学有飞速的发展,它迫使每个从事理论研究的人都自觉或不自觉地接受近代科学的新成果,并且用它们来充实和修正自己的理论。这个时期,资本主义由于经济发展的需要大大地推动了人们认识和改造自然的活动,科学认识的发展为人们提供了一幅人与自然界相互联系、运动和发展的清晰图景;同时科学认识新成果又大规模地运用于生产以及其他社会领域,使社会生产力得以快速提高,并促使生产方式和生活方式发生深刻的变革。科学革命的浪潮与社会革命的浪潮相互促进,为马克思主义的产生奠定了基础。马克思主义关于科学理想的理论正是从中创立的。这个理论主要包括如下一些基本的观点:

其一,科学是人的本质力量在自然界的展示。科学是什么?在马克思看来,科学实际上是"人的本质力量的公开揭露"②。人对自然的认识和改造体现为两个方面。通过生产劳动,人从物质上征服自然;通过科学,人"从理论上征服自然"。因此科学所体现的是"人对自然界的理论关系"③。据此,马克思把科学活动划入"智力劳动",从而把科学看成是"社会发展的一般精神成果"。从科学的这一特征看,它应归属于知识的范围,是人类认识的成果。但我们不能说凡知识都是科学。作为对自然规律深刻揭示的一种形式,科学是知识的高级形态,是由众多概念、范畴、命题和学说组成的,并且是严格的、协调的、和谐的知识体系。因此,科学理想之"真"是人对自然界必然性的揭示,是人从自然界的盲目必然性中解放出来的认识论前提。

其二,科学技术是生产力。马克思主义认为就科学与社会生产的关系而言,科学技术又是生产力。马克思指出:"科学这种既是观念的财富同时又是实际的财富的发展,只不过是人的生产力的发展即财富的发展所表现的一个方面,一种形式。"④社会生产力不仅以物质形态存在着,而且也以知识形态存在着,科学就是作为知识形态的社会生产力,当它被应用于生产即进入生产过程后就变为直接的生产力。可见,科学是精神力量与物质力量的统一。需要指出的是,科学向直接生产力的转化是以技术为

---

① 《马克思恩格斯全集》,第 19 卷. 北京:人民出版社,1964 年版,第 375 页
② 《马克思恩格斯全集》,第 42 卷. 北京:人民出版社,1979 年版,第 128 页
③ 《马克思恩格斯全集》,第 42 卷. 北京:人民出版社,1979 年版,第 128 页
④ 《马克思恩格斯全集》,第 46 卷(上). 北京:人民出版社,1979 年版,第 34 ~ 35 页

中介的。通过技术,科学知识能渗透到生产力的诸要素中去革新生产工具,提高劳动者的知识水平和劳动技能,同时也就扩大了劳动对象。可以说,劳动生产率的提高往往取决于科学的水平和技术的进步。因此,科学理想转化为现实,也就是社会生产力的提高,两者具有内在的同一性。

其三,科学活动只有作为社会的活动才是可能发展的。因此,社会诸因素制约着科学的发展,离开社会来谈论纯科学是不现实的。恩格斯曾指出:科学的发生和发展一开始就是由社会生产决定的。经历中世纪的黑暗后,近代科学之所以奇迹般地突起,这完全归功于资本主义经济生产的需要。“社会一旦有技术上的需要,则这种需要就会比十所大学更能把科学推向前进。”[1]因此,近代科学和大工业生产可谓是一对孪生姐妹,须臾不可分离。此外,不同的社会制度也制约着科学发展的方向、速度和规模。奴隶制度时代创造了一个闲暇阶层,从而使古代文化得以繁荣,但只有在资本主义制度下,科学才第一次直接广泛地应用于生产过程。资本使科学成为财富的手段,也因此资本又制约着科学的发展。所以马克思指出:资本并不创造科学,但它利用并占有科学。于是对劳动者来说科学就表现为一种异己的、敌对的和统治的权力。只有在劳动者共和国里面,科学才能起它的真正的作用。”[2]科学家也只有在那时才真正摆脱资本同盟者那种追名逐利的角色,变成自由的思想工作者,科学理想也才可能真正地实现。从这个意义上说,科学理想的实现与社会理想的实现具有相应的制约性。

其四,科学家必然以客观性作为实践活动的最高准则。科学家科学理想的实现,恰恰只有对客观性充分遵循的基础上才是可能的。因为科学以客观性为其最高准则,具有一定的独立性和发展的连续性。因此,马克思主义哲学对自然界普遍规律的揭示,一方面是对科学理想的哲学论证,另一方面又不能去取代科学对客观必然性的具体探寻。所以,在准确地把握自然规律的职能上,哲学不可能也没有理由来取代科学。所以,在科学的观念上,马克思和恩格斯毅然扬弃了传统的自然哲学。因为以往的自然哲学试图为自然界创作一幅总体图画,而事实上,正如恩格斯所说,它只能是这样来描绘:用理想的、幻想的联系来代替尚未知道的现实的联系,用臆想来补充缺少的事实,用纯粹的想像来填补现实的空白。在科学发展水平低下的年代,自然哲学对科学起着指导作用,在德谟克利特和笛卡儿等人那时,自然哲学对科学的发展也的确起过积极的作用。然而随着近代科学的成熟,自然哲学已经过时,“任何使它复活的企图不仅是多余的,而且是一种退步”。所以,任何从自然哲学的角度去解决具体的自然科学问题的企图,都是违背马克思主义科学观的。

马克思主义认为,科学理想的实现对人类自由的获得具有极其重要的意义。而

---

① 《马克思恩格斯全集》,第39卷.北京:人民出版社,1979年版,第198页

② 《马克思恩格斯全集》,第179卷.北京:人民出版社,1979年版,第600页

且，这个意义在新技术革命蓬勃发展的当今时代，显得尤为突出：

其一，科学技术进步是经济增长的源泉。经济增长是指一个国家或地区在一定时期内生产总量的增加。影响经济增长的因素很多，如自然资源条件的优劣；生产资料、劳动力及其增加；生产资料和劳动力在生产过程中的结合方式及其改善；社会需求的增加；等等。同时，经济发展是整个社会发展的一部分，对社会发展有影响的所有因素，如政治制度、体制、社会安定程度、民族的内聚力及精神面貌等，都会影响经济增长。我们知道，经济增长可以通过两条途径实现：一条是外延式扩大再生产，即单纯依靠增加实体性生产要素的数量，依靠增加生产资料和劳动力，扩大生产场所进行扩大再生产。我们国家的经济增长，长期以来走的就是这条道路。另一条是内涵式的扩大再生产，即依靠科技进步，改善实体性生产要素的质量，提高劳动生产效率和生产资料利用率进行扩大再生产。近些年来，一些发达国家的经济增长，走的就是后一条道路。列宁指出："经济学家要永远向前看，向技术进步这方面看，否则他马上就会落后。"①这的确是千真万确的真理。

科学技术促进经济增长，最直接的是通过技术进步而实现的。技术进步概念有狭义与广义之分。狭义技术进步是指人们在物质生产中使用效率更高的劳动手段，先进的工艺方法，以推动社会生产力不断发展的运动过程。它反映的是生产技术水平的变革。广义技术进步是指一种存在于一切社会活动中的有目的发展过程。它不仅包括了狭义技术进步的内容，而且包括管理技术、服务技术以及智力投资方面的变革。根据技术进步对生产投入要素所起的作用的不同，技术进步又可以分为"硬技术"进步与"软技术"进步。前者指能够体现在新的设备之类生产投入要素中的技术变化，后者则是指由能够改进资金设备效率的较好方法和组织所构成的技术进步。人们往往只抓"硬技术"进步（如引进硬件）而忽视"软技术"进步（忽视引进软件），这就不可能取得较好的经济效果。技术进步还有两种重要形式：一种是技术革新，这是技术进步的渐进形式，它是指在技术基本原理不变的情况下，通过无数的小改小革，逐步使技术完善、成熟起来的过程；再一种就是技术革命，这是技术进步的飞跃形式，是技术原理的根本变革。

技术革命对经济发展有巨大的推动作用。技术进步的实质是要提高实体性生产要素的生产效率，也就是在不增加或少增加物化劳动和活劳动投入量的情况下，大幅度增加社会财富的产量。所以，技术进步的作用，最终必然反映在经济效益的提高上，反映在促进经济增长上。在当今社会，科技进步是经济增长的动力源泉已日益凸现。

其二，对科学理想的追求也是促进人类思想解放的进步力量。在人类精神领域的诸种形态中，科学本身是一种永远向上的革命因素。科学按其本性来说，只承认事实，

① 《列宁全集》，第5卷. 北京：人民出版社，1972年版，第120页

不迷信任何偶像或神圣物，不承认任何一成不变的教条，不听命于任何权力意志。科学所倡导的探索性和创造性，通过培养人的思维方式和思想作风，必然对社会的精神面貌发生深刻的影响，从而促进社会的进步和发展。因此，科学本质上是一种革命的进步的精神力量。也因此，科学思想在历史上就成为各个时期思想解放运动的先导。科学作为革命的进步的精神力量，还表现在对整个社会的精神文明产生重大的影响，科学的进步不仅推动社会政治思想、法律思想、伦理理想、艺术思想的变革，而且还推动人的价值观念、消费观念、婚姻恋爱观念、人际关系观念等的更新。科学技术的发展和进步正是通过这些观念的变革和更新而推动整个社会精神文明的进步的。而人类的自由则从中无论是数量还是质量上均获得了提高。

其三，科学理想的实现所导致的科学技术革命还对人们的社会关系和生产关系的变革产生深远的影响。马克思曾说过，机器的发展是使生产方式和生产关系革命化的因素之一。这是因为随着科学的重大进展及其引起的工艺技术的革新，必然造就巨大的社会生产力。而生产力的发展，必然或迟或早要引起生产关系和整个社会形态的变革。同时，科学技术的进步还引起人与人之间社会关系的变革。在现代的社会中，生产的科学化与自动化，就为消灭体力劳动和脑力劳动的差别创造了条件，并使之逐步地变为现实。而科学技术愈来愈广泛运用于社会生活的公共福利领域，更是现代化社会进步的一个重要标志。在这里，人的自由的程度无疑获得了全面的提高。

二、社会理想的实现

自由表现在人与社会关系的把握方面就呈现为人对社会理想的理论建构和实践追求。马克思恩格斯因此把人类对共产主义这样一个社会理想的现实追求，视为人类从必然王国向自由王国迈进的根本标志。

作为社会历史范畴的必然王国和自由王国，是指两种不同的社会状态。我们知道，历史唯物主义认为必然王国是指人们在社会生活中受盲目必然性的支配与奴役这样一种不自由的社会状态；自由王国则相反，它是指人们在社会生活中摆脱了盲目必然性的支配，能够自觉、自主、自由的这样一种社会状态。

历史上统治人、奴役人的力量主要有两类：其一是自然力。人类是自然界长期发展的产物，人类同自然界进行的物质交换是人类社会赖以生存和发展的前提，当人们还未认识自然规律，从而不能有效地改造自然时，自然力就是一种统治人、奴役人的盲目力量。对这种必然性的认识，以及依据这种认识改造自然界的任务，由科学的实践活动来承担，科学理想的建构和实现就是人从自然界必然性的奴役中解放出来，获得自由的过程。其二是社会关系。与自然力不同，对于人来说，社会关系不是一种外在的力量，但它是人们的社会生活所必需的。当人们还未认识社会规律的时候，当社会关系中还充满着各种对抗的时候，当人们借以发挥自己的创造能力的活动即劳动，还带有被迫的、强制性质的时候，社会关系也总是作为一种异己的、敌对的力量统治人类。

因此，与上述两种统治、奴役的力量相对应，人类自由的获得也是包括人们摆脱自然力的奴役和社会关系的奴役这两方面的内容而实现的。人类自由获得的这两方面内容是彼此联系、互为因果的。一方面，人与自然的关系（生产力）直接制约着人与人的关系（社会关系，尤其是生产关系），人类从自然力的束缚下获取自由的进程，为人类社会生活创造并积累物质前提。当人们还受着自然力的压迫，没有力量支配它的时候，是不可能成为自己社会关系的自觉主人的。原始社会虽然没有剥削，没有压迫，人们共同劳动，平均分配，彼此间过着平等的生活，就此看来，他们在社会关系方面似乎是自由的。但实质上，这是一种建立在极其低下的生产力的基础上近乎动物式的自由，而不是人类所追求、所向往的真正自由；另一方面，人类从社会关系的束缚下获得解放的程度，又是人类从自然力的束缚下解放出来的社会前提。当人们还受着他们自己创造的社会关系奴役的时候，他们也不可能真正成为自然界的自觉主人。因为在这种条件下，人们即使对自然界的规律有所认识，也往往或者不能按照这些规律去行动，或者只能使它服务于少数人的利益与目的。譬如在资本主义社会，由于在社会关系方面还存在着各种形式的对抗，存在着剥削与压迫，这就极大地限制了劳动者改造自然与社会的作用的发挥，并且，人们认识和改造自然的成果——科学与技术还往往成为资产阶级实行阶级剥削和压迫的现代化工具，成为重新奴役人的敌对力量。

彻底摆脱自然力和社会关系的束缚与奴役，获得自由与解放，这是人类梦寐以求的理想和愿望。几千年来，人类历史上许多著名思想家曾为人类未来描绘过一幅又一幅精美的理想蓝图，但由于时代、阶级、认识等方面的局限性，他们往往只是把人类解放寄托在人们的理智发现或善良天性的复归上，使他们的理想因缺少严密的科学性而成为空想与幻想。

马克思主义立足于社会历史发展的现实，科学地揭示了人类自由的实质，把人类自由与社会进步的必然趋势——共产主义紧密相联系，并在此基础上阐明了实现人类自由的现实道路及物质力量。

历史唯物主义科学地揭示了人类社会发展的客观规律，即生产关系一定要适合生产力状况、上层建筑一定要适合经济基础状况的规律，从而为人类争取自由与解放的斗争提供了行动指南。根据这样一个社会发展的客观规律，共产主义作为自由人联合体是历史进步的必然趋势，而实现共产主义的唯一现实的途径就是发展生产力，并自觉地按照生产力的增长要求调整和变革生产关系、经济基础和上层建筑。这正如马克思指出的那样，人类“只有在现实的世界中并使用现实的手段才能实现真正的解放；……‘解放’是由历史的关系，是由工业状况、商业状况、农业状况、交往关系的状况促成的。"①所以,人类自由的获得在社会关系领域里表现为生产方式运动的结果。离开了社会生产力的发展和对社会关系的改造去谋求人的自由与解放,只能是一种空想。

生产力和生产关系的矛盾对社会进步的直接推动,在阶级社会里主要表现为革命阶级反对反动阶级的阶级斗争。但人类自由的实现与主体的彻底解放,其根源在于生产力的高速发展,而其决定性的步骤则是使人类从社会的阶级压迫下解放出来。因此,人类的解放必然表现为伴随着社会基本矛盾运动具体展开为一个历史过程。因此,以往历史上生产力的每一次重大进步,生产关系的每一次重大变革,都促使人类从必然王国朝着自由王国迈进了一步。即使是奴隶社会代替原始社会,"在当时的条件下,采用奴隶制是一个巨大的进步"②。尽管这个进步是以牺牲原始的平等关系,代之以人与人之间残酷的剥削和压迫的阶级关系为代价的。所以,割断了历史,任何低估甚至否定阶级社会在人类从社会关系中获得自由与解放的意义和作用的观点都是错误的。但同时也应看到以往历史上人类所获得的自由与解放又有着明显的局限性。从奴隶社会到封建社会再到资本主义社会,新旧社会制度的每一次更替,虽然都使社会生产力获得了巨大的发展,并使劳动者一步步地从人身依附、遭受经济剥削和其他政治奴役中解放出来,但是他们终究没有能够完全摆脱经济上受剥削、政治上受压迫以及精神上受奴役的状态,从社会总体上看,人类仍处在必然王国之中。

资本主义制度是人类历史上最后也是最完善的一个存在剥削、压迫和奴役人的社会制度。资本主义的高度发展,不仅为人类自由的获得与从社会关系的奴役中解放出来奠定了雄厚的物质基础,而且还为实现这一解放造就了强大的物质力量即无产阶级,从而使得资本主义的灭亡和共产主义理想社会的实现,成为不可改变的必然趋势。

共产主义是实现人类彻底解放的自由王国。在共产主义社会中,人们所获得的自由和解放,无论就广度还是深度而言,都是以往社会所无法比拟的。我们之所以认为共产主义社会是人类彻底解放的自由王国,是社会理想的最终实现,这是因为:其一,共产主义消灭一切阶级对抗和阶级差别,并永远铲除产生这些对抗和差别的根源——私有制,从而使人们从自己所创造的社会关系的奴役下解放出来;其二,共产主义社会的旗帜是"各尽所能,按需分配",高度发达的社会生产力不仅创造出极其丰富的物质、精神财富来满足全体成员日益全面和丰富的需要,并且还为每个成员全面地发展其个性和才能提供日益增多的闲暇时间;其三,在共产主义社会中,人的劳动从本质来说是一种自由自主的创造活动,这种活动给每一个人提供全面发展和表现其能力的机会,这就使劳动过程本身在人类历史上第一次由"奴役人的手段"变成"解放人的手

① 《马克思恩格斯全集》,第42卷.北京:人民出版社,1979年版,第368页

② 《马克思恩格斯选集》,第3卷.北京:人民出版社,1972年版,第220页

段,因此,生产劳动就从一种负担变成一种快乐”。①

所以,恩格斯对作为理想社会的最终目标的共产主义社会作了这样的描述:“人们周围的、至今统治着人们的生活条件,现在却受到人们的支配和控制。人们第一次成为自然界的自觉的和真正的主人……人们自己的社会行为的规律,这些直到现在都如同异己的、统治着人们的自然规律一样而与人们相对立的规律,那时就将被人们熟练地运用起来,因而将服从他们的统治。……一直统治着历史的客观的异己的力量,现在处于人们自己的控制之下了。只是从这时起,人们才完全自觉地自己创造自己的历史;只是从这时起,由人们使之起作用的社会原因才是主要的方面和日益增长的程度上达到他们所预期的结果。这是人类从必然王国进入自由王国的飞跃。”②因此,自由王国是必然王国长期发展的产物,是必然王国发展到最高阶段而走向自我否定的结果。

可以肯定地说,我们正处于从必然王国向自由王国飞跃的历史起点上。因此,共产主义的理想社会作为一种现实的运动也正处于自己的初级阶段的社会主义形式中。正是从这个意义上我们认为,马克思主义关于共产主义的社会理想,内在地包含了实现这一理想的条件与途径——社会主义革命的学说。可见,它对理想的看法是以目的和手段的辩证关系为前提的。在现实生活中一些人常常把共产主义看作是一种纯粹理想,一个遥遥无期的目标,从而丧失追求的信心。其实这是错误的。马克思和恩格斯早就告诉过我们:共产主义对我们来说不是应当确立的状况,不是现实应当与之相适应的理想,我们所称为共产主义的是那种消灭现存状况的现实的运动。

因此,实现理想社会的追求,这一切全靠我们的共同努力。理想就存在于我们的现实活动中,我们解决了现实的种种困难,也就是在向理想迈进。马克思主义者绝不是宗教的信徒,在香烟缭绕中默默地祈祷着自身的解脱;共产主义的社会理想也绝非是乌托邦,能幻想一蹴而就地解决所有的矛盾和困难,并一劳永逸地享受天堂般的安宁与平静。共产主义既是未来的目标,也是现实运动,或者说就具体体现在当前建设有中国特色社会主义的实践活动中。

三、理想人格的实现

自由表现在主体与自身关系的把握方面,就呈现为人对人格理想或称理想人格的建构和追求。马克思恩格斯把共产主义社会理想视为人类的自由王国,其根据不仅是因为在这个社会中人与自然、人与社会的关系达到了理想的境界,而且还因为在这样

① 《马克思恩格斯选集》,第3卷.北京:人民出版社,1972年版,第333页

② 《马克思恩格斯选集》,第3卷.北京:人民出版社,1972年版,第441页

的社会中，人对自身的关系的认识和占有也达到了理想的境界。因此，作为人们所追求和向往的一种完善人格，理想人格就是人对自身关系的自由建构，理想人格的实现也就是作为主体的人对自身发展的自由实现。

人的全面发展首先就表现于人性的全面生成。就马克思历史唯物主义的基本观点而言，人之为人而区别于其他动物的最基本特征，在于人是具有自然属性、社会属性和思维属性，并且三位一体。也就是说，从逻辑上来认识，人性在于人的自然属性、社会属性和思维属性的内在统一：

其一，人性首先表现为人所特有的自然属性。我们必须承认，人在物质生产活动中获得自然属性，所以人性中首先包含了人的自然的生物属性。这表现为人在改造外部自然的同时改造了自身的自然。人类祖先在进化过程中逐渐获得了区别于其他动物的体质形态、大脑结构等积极方面的特征，同时又凭借这种特有的肉体组织不断适应劳动。所以，人和动物虽都有满足肉体生存的原欲冲动，但人的原欲冲动是积极的，随着生产力提高而呈现出一个不断超越的过程。在劳动中产生的新的欲求——享受欲求和发展欲求，则完全是专属于人的需要。于是，吃、喝不只是充饥而成为美食，两性不只是交配而成为爱情，如此等等。比享受欲求更高级的是发展欲求，那就是表现自己的生命力，发展自己的潜能，实现自我。而且，在人的这一自然属性的生成过程中，即便是肉体的生存需要，也已不是纯粹本能式的需要，它是作为人的需要结构中的某一个层次而产生的。

人通过活动使外部自然的性质越来越人化。同时也使自身自然的本性越来越人化。这种人化突出地表现为两个方面：一是人类为了生存而必须在社会协作中进行的劳动，这作为一种不可逆转的推动力，支配着人类进化的方向，驱使人的体质形态、大脑组织等不断适应社会生活的需要；二是社会化的活动使人的需要的对象和内容以及满足需要的方式得以不断丰富和完善。因此，我们绝不能把人的自然属性同动物的自然本能相提并论，人的自然属性是对自身动物本能改造的结果。如果我们把吃、喝、性行为等人的机能，脱离人的活动并使它成为唯一的终极目的，那就如马克思指出的那样，“那么，在这种抽象中，它们就是动物的机能。”①

其二，人是自然存在物，但人更是社会存在物，因而人性更表现为一种社会性。所以，作为人性中的自然属性，其本身不能单独构成人类的内在本质。人在必需的、作为其生存和发展必要的社会交往活动中获得社会属性。这一社会属性是人性中的内在本质规定。所以，即使是最简单的为了维持生计的劳动也是以个人之间的社会交往为前提的。人通过交往活动，为自己创造了一个日益复杂化的社会关系系统，从而也铸造了自己的社会属性。而人的这一社会属性的形成，直接铸造了人类的内在本质。

---

① 《马克思恩格斯全集》，第42卷. 北京：人民出版社，1979年版，第94页

所以,恩格斯指出:“人来源于动物界这一事实已经决定人永远不能完全摆脱兽性,所以问题永远只能在于摆脱得多些或少些,在于兽性或人性的程度上的差异。”① 当人类祖先还没开始摆脱动物状态时,正如我们在动物界那里所看到的那样,生物的自然必然性对他们的制约表现为一种“自然本能冲动”,一切行为不由自主地被它所驱使。人的食欲、性欲等只表现在自然本能的水平上,便只是纯粹的兽性。如果没有对这种自然本能冲动的自我意识和自我控制,也就不会有专属于人的自然本性,更不会有社会属性的产生。因而,人之为人,绝不会甘心于被生物的自然性所制约,让自然本能主宰自己的命运,而在于能在自己的行动中自觉地意识到社会关系的存在,从而以理性和意志来意识并控制自己的行动。

于是,我们紧接着需要探讨的问题是,人的这种自我意识和自我控制的能力来自何处?马克思主义认为这种自我意识和自我控制的能力起源于另一种本能,即“社会本能”。所以,恩格斯认为:“在我看来,社会本能是从猿进化到人的最重要的杠杆之一。”② 最初的人是群居的,他们以自然形成的部落共同体的社会形式向大自然开战,以谋取自身的生存。社会本能就是以这种群体力量来弥补个体自身能力不足的一种本能,它是对起初还处于孤立状态下个体自然本能冲动加以限制和抑制的结果。社会本能开始是为适应联合起来的需要而产生的,带有自发性质。后来,它在长期劳动的共同交往和合作中得到巩固和强化,日益积淀在个体心理结构之中,从而超越动物而专属人类所拥有。

人注定是社会存在物,究其根本就在于人的生存和发展活动本身是合作的互助活动,因而是社会的活动。人通过这种必需的、集体的活动而获得自主性,不仅学会驾驭自然必然性,而且学会支配社会必然性,从而超越自然存在而达到社会存在。因此,人的社会性首先是活动的合作性、互助性,它是通过社会交往活动这个中介,在社会本能的基础上铸造而成的。所以,我们可以说人性的社会性集中体现了人类的内在本质。

其三,人在认识活动中获得思维属性,因而人性中也还包括人的思维属性。事实上,在人同自然界、同社会存在的关系上,人之所以与动物不同,恰恰因为在这两种关系中是人的类意识和自我意识在起自觉的支配和主导作用。

人性中的思维属性,集中表现为实践和认识的关系。在这里,主体对客体的认识包含着双重反映关系:一是对外部世界的反映,一是对自身存在的反映。对自我个体的活动而言,人性中的思维属性主要表现为对“自我”及“自我”与由许许多多的“非我”构成的社会关系进行自觉地反思,从中为自己的行为确立规范。动物没有“自我”意识,故它不存在对自己活动负责的问题。而人则自觉地携带着一面意识和思维的

---

① 《马克思恩格斯全集》,第3卷.北京:人民出版社,1974年版,第104页

② 《马克思恩格斯全集》,第34卷.北京:人民出版社,1972年版,第164页

“镜子”，无时无刻都看到自己的活动，从而按社会必然性和社会发展的需要对自己的活动进行自我调节、自我约束和自我支配。

所以，人类有了意识和自我意识，也就有了认识活动。通过这个认识活动，人类形成了自己的思维属性。人的认识活动包括着由低向高前进的三个阶段：感性、知性和理性。相应地在自我意识的确立中，就表现为自发、自觉和自由，呈现出一个由“他律”到“自律”的渐进过程。这其中，理性是最重要的，只有人才以对概念本质的研究为前提进行辩证的理性思维。因此，真正的思维是和理性思维联系在一起的。理性的抽象，才使人能够超越感性的范围而不断创造出新的观念、新的思想、新的理想目标，从而从个别中发现一般，从有限中发现无限，从暂时中发现永恒。可见，通过认识活动而获得的理性思维也是人的本质属性。人性中如果没有思维属性，人甚至无法感知和把握自身的社会存在，因而也就不会产生维护这种社会存在的自我规范意识，更不会从中建构自我人生的真、善、美理想目标。

今天，当人性、人道等问题重新成为我们自我人生实践中的一个重要课题而被探讨时，我们一些人却自觉或不自觉地拾起西方近代文艺复兴以来的诸如“人性：一半是天使，一半是野兽”之类的牙慧，这无疑是理论的倒退。事实上，人性的最本质属性永远是人的社会性，而人的自然属性（兽性、生物性）则是在人的社会属性中被规范和说明的。因此，人性中从来不存在纯粹意义上的自然属性（兽性、生物性）。也因此，试图从人的自然属性中引申或证明自我人生中诸如放逐本能听任冲动等行为的合理性，那恰恰是在否认人性。这种人性论的观点在理论上是荒谬的，在自我人生实践中则是非常有害的。

人的自由全面发展也表现在对人的本质的全面占有。马克思在《关于费尔巴哈的提纲》中提出了其关于人的本质的极负盛名的论断：“人的本质并不是单个人所固有的抽象物。在其现实性上，它是一切社会关系的总和。”①这是对人的本质的经典性论述，是马克思在人性问题探讨上的一大理论贡献。

马克思这个论断提出的理论和实践意义在于它在人类认识史上第一次形成了关于人的本质和由此规定的人性问题的科学认识，从而在根本上超越了一切旧的人性论。马克思主义哲学对人的本质定义为“社会关系的总和”，这一理论结论对自我人性认识具有重要的方法论意义。要正确地把握马克思主义这一关于人的本质理论对自我人性认知的方法论意义，必须在理论上充分注意以下几个方面的问题：

其一，要从社会关系的存在中来把握人的本质。因此，在人的本质问题上就不能仅从生物学的角度抽象出人的本质，也不能仅把人的个别特性进行罗列。譬如“人是直立行走，手脚分工的高级动物”，“人是有着复杂而精细大脑的动物”，“人是能思维

---

① 《马克思恩格斯选集》，第1卷. 北京：人民出版社，1974年版，第18页

的理性动物”,“人是能运用符号的动物”,“人是理想的动物”等等,这当然也是人的本质属性之一,也能把人与动物区分开来,但是却不能说明人的产生与发展,也不能说明人性的无限多样性与复杂性。因此,这不是人的本质的科学概括。

与此相应地,也不能撇开社会历史进程,孤立地把人当作一个抽象物来理解人的本质。正如马克思指出:“人并不是抽象的栖息在世界以外的东西。人就是人的世界,就是国家,社会。”①个人是社会存在物,人是社会历史过程的主体,人创造了社会历史,社会历史也造就了人,人的本质特点离不开他所处社会的特征。所以,试图以纯粹的“个人设计”、“个人奋斗”来实现自由全面发展的人性是不真实的。

其二,要全面地、完整地理解作为人的本质的社会关系的总和。所谓“社会关系的总和”是各种社会关系的有机统一,而不是诸种社会关系的机械相加。社会关系是多种多样的,大体可分为物质的社会关系和思想的社会关系。所谓物质的社会关系一般是指生产关系或经济关系,它是在人们谋取物质生活资料的生产中形成的。它包括生产资料的占有关系,生产者的地位关系,劳动产品的归属关系或者生产、分配、交换、消费等诸关系。思想的社会关系可分为政治、法律、道德、宗教等意识形态方面的关系。这两类关系既有各自内部的从属或并列关系,又有彼此间的错综复杂的联系。其中生产关系是最基本的决定其他一切关系的社会关系,生产关系规定人的本质并最终决定社会的面貌。

但是,从生产关系性质来规定人,还只是说明了个人本质的一个最基本方面。由生产关系决定的其他社会关系并非是消极被动的,它们也从多方面规定着人。所有这一切规定,最后都会以“总和”的形式在某个人身上表现出来。各种社会关系交叉渗透,决定了处于社会关系总和之中的个人必然是具有多方面、多层次规定性的丰富整体。

其三,列宁曾将“在其现实性上”这个短语解释为“一定的具体历史条件下”②的意思。这也就是说,个人没有固定不变的本质,他总是随着一定的具体历史条件下社会关系的改变而改变的。人和人之间关系的排列组合并非只有一种形式,个人也并非只有一种他所希望的人生。如果简单地认为,任何一种社会关系的总和所决定的本质是个人所只能有的本质,那就抹杀了人类的内在本质,因为一方面,这势必否定改变落后的社会关系、创造和完善新的社会关系的可能性和必然性,势必使人陷入安然忍受一切不合理现实社会的宿命论。另一方面,则使人陷入人生的无为主义泥潭。事实上,每个人的本质都表现为因每一个个体以自己的努力而不断改变和完善社会关系的

① 《马克思恩格斯选集》,第1卷. 北京:人民出版社,1974年版,第1页

② 《列宁选集》,第2卷. 北京:人民出版社,1972年版,第582页

进程。所以,马克思甚至认为“整个历史也无非是人类本性的不断改变而已”。① 因此,宿命论无为主义人生观与人类内在的创造本性是根本不相容的。

正是从这个意义上,我们说人的本质是社会关系的总和,这就意味着社会关系规定人的本质而人又可以改变社会关系,这是一个双向作用的过程。也就是说,人既是社会关系的产物,同时又在不断地创造和完善着社会关系。人的本质是由人自己创造的。人的本质是自然历史发展和人自觉的、有目的的活动的统一。人性也正是由此而生成和完善的。

从马克思主义关于人的本质的如上思想,我们可以得出如下一个最基本的结论:人的生存和发展离不开一定的社会关系。人的爪牙之利不及虎豹,四肢之健不及麋鹿,耳目之敏不及鹰兔,潜水挖洞不及鱼鼠。所以,从个体意义而言人是最难以独立生存的生物,脱离了社会的人,不仅不能在动物界称雄,而且连躲避灾害的本领也十分低下。脱离社会的人不是被豺狼虎豹吞噬,就会被自然淘汰。故马克思认为:“人是最名副其实的社会动物,不仅是一种合群的动物,而且是只有在社会中才能独立的动物。”②社会关系不仅决定人的生存,而且决定人的发展,一个人同他人结成的社会关系越广泛、越紧密、越先进,他的发展也越快;反之,其发展就必然受到限制。

因此,理想人格的实现必须是在人与社会的辩证关系中展开的。这是马克思主义理想人格理论中最重要的内容。马克思指出,社会发展最终而且必须落实到每个个人的发展上,但与此同时并没有把个人与社会对立起来,而是指出个人发展与社会发展的内在一致性。这是从马克思反复说明的人的现实本质只有从人作为社会存在物中来加以规定的思想中逻辑地引申出来的结论。这也是马克思提供的个人为自身完善开辟道路、实现全面发展的自由个性的内容,也是马克思的理想人格理论与其他众多理想人格理论相比,具有不可言喻的优越性之所在。现代人文主义的理想人格理论的错误不在于强调了个体的自我肯定、自我创造和自我设计,而在于把个体这种自我实现夸张为实现理想人格的唯一途径,而这种途径又以个体否定、排斥、摆脱甚至敌视他人、集体、社会的方式来达到的。萨特的“他人即地狱”的著名论断就典型地表达了这个观点。显然,这样一种理想人格所拥有的自由只能沦为抽象和虚幻的自由。在中国哲学中,庄子的理想人格有主张“独与天地精神相往来”的绝对自由,他提出以“坐忘”、“心斋”、“悬解”的修养功夫来去除自然社会及人自身关系的种种羁绊。这样一种理想人格,其追求的自由当然也只能囿于精神和想像的领域,是不真实的。

既然个人的发展与社会的发展是内在一致的,而且个人只有通过社会的发展才是唯一可行的自我实现途径,那么,追求理想人格的个体就应该正确处理个人与社会的

---

① 《马克思恩格斯全集》,第4卷. 北京:人民出版社,1958年版,第174页

② 马克思.《政治经济学批判序言》,单行本. 北京:人民出版社,1972年版,第7页

关系。既要承认我们的活动受到社会历史条件的限制和规定,又要看到现有的社会历史条件可以提供给我们发展自己多方面能力的条件和手段。任何理想人格的追求都是立足于现实的社会历史条件。而个人发展与社会发展的辩证关系,决定了理想人格的最终实现,即集真、善、美于一体的自由个性只有在理想社会——共产主义社会中才能真正完全地实现。所以,马克思把自由个性的实现与消灭私有制、集体占有生产资料、建设共产主义联系起来,归根到底将它同生产力的高度发展联系在一起。而人类社会的进步,人的自由全面发展以及人类的解放正是从中得以最终地实现。

在马克思看来,人的发展的目的是发展完整的具有多种才能的人。以这样的要求来看,在以往的一切社会中,人是一个猎人、渔夫或牧人,或者是一个批判者,只是他不想失去生活资料,他就始终应该是这样的人。而在理想的社会里,任何人都没有特定的活动范围,每个人都可以在任何部门内发展,社会调节着整个生产,因而使个人有可能随自己的心愿今天干这事,明天干那事,上午打猎,下午捕鱼,傍晚从事畜牧,晚饭后从事批判,但并不因此就使一个人只能成为猎人、渔夫、牧人或者批判者。

马克思从政治经济学、哲学、历史学和科学社会主义的多维视角,广泛地论及了这一问题。这些论述表明马克思所说的"全面"概念的多维性和所含内涵的丰富多样性:从人们的"需要即他们的本性"①来说,人的生存和发展的全面性表现为主体需要多重性的满足;从人的类能力来说,人的生存和发展的全面性是人这个类所具有的实现和确证自身主体性的全部本质力量的实现,因此人类的"生活水平不仅包括满足生理上的需要,而且包括满足由人们赖以生息教养的那些社会条件所产生的一切需要"②;从人作为自然和社会的存在物来说,人的生存和发展的全面性是指大自然亿万年生成演化蕴藏在人身上极为丰富的肉体、精神的力量素质及人类千百万年的实践活动与这种活动形成的社会文化造就的人的全面的生理、心理方面的潜能素质的高度发挥,所以马克思说:"人以其需要的无限性和广泛性区别其他一切动物。"③如此等等。

而且,在马克思那里,人的生存和发展的全面性又是在人的对象性关系中历史地形成的。一方面,人通过与世界各式各样的关系,全面地表现和确证自己的本质的完满性,使人不仅通过思维,而且以全面的感觉在对象世界中肯定自己;另一方面,人性的历史性即人与世界的对象性关系在广度、深度上又将不断拓展。这样,人的全面发展理论就要求"人不是在某一规定性上再生产自己,而是生产出他的全面性"④,并以一种全面的方式,"作为完整的人,占有自己的全面的本质"。⑤

① 《马克思恩格斯全集》,第3卷.北京:人民出版社,1957年版,第514页
② 《马克思恩格斯全集》,第16卷.北京:人民出版社,1972年版,第164页
③ 《马克思恩格斯全集》,第49卷.北京:人民出版社,1985年版,第130页
④ 《马克思恩格斯全集》,第46卷(上).北京:人民出版社,1979年版,第486页
⑤ 《马克思恩格斯全集》,第46卷(上).北京:人民出版社,1979年版,第123页

马克思对人的自由全面发展作如此规定，并不是马克思的主观臆想，而是以其哲人的洞察力审视社会、历史和人生的结果。这样，马克思的理想人格理论才有了摆脱以往理论之抽象性的内在依据。特别重要的是，这一理想人格理论也正因此才有了批判现实社会的巨大精神力量。

以马克思关于理想人格的这一思想看，在市场经济的今天，如果我们忽视人性的全面性和丰富性，而片面执著于"经济人"的单一意识和角色行为，譬如对财富和利润的贪婪攫取，对物欲满足的过分关注，对物化社会的极端沉湎等，这显然是背离了马克思全面人性的教诲。这样的片面性人格根本无和谐可言。期望这样的人去构建和谐社会更无疑是痴人说梦。因此，如果真正遵循马克思的教诲，在构建和谐社会的今天，我们在人格塑造方面就亟须走出过分执著于"经济人"的迷途，使自我在"经济人"与"道德人"、与"政治人"、与"文化人"、与"审美人"等的统一中实现自我的理想人格，也即实现马克思说的"作为完整的人，占有自己的全面的本质"。这可以说是我们构建和谐社会在人格塑造方面的一个重要的主体性条件。

马克思理想人格学说的另一个著名的论断是"自由个性"的思想。如果说全面人性论是马克思理想人格的理论前提，那么这个理论的实践指向是自由个性的培育。马克思曾经从人的发展的角度，把社会历史的发展划分为三大形态，其最高形态即为自由人的联合体，这是"建立在个人全面发展和他们共同的社会生产能力成为他们的社会财富这一基础上的自由个性"。①

"自由个性"这一概念表明了马克思的理想人格理论对人作为主体的充分重视。马克思对理想社会的追求是以理想社会中的个体的自由全面发展为立足点的，也就是说，两者有手段和目的之分，尽管理想社会和理想人格的追求是内在一致的，但理想社会毕竟是理想人格实现这一根本目的的手段而已。因此，马克思使用"自由个性"这一概念表达了他对人作为个体即独一无二的独特性存在的充分关注。而一个人的独特性，蕴含着作为个体的人的本质规定性，正是一个人的个性的独一无二性，使他的这个存在具有不可替代性。因此，一个人个性的存在，是他的使命的真正存在。这样，全面人性论和自由个性论的关系也就显现出来了。全面人性论是自由个性论的基础与前提，自由个性论是全面人性论的指向与目的。自由个性充分发展了的全面人性，全面人性包含在自由个性之中，是自由个性的内在必要条件，只是全面人性论与自由个性论的立足点不同。所以，如果说马克思的全面人性论着眼于人的多维需要及能力发展的普遍性，那么，自由个性论则着眼于个人有别于他人而在发展特征上表现出的内在差异性，也就是说，全面人性论注重发展人的"全面性"，而自由个性论则注重个体的"独特性"。

---

① 《马克思恩格斯全集》，第46卷(上).北京：人民出版社，1979年版，第486页

由此我们也可以说，马克思的理想人格追求的实质是人的自由的实现，即作为主体的人的自我实现。这个自我实现的唯一手段就是改变客观世界从而也改变主观世界的实践。所以，自由不是一种消极状况，而是一种体现人的主体能动性、创造性的积极状态。以马克思的话说就是："人不是由于有逃避某种事物的消极力量，而是由于有表现本身的真正个性的积极力量才得到自由。"①

遵循马克思的思路，我们在理想人格的自由个性塑造中就必须充分把握好其基本的认知原则与价值取向。就现时代而言，由于我们处于一个多元发展的时代，因而理想人格的认知原则与价值取向必然是多元的，故而我们不仅没有必要也不可能为理想人格制定一个具体的统一模式。但另一方面，理想人格认知原则与价值取向的多元并不否定其中最根本的价值内涵和规定又是必须确定的，否则我们就会走向相对主义和虚无主义。正是基于如上两个基本的出发点，我们在承认理想人格建构之多元取向的同时，必然要提出真、善、美三个最基本的原则：

一是这个理想人格中的自由个性必然是对现实可能性的反映。这就是说，理想人格中的自由个性不是一种不切实际的空想，它对人的道德风貌、品格、才能等个性的要求是从现实人格中概括出来的，有着真实的可能性根据。也因此，理想人格中的自由个性就必须表现为对现实生活中代表未来的那种人格的精辟概括和反映。特别重要的是，理想人格中的自由个性还总是要准确地把握现实社会的发展趋势。古语称"识时务者为俊杰"，这里的"时务"正是社会发展的客观必然性趋势。时下被一些人津津乐道的尼采"超人"人格，恰恰是一种不切实际的虚构。因为这种"超人"人格不仅超越了社会现实发展的可能性，甚至也超越了人的生理、心理发展的可能性。

二是这个理想人格中的自由个性又总是必须反映现时代最大多数人超越现实的美好愿望。理想之称为理想而不称为现实，就因为它要依照主体的意愿而超越现实，表现为一种"善"的目的和向"善"的冲动。当然，这种"善"的愿望必然是反映最大多数人的共同愿望，从而也是符合社会历史进步潮流的。显然，理想人格中的自由个性塑造如果不包含这个"善"的成分，那它就会丧失价值依据。从这样一个规定来看，我们无疑应当首肯社会中每一个行为主体的自我人格设计，因为这是一种超越自我现实存在的理想建构。但必须强调指出的是，这个自我设计必须遵循"善"的原则。否则，如果这个自由个性的设计走向了个人主义、利己主义、唯我主义，那么这就是一种"不善"的设计，而这种设计当然要遭到时代和社会历史的摒弃和否定。

三是这个理想人格中的自由个性还必然不同程度地获得美的形象。抽象的理想人格是不存在的，因为人对自己的创造物正如马克思指出的那样，总要"按照美的规律来建造"。这一人的类本性就决定了我们对理想人格中的自由个性的塑造也必然

① 《马克思恩格斯全集》，第2卷. 北京：人民出版社，1957年版，第167页

要取得生动具体审美的形象，并因为这一美的形象才能更好地激发行为主体的创造热情和进取精神。

以马克思理想人格中关于自由个性的这一思想来看，我们今天在构建和谐社会的过程中，显然必须充分关注人的自由个性的培植。一些西方学者曾把社会主义与抹杀个性划等号。后现代主义者托尼·贝内特甚至断言："社会主义的专制几乎是其社会本位理念的必然产物。在这样一个专制的社会环境中，人的个性不是被扭曲就是被抹杀。"这如果不是一种误解就是一种别有用心的攻击。事实上，从科学社会主义理论的创始人马克思这里，我们看到的恰恰是人的自由个性被高度地重视。

其实，从马克思和谐社会的基本观点来看，单一的、完全同质化的社会无所谓和谐，因而，把和谐理解成整齐划一，把个性张扬与和谐对立起来恰恰是一种形而上学的思维。马克思的辩证法从对立面的统一中来理解和谐，必然地使自由个性的生成与和谐社会的营造看成是一个统一的过程。

值得特别指出的是，在充分关注人的自由个性的培植过程中，已有和正在有的经验教训警示我们必须准确把握意志自由与必然性的关系问题。在马克思看来，人类与动物相区别的一个显著标志是人具有意志自由的能力，但人类既可以正确地使用这种能力，以它为中介实现对自然、对社会和对自身的认识和改造，也可以滥用这种能力，把任性地表现这种能力当作"自由"。尤其是在对自由个性的追求中，如果我们把意志自由理解为随心所欲，那么，我们就会成为自己人性中的冲动甚至恶劣情欲的奴隶。从表象上看，当个人把历史必然性，把社会的整体需要，把对行为后果的责任弃置一旁而任凭自己一时的好恶去进行选择时，这种我行我素、随心所欲的表现似乎十分自由，然而这种自由却是一种毫无理性的任性和冲动。正是从这个意义上，我们强调在理想人格的塑造中必须把自由个性与历史必然性、社会责任和谐统一起来。这构成我们今天构建和谐社会在人格塑造方面的另一个重要的主体性条件。

四是理想人格的实现与和谐社会的构建。马克思的理想人格理论不仅寄寓了马克思对人的深切关注和对完美人格的乐观设计和执著追求，折射着马克思伟大崇高的人格，而且这一理论还为这一理想人格的实现提供了现实的途径。概括地说，在马克思的相关理论中，这个实现的途径主要包括如下三方面的思想：

其一，理想人格的实现是人对人自身本质的占有。在马克思那里，个体的自我完善是理想人格实现的重要途径和前提。恩格斯直接继承了马克思的这个思想，提出的共产主义三项措施之一就是每一个人都无可争辩地有权力全面发展自己的才能。马克思恩格斯有时甚至直截了当地把"全面地发展自己的一切能力"作为每个人的"职责、使命、任务"。而且他们还把发展及保持自己的"信仰自由、思想自由、交往自由"，保护自己的独立性和维护自己的人格尊严作为个人不可让渡、不可剥夺的道德权利。因此，理想人格的实现离不开个体对自我的关注、肯定、关照和完善。即使在共产主义社会里，有充分的实现理想人格的外部条件，但如果离开了个体的自我肯定和自我完善，理想人格的实现也是不可能的。

其二，理想人格的实现也是解决人与自然矛盾的过程。人与自然的关系问题蕴含着人类的类本质和意义如何准确定位的问题。因此，在马克思那里，人类在自然界中占据何种位置，人类与自然界如何联系和如何区别，就成了人类如何确立、发展和完善自己本质的一个重要方面。因此，马克思认为共产主义理想中人格自由个性的实现与人与自然之间矛盾的真正解决本质上是同一的。他在展望未来社会人与自然的和谐关系时这样说过："社会是人同自然界的完成了的本质的统一，是自然界的真正复活，是人实现了的自然主义和自然界的实现了的人道主义……它是人和自然之间、人与人之间的矛盾的真正解决。"①在这个问题上，我们迫切需要解决的是人与自然的和谐问题。恩格斯曾经在《自然辩证法》中指出过人类过分征服自然，破坏人与自然和谐而带来的恶果："需要和供给之间的和谐竟变成二者的两极对立。"②今天人类如何从主体的角度确立起新的人与自然的和谐发展观，不仅是理想人格能否实现的问题，而且它也是人与自然的矛盾冲突这一全球问题能否有效解决的主体性条件。

其三，理想人格的实现还是在人与社会的辩证关系中展开的。马克思指出社会发展最终而且必须落实到每个个人的发展上，但与此同时并没有把个人与社会对立起来，而是指出个人发展与社会发展的内在一致性。这是从马克思反复说明的人的现实本质只有从人作为社会存在物中来加以规定的思想中逻辑地引申出来的结论。这既是马克思提供的个人为自身完美开辟道路、实现全面发展的自由个性的前提条件，也是马克思的理想人格理论与其他众多理想人格理论相比，具有不可比拟的优越性之所在。现代人文主义的诸多人格理论的错误不在于强调了个体的自我肯定和自由个性的张扬，而在于把个体这种自我肯定与实现夸张为实现理想人格的唯一途径，而这种途径又以个体否定、排斥、摆脱甚至敌视他人、集体、社会的方式来达到。萨特的"他人即地狱"的论断就典型地表达了这个观点。显然，这样一种理想人格理论，其追求的自由当然只能囿于精神和想像的领域，是不真实的。

既然个人的发展与社会的发展是内在一致的，而且个人通过社会的发展才是唯一现实的自我实现的途径，那么，追求理想人格的个体就应该正确处理好个人与社会的关系。既要承认我们的活动受到社会历史条件的限制和规定，又要看到现有的社会历史条件可以提供给我们发展自己多方面能力的条件和手段。任何理想人格的追求都是立足于现实的社会历史条件才是可能的。因此，个人发展与社会发展的辩证关系，决定了理想人格的最终实现，是"在真正的共同体的条件下，各个人在自己的联合中

---

① 马克思.《1844 年经济学—哲学手稿》. 北京：人民出版社，1979 年版，第 83 页

② 《马克思恩格斯选集》，第 1 卷. 北京：人民出版社，1995 年版，第 386 页

并通过这种联合获得自己的自由”。①

马克思在这里提出的理想人格是在人对人自身本质的占有、人与自然的矛盾的解决和人与社会的互动中实现的三维思考，对于我们构建社会主义和谐社会同样有着方法论的智慧启迪。在马克思的视域里，理想人格的实现与和谐社会的构建具有内在的一致性。既然理想人格的实现过程是通过人与自身、人与自然和人与社会关系的全面展开来实现的，而且这三者又互为条件，因此我们和谐社会的构建至少必须有如下三个维度的思考：一是个性自由的充分实现；二是人与自然的和谐相处；三是个体与他人、与社会良性互动关系的营造。正是在这样一个三维关系的展开过程中，人的自由的全面发展才从中得以真正地实现，而人类社会的和谐发展也正是由此而具有了现实的可能性。这既是马克思理想人格思想的一个最终结论，也是马克思主义所有理论学说追求的最高理想境界。

① 《马克思恩格斯选集》，第1卷. 北京：人民出版社，1995年版，第121～124页

结束语

结束语

常听一些人谈到，马克思主义诞生迄今已有一个多世纪了，为什么我们今天依然要坚持它，这在自然科学中就好比在电子显微镜时代仍用放大镜观察事物那样不可思议。因而，他们对学习马克思主义在现时代的必要性，以及坚持马克思主义在意识形态领域的指导地位问题很难理解。其实，一种理论学说往往以其创始人的名字命名，但这个学说不只属于个人而一定是属于整个时代的。诞生于19世纪中叶的马克思主义理论正是属于整个时代的产物。只要这个时代尚未结束，那么这个理论就不会“过时”，它必然随着时代的发展而在现时代依然有其存在的价值和意义。

一、马克思主义在现时代的发展

马克思主义是时代发展的必然产物，同样它也要随时代的发展而向前发展，这正如该学说的创始人所指出的那样：“我们的理论是发展的理论。”①如果对马克思主义的历史和现实作一认真审视，我们就可以发现，马克思主义作为一种发展的理论，其发展性不仅体现在其创始人马克思恩格斯不断在实践中丰富和发展自己的理论，也不仅仅体现在以列宁、斯大林、毛泽东、邓小平为代表的共产党人把这个理论和本国具体革命实践相结合的发展中，在现时代它更体现在马克思主义必然要随着时代的发展而不断丰富、发展和完善自己。

其一，马克思主义的发展以自然科学的新成就为基础。的确，马克思主义的诞生，特别是它的辩证唯物主义观点的建立，其基础之一的确是传统的自然科学理论。在此以后，自然科学经历了相当迅速的变化和发展，而且也向马克思主义理论提出了诸多的挑战。但是，现代自然科学的研究成果强烈地冲击着传统的自然观念，并不意味着以这些传统的自然观念作为基础的马克思主义产生了危机。因为马克思主义将随着

① 《马克思恩格斯选集》，第4卷. 北京：人民出版社，1972年版，第460页

自然科学的发展，不断以新的形式丰富和发展自己。譬如，20 世纪 40 年代以后形成的系统论、控制论、信息论构成的现代系统理论，它补充和深化了马克思主义的世界物质统一性原理。现代系统论深化了辩证唯物主义的物质观，深化了唯物辩证的运动观和时空观，它表明了世界的物质统一性直接表现为由质料、能源和信息三要素构成的整体性，世界是在时间和空间上的系统整体性、结构有序性、层次演化性的统一。现代系统论还补充和深化了唯物辩证法的联系和发展的范畴，它揭示了物质世界的系统联系，它用系统、要素、结构、功能、有序、无序、反馈、信息等新的范畴描述物质世界的发展变化，为丰富和发展唯物辩证法这一普遍联系和发展的学说提供了科学基础。现代系统论还补充和深化了马克思主义的辩证唯物主义的认识论，它使人类认识的对象由个别客体转变为系统客体；在思维方式上，由只注重认识个别客体的思维方式，转变到把对象放在相互作用、相互联系的不断发展的物质世界大系统中来加以考察的系统性思维方式；如此等等。

其二，马克思主义的发展也以现代社会实践的发展为基础。恩格斯早就指出过："我们只能在我们时代的条件下进行认识，而且这些条件达到什么程度，我们便认识到什么程度。"①今天的时代同马克思恩格斯在一个多世纪前创立马克思主义理论的时代已迥然不同，同列宁在半个多世纪以前领导十月革命的时候相比，也发生了很大变化。其中之一是资本主义社会出现了以前没有过的新情况。其中发达资本主义国家无产阶级的经济状况、生活方式和观念意识的变化最引人注目。第二次世界大战以后，资本主义国家普遍采取各种措施来缓和劳资矛盾，如实行终身雇佣制，注重包括劳动保险、失业救济在内的社会福利，有的公司和企业还允许工人参加管理，设立工人董事会等。这个变化实质上是提出了在资本主义国家中当代无产阶级如何结合本国情况探索社会主义革命的道路、无产阶级革命的可能性及具体途径等问题。因此，马克思主义必须对此进行具体的历史的辩证的分析。

当代国际共产主义运动的发展引起的新变化也向马克思主义的发展提出了新的要求。从第二次世界大战以来，国际共产主义运动走了一条迂回曲折的发展道路。由于马克思恩格斯和列宁的大部分精力都集中在寻找推翻资本主义的革命道路上，虽然他们对推翻资本主义后的政治、经济建设等方面也作过许多科学预见，但是因为在这方面缺乏充分的实践基础，所以没有制定出有关社会主义建设的系统而完整的理论。列宁把这个理论和俄国具体革命实践相结合进行了初步的尝试。毛泽东在领导社会主义建设的实践中创建了巨大的功绩，但也有过重大的失误。这些失误必然相应地反映在他的理论观点中。特别值得一提的是，苏东剧变后，世界社会主义运动更是向马克思主义提出了许多前所未有的课题。因此，从世界范围来看，马克思主义关于社会

① 《马克思恩格斯选集》，第 3 卷. 北京：人民出版社，1972 年版，第 562 页

主义的理论还存在许多有待发展的地方。中国等社会主义国家所进行的改革,更使社会主义的实践有了深刻的内涵。这也就必然使马克思主义的社会主义经济学和科学社会主义理论在实践的基础上得到丰富和发展。

其三,马克思主义还在对各种非马克思主义思潮的批判中发展。在当今时代,马克思主义在经济、政治和社会等方面都遇到了需要探讨和解答的新课题。在大量新问题面前,形形色色的社会学家、未来学家、经济学家和社会预测家们的各种论说相继问世,因而,马克思主义必然要在批判中吸取某些合理的因素而得到发展。

在这些流派纷呈的理论中,曾产生较大影响的是美国社会学家约翰·奈斯比特。在其《大趋势——改变我们生活的十个大方向》一书中,奈斯比特认为美国社会的发展趋势是从工业社会向信息社会转变,信息社会中起决定作用的不是资本而是信息。他断言无论在资本主义社会还是社会主义社会,都不存在资本家当权或者工人当权的问题,而只有"知识是我们经济社会的驱动力"。奈斯比特否认在阶级社会中存在着阶级和阶级斗争,否定生产力和生产关系、经济基础和上层建筑之间的矛盾运动是推动一切社会向前发展的根本动力。显然,这些理论观点是反马克思主义的,它根本不符合资本主义社会的现实。马克思主义认为新技术革命固然对资本主义国家的经济生活和社会发展带来了深刻的影响,但是,它不可能取消资本主义国家所固有的各种基本矛盾,从而也不可能改变从资本主义向共产主义过渡的历史发展客观规律。其实,当今世界所发生的一切都证明着马克思主义的观点比之于各种非马克思主义思潮要合理的多。

二、马克思主义的当代价值

马克思主义由于能够随时代的发展而不断发展,所以,它的影响力至今是一个毋庸置疑的存在。事实上,近一个半世纪以来马克思主义一直是劳动阶级尤其是工人阶级认识和改造世界的伟大工具和被社会实践反复证明和丰富着的科学真理。当今时代,无论哪个社会主义国家发生逆转或风波,都无法改变历史发展的客观事实——马克思主义仍然是我们观察当代社会、解决实践问题和展望未来世界的理论武器和行动指南。

其一,观察与分析当代社会矛盾,离不开马克思主义的指导。在现时代,人类依然处于从资本主义向社会主义过渡的历史时代。十月革命的成功是这整个历史时代的里程碑。从此,社会主义和资本主义两种制度、两条道路、两种思想体系的矛盾和斗争,便构成时代演变的根本矛盾和内容,这个根本矛盾的阶段激化,产生特定阶段时代的主题。而时代主题是个变数,自20世纪60年代以来,时代的主题从战争与革命转到了和平与发展。两种社会制度、道路和思想的和平共处与竞争,显示出现阶段的时代特色。

我们正是运用马克思主义矛盾分析的观点和方法，才能够观察、分析和把握住当代国际社会关系中的基本矛盾。这些基本矛盾包括社会主义国家与资本主义国家的矛盾，资本主义国家之间的矛盾（发达的与不发达的之间，发达的与发达的之间的矛盾），资本主义国家内无产阶级与资产阶级之间的矛盾，殖民主义与被压迫民族、被压迫人民之间的矛盾，以及社会主义国家之间的矛盾。上述基本矛盾及其运动，规定了当今国际社会发展的总趋势，使国际政治形成多极格局和国际关系交叉复杂的形势。譬如海湾战争就是当代国际社会基本矛盾激化的聚焦点。马克思主义关于矛盾的观点和方法使我们透视到当代国际关系的实质和矛盾症结，始终保持清醒头脑，坚持独立自主的外交路线和政策。这一点在全球化的现时代显得特别地有指引意义。

其二，社会主义建设和改革实践，离不开马克思主义的指导。社会主义建设和改革实践，是振兴中华民族的伟大实践。这一实践的决策及实施和总结，都需要马克思主义指导。这不仅是因为我们只有以马克思主义为理论依据，才可能制定正确的建设和改革的路线、方针、政策，从而真正把科学社会主义一般原理与中国具体国情结合建设有中国特色的社会主义，而且也是因为路线、方针、政策要依靠用马克思主义武装起来的具有高度自觉性的人民群众来贯彻执行。

特别重要的还在于，当我们总结建设和改革的实践经验时，也必然遵循马克思主义立场、观点和方法，才能找到社会主义社会发展的客观规律。社会主义建设和改革是人类社会发展史上的崭新的事业，没有成功的模式可以模仿，没有现成的经验可以照搬，唯一的出路是探索、试验、创新，从而总结其中的规律性。在这个过程中有时成功，有时失误，成败得失的大小或许不尽相同，但其间必有因果规律起作用。从认识论意义上说，总结经验，检查工作，无非要求主观与客观达到具体的历史的统一，使路线、方针、政策符合客观实际。因此，只要我们遵循马克思主义认识论去实践和总结，就可以做到有所发现，有所发明，有所创造，有所前进；也才能有助于克服在一些人那里存在的悲观的论点，停止的论点，无所作为和骄傲自满的论点。

其三，确立科学的人生观，也离不开马克思主义的指导。人生观是人们对人生目的、意义、前途、理想、价值等问题的根本观点和根本态度。人为什么活着，人应该怎样活着，这是人生观的最高问题与最根本问题；如何回答人生观的最高的与最根本的问题，便产生出马克思主义的科学人生观和非科学人生观的尖锐对立。

唯心主义、形而上学的人生观是自私的、狭隘的、悲观的。唯心主义的出发点是精神、自我，哲学上的唯意志论、唯我论付诸于现实人生，必然导致极端个人主义、利己主义。所谓“人不为己，天诛地灭”，就以露骨的言词表白了利己主义人生观；而所谓“人人为上帝，上帝为大家”，只不过用神学的说教掩饰着利己的企图。形而上学则用孤立、静止、片面的观点看人生，只看到个人或小团体的利益，看不到整个社会主义国家的根本利益，看不到个人、小团体与国家利益的历史的、发展着的、多方面的联系。

其实，马克思的唯物史观早已表明，人的本质是社会关系的总和。因此，没有完全脱离社会的人，人们总在一定的社会关系中生活着、劳动着的。譬如，在今天的中国，任何个人、小团体的存在和发展，都要受制于社会主义物质生产方式，都与整个社会主义国家及其正在从事着的民族的伟大振兴事业息息相通。因此，个人、小团体存在和发展的主观要求，务必服从社会主义国家的整体利益的要求。因为只有社会主义国家这个大集体兴盛起来，个人、小团体才会有美好的未来。我们也正是从中引申出集体主义价值观和共产主义人生观的。

事实上，今天的西方社会对马克思及其学说却已表现出某些摆脱阶级偏见的迹象。1999 年，BBC 进行过一个民意测验，请人们评选一千年来最伟大的人物，结果评出“最伟大的思想家”是马克思，爱因斯坦、牛顿、达尔文名列其后。BBC 说：“马克思作为一位哲学家、社会科学家、历史学家和革命者所取得的成果在今天仍然得到学术界的尊重。不管今天世界上对马克思的学说有多少种解释，他的学说的科学论证和主要核心是否定不了的。人类必须改变生产和生活方式，人和人必须平等；消灭主子和奴仆的关系，人人都是社会、国家的主人。人类将创造共同富裕的历史新篇章，使所有人都能发挥自己的才智。人类将会消灭战争，消灭贫困，消灭仇恨，幸福地生活在互助互爱的地球村里。”

可见，真正“过时”的并不是马克思主义，而是“过时”论本身。说我们坚持产生于上个世纪的马克思主义就好像是在电子显微镜时代仍使用放大镜的比喻，源于《第三次浪潮》作者托夫勒。这个比喻的错误就在于：一方面，它忽视了马克思主义作为一种不同于具体科学的普遍学说，是揭示人类社会最一般发展规律的，它不仅具有相对的稳定性，而且具有开放和发展的特性。另一方面，尽管从第二国际的伯恩斯坦开始，形形色色的“过时论”者一再宣称马克思主义已经过时，可已有和正在有的实践却以不可辩驳的事实证明，马克思主义在现时代依然有其旺盛的生命力和指引社会实践的恒久价值。而这正是我们今天依然强调学习和领会马克思主义原理的所有实践依据之所在。

后记

在即将进入 21 世纪的时候，全球各地的人们举行了很多的活动反思过去并展望未来。其中有一个活动对我们而言特别地意味深长，这就是《共产党宣言》发表 150 年的纪念活动。在这个纪念活动中，马克思被许多西方学者称为是不可超越的。其实，这样的认识，在今天几乎贯穿于所有西方马克思主义者的著作中。从 20 世纪 20 年代初的西方马克思主义创始人卢卡奇、葛兰西、柯尔施，到 20 世纪末作为西方马克思主义最新形态的生态学的马克思主义的一些代表人物，无不把论证马克思主义的现实性作为自己理论活动的主题。甚至那些在马克思主义处于低潮时转身走向马克思的西方学者，也和着西方马克思主义思潮的基调，向世人证明马克思主义并没有过时。譬如，德里达就说：我挑了一个好时候向马克思致敬！他说基于自己的政治品德必须得出这样的结论："没有马克思就没有将来，人类不能没有马克思！"

事实上，世界政治经济 150 多年来风云变幻的发展，的确证明着马克思主义的基本原理有着非凡的时空穿透力。这可以说是激励我们编写好这本教材的最深层的精神动力，也由衷地希望我们的读者能够以这样的认同心态来认真地学习和领会马克思主义的基本世界观和方法论。

本书是集体智慧的产物，由我拟定编写提纲后，经各位作者分工合作撰写而成。除了导论和第一章以及结束语由我独立撰写外，其余各章具体分工如下：第二章由我和浙江大学法学院马克思主义理论与思想政治教育专业在读研究生张佳晶撰写；第三章由浙江大学法学院思政系的宇正香副教授和浙江大学法学院伦理学专业在读研究生李沙娜撰写；第四章由浙江工商大学的徐炎章教授撰写；第五章由我和浙江大学法学院伦理学专业在读研究生王嫣撰写。全书最后由我定稿。

在教材编写过程中，我们参考了许多专家学者的研究成果，由于体例的限制我们无法一一注明，对于他们我们除了由衷地感谢，说什么都是多余的了。但尽管如此，我还是要特别地感谢我研究生时的导师张天飞教授。张老师对马克思主义原理教学体系探索中体现出的睿智和方法不仅深深地影响着我这 20 年来的教学实践，而且也给我构建本教材理论体系以重要的智慧启迪。我也要特别向浙江大学的博士生导师万斌教授和姚先国教授致谢，他们精深的研究成果使我们的教材增色不少。在编写过程中我们也得到了郑元康教授的悉心指导。浙江大学出版社的陈晓嘉、徐宝澍同道则为本书的顺利出版作出了诸多的贡献。在此一并致谢。

编写一本充分凸显时代精神的马克思主义原理教科书，是一个严肃而艰辛的精神劳作过程。在整个编写过程中，我和诸位同道充分感受到了这一份艰辛。但使我们感到欣慰的是，从相关的征求意见稿来看，国家教育主管部门将要推行的本课程改革的内容与我们教材的这一编排可谓是不谋而合。

希望我们的努力能得到专家学者和广大读者的认同，更真诚地希望能听到来自不同渠道的批评和指正意见。

张应杭

2005 年秋于浙江大学西溪校区